学与思的背影

周溯源——著

当代中国出版社
Contemporary China Publishing House

图书在版编目(CIP)数据

学与思的背影 / 周溯源著. -- 北京 : 当代中国出版社, 2022.11

ISBN 978-7-5154-1197-2

Ⅰ. ①学… Ⅱ. ①周… Ⅲ. ①社会科学—文集 Ⅳ. ①C53

中国版本图书馆 CIP 数据核字(2022)第 128521 号

出 版 人 冀祥德
责任编辑 袁又文 刘晓冰
责任校对 贾云华
印刷监制 刘艳平
装帧设计 马 帅 鲁 娟
出版发行 当代中国出版社
地　　址 北京市地安门西大街旌勇里 8 号
网　　址 http://www.ddzg.net
邮政编码 100009
编 辑 部 (010)66572132
市 场 部 (010)66572281 66572157
印　　刷 北京中科印刷有限公司
开　　本 710 毫米×1000 毫米 1/16
印　　张 20.5 印张 287 千字
版　　次 2022 年 11 月第 1 版
印　　次 2022 年 11 月第 1 次印刷
定　　价 78.00 元

目　录

阅读与评介

讲话与致辞

研究与建议

前　言

我的书房名为“学思斋”，在学思斋里我度过了数十春秋，日复一日，年复一年，学与思，读与写，已经完成了几本独著，如《学与思的足迹》《学与思的足音》《学与思的足印》《学与思的足痕》《千年忧思——古代思想家政治家治乱兴衰思想论纲》《读与评——周溯源书评选集》《文史哲三十论》《历史学思录》《学者视域中的治国理政》等，还出版了合著多本，如《资政史鉴》《中华骄子》《振兴中华之路——中国共产党的七十五年》《为官一任，造福一方》等，编著了《毛泽东评点古今人物》等，撰写发表了多篇理论和学术文章，撰写了多篇讲话和致辞。本书所收文章主要是《学与思的足痕》出版之后发表的部分近作（大部分是公开发表的，少数是内部发表的），几篇尚未正式发表，觉得有点价值的文章，也收进了文集，还有几篇文章原来公开发表了但没有收进过去出版的文集，这次收录了。

本文集取名为《学与思的背影》。

党史与党建

走出历史周期律的新路探索

——以毛泽东回答“黄炎培之问”为主线

1945年7月1日，黄炎培、冷遹、褚辅成、章伯钧、左舜生、傅斯年六位国民参政员，应中共中央主席毛泽东之邀，飞赴延安访问考察。中共中央领导人隆重地接待了他们一行。

一、深刻的“窑洞对”，深情的“黄炎培之问”

7月4日下午，毛泽东邀请黄炎培和冷遹到他家里做客，整整长谈了一个下午。毛泽东问黄炎培，来延安考察了几天有什么感想。黄炎培坦率地说：“我生60多年，耳闻的不说，所亲眼看到的，真所谓‘其兴也勃焉，其亡也忽焉’。一人、一家、一团体、一地方乃至一国，不少单位都没有能跳出这周期率的支配力。大凡初时聚精会神，没有一事不用心，没有一人不卖力，也许那时艰难困苦，只有从万死中觅取一生。继而环境渐渐好转了，精神也渐渐放下了，有的因为历时长久，自然地惰性发作，由少数演为多数，到风气养成，虽有大力，无法扭转，并且无法补救。也有因为区域一步步扩大了，它的扩大，有的由于自然发展，有的为功业欲驱使，强求发展，到干部人才渐渐竭蹶，艰于应付的时候，环境到越加复杂起来了，控制力不免薄弱了。一部历史，‘政怠宦成’的也有，‘人亡政息’的也有，‘求荣取辱’的也有。

总之，没有能跳出这个周期率。中共诸君从过去到现在，我略略了解了的，就是希望找出一条新路，来跳出这个周期率的支配。”毛泽东听了这一番耿耿诤言，满有信心地答道：“我们已经找到了新路，我们能跳出这周期率。这条新路，就是民主。只有让人民来监督政府，政府才不敢松懈；只有人人起来负责，才不会人亡政息。”[①]这就是后来人们经常提起的著名“窑洞对”。它是中共领导人毛泽东主席对我国著名民主人士的明确回答，是执政为民的坚强誓言，也是对中国人民的郑重承诺。

“窑洞对”已经过去75年了，为什么今天还值得悉心研究呢？因为“窑洞对”出的问卷我们还在做，并且要长期做下去，今天的形势比当年更复杂，风险更高，需要共产党人高度警醒，一刻也不能麻痹松懈。以习近平同志为核心的党中央继承毛泽东等老一辈革命家开创的事业，正带领全党接受“四大考验”，以“刮骨疗毒、壮士断腕”的意志反腐倡廉，努力保持中国共产党人的先进性，保持与人民群众的血肉联系，致力于建设中国特色社会主义，实现中华民族的伟大复兴，推动构建人类命运共同体，所以，经常回顾毛泽东走过的道路，缅怀他的光辉业绩，总结经验教训，以史为鉴，警钟长鸣，成功走出历史周期律支配的新路，是有必要的，也是有价值的。

为了更好地理解“窑洞对”，需要对黄炎培作一点介绍。黄炎培（1878—1965），民主革命家、教育家。字任之，笔名抱一。出生于江苏省川沙县（今属上海市，已撤销）。中过秀才、举人。1905年经蔡元培介绍加入同盟会。与张謇等人创立江苏学务总会。办过小学、中学和大学。1912年任江苏教育司司长。两次拒绝担任北洋政府教育总长。九一八事变后，黄炎培积极投入抗日救亡运动。1939年与沈钧儒等组织统一建国同志会，后来改组为中国民主政团同盟，先后任中央执行委员、常委和主席，主张团结统一，反对国民党一党专政。黄炎培长毛泽东15岁，毛泽东对他以兄长相称。黄炎培与毛泽东一样喜欢研究中国历史，谙习古今天人之变，了解王朝兴替得失，关心祖

① 黄炎培：《八十年来》，文史资料出版社1982年版，第148—149页。

国前途命运。黄炎培希望中共能够走出历史周期律的支配，他看到了某种曙光，也抱有莫大期望。他的期望也可以看作对毛泽东的提问，因而也可以称为“黄炎培之问”。毛泽东对黄炎培的提问回答很干脆，很沉稳，很有信心，很有底气。他俩之间的问与答，合称“窑洞对”。

毛泽东为什么能如此肯定地回答黄炎培呢？无疑是出于毛泽东的人民情怀，对人民群众的信念，是以毛泽东为代表的中国共产党人的使命担当。中国共产党自从建立工农红军以来就一直强调为人民服务，让人民群众当家作主，对干部实行民主监督，保持中国共产党人的先进性，保持党与人民群众的血肉联系，永远不脱离人民群众，永远为人民群众的利益奋斗，而不是为个人或少数人奋斗。黄炎培提问之前，毛泽东和中国共产党是这样做的；提问之后，毛泽东和中国共产党继续这样做下去，志在探索走出历史周期律支配的新路，毛泽东将此作为自己的毕生追求。

二、伟大的人民情怀，科学的理论依据

在唯物史观看来，人民群众是社会物质财富的创造者、社会精神财富的创造者、社会变革的决定力量。毛泽东接受马克思主义以后，根据这个原理，后来提炼出一句名言：“人民，只有人民，才是创造世界历史的动力。”[①] 毛泽东一生信服这个原理，他在不同时期、不同场合有过不少与此相关的论述。对人民大众的疾苦，对中华民族的深重灾难，毛泽东时刻记在心上。他年少时即胸怀大志，要为人民建功立业。他 16 岁时，父亲要他做生意，毛泽东却志在走出韶山冲，到新式学校湘乡县立东山高等小学继续求学。父亲先是反对，经过毛泽东本人力争加上亲友和老师们的共同劝说，父亲终于答应了他的要求。在离家赴外地求学前夕，毛泽东赋诗言志，挥笔写下了《七绝·改诗赠父亲》：“孩儿立志出乡关，学不成名誓不还。埋骨何须桑梓地，人生

① 《论联合政府》（1945 年 4 月 24 日），《毛泽东选集》第 3 卷，人民出版社 1991 年版，第 1031 页。

无处不青山。”后来他在湖南第一师范求学时，组织了“新民学会”，其宗旨是“改造中国与世界”。在1919年五四运动时期，毛泽东主办《湘江评论》，并发表宣言：“天下者，我们的天下，国家者，我们的国家，社会者，我们的社会。我们不说，谁说？我们不干，谁干？”他号召民众大联合，在文中指出：“什么力量最强？民众联合的力量最强。”这表明毛泽东是青年马克思主义者中对群众力量认识很早、理解很深的领导人。青年毛泽东经过研究、实践、比较，最终选择了马克思主义，并终生不渝。

后来，毛泽东在领导革命的实践中，对人民大众的力量与作用陆续有过多次论述。例如，在第二次国内革命战争时期他指出：“真正的铜墙铁壁是什么？是群众，是千百万真心实意地拥护革命的群众。这是真正的铜墙铁壁，什么力量也打不破的，完全打不破的。”①在抗日战争时期他指出：“群众是真正的英雄，而我们自己则往往是幼稚可笑的，不了解这一点，就不能得到起码的知识。”②因此，他认定：“共产党的路线，就是人民的路线。”③

毛泽东经常讲人民军队来自人民，人民军队必须爱人民。1940年1月，他在一次讲话中通俗而又深刻地说明了军民合作的道理。他说：“八路军也就是老百姓，故军队不能忘本，本就是工农”，“老百姓可以骂我们，我们却不应该骂他们，因为他们是主人，因为我们的饭是他们做的，房子是他们做的，我们要军民合作。……大家亲亲密密团结起来，日本一定打倒的”。④

毛泽东还说：“‘三个臭皮匠，合成一个诸葛亮’，这就是说，群众有伟大的创造力。中国人民中间，实在有成千上万的‘诸葛亮’，每个乡村，

---

① 《关心群众生活，注意工作方法》（1934年1月27日），《毛泽东选集》第1卷，人民出版社1991年版，第139页。

② 《〈农村调查〉的序言和跋》（1941年3月、4月），《毛泽东选集》第3卷，人民出版社1991年版，第790页。

③ 《在〈解放日报〉改版座谈会上的讲话》（1942年3月31日），《毛泽东文集》第2卷，人民出版社1993年版，第409页。

④ 《在边区第二届农工展览会上的讲话》，《新中华报》1940年2月3日，第6版。

每个市镇，都有那里的‘诸葛亮’。”[①] 毛泽东把人民群众视为上帝。他在七大闭幕词中说：“现在也有两座压在中国人民头上的大山，一座叫做帝国主义，一座叫做封建主义。中国共产党早就下了决心，要挖掉这两座山。我们一定要坚持下去，一定要不断地工作，我们也会感动上帝的。这个上帝不是别人，就是全中国的人民大众。全国人民大众一齐起来和我们一道挖这两座山，有什么挖不平呢？”[②]

我们还可以从许多文件中看到毛泽东历次预见的准确性。毛泽东始终坚持胜利的信念，好像历史的发展变化几乎是他指挥的。尽管敌人气势汹汹，但是毛泽东毫不动摇，坚信最后胜利一定要到来。结果，最后胜利比党中央预见的来得更快一些。[③] 对人民力量的坚定信念一直支持着毛泽东，毛泽东正是依靠对人民的信念引导全党不断革命，从胜利走向胜利，力争走出历史周期律。

三、根本的党性要求，持续的思想建设

1921 年，五四运动之后，在中华民族内忧外患、社会危机空前深重的背景下，在马列主义同中国工人运动相结合的进程中，中国共产党诞生了。中国产生了共产党，这是开天辟地的大事变。这一大事变将深刻改变中华民族发展的方向与路径，改变中国人民的前途与命运。

中国共产党是中国工人阶级的先锋队，同时是中国人民和中华民族的先锋队，“两个先锋队”定格了党的性质，定格了党与人民群众的关系，定格了中国共产党的发展道路。但是，仅有党章的规定远远不够，还必须进行长期的、具体的、经常的思想理论建设，从而让每个干部和党员真正明白共产

① 《组织起来》（1943 年 11 月 29 日），《毛泽东选集》第 3 卷，人民出版社 1991 年版，第 933 页。

② 《愚公移山》（1945 年 6 月 11 日），《毛泽东选集》第 3 卷，人民出版社 1991 年版，第 1102 页。

③ 《胡乔木回忆毛泽东》，人民出版社 1994 年版，第 8 页。

党的性质和使命，共产党的根基在人民，共产党的血脉在人民。

早在井冈山革命根据地时期，毛泽东就开始把思想理论建设与党建、军队建设结合起来。首先是三湾改编。

1927 年 9 月 29 日，毛泽东率领湘赣边界秋收起义部队到达江西永新县三湾村。起义部队减员很大，所剩不足 1000 人，组织不健全，思想很混乱。为了保住这支新生的革命武装力量，适应革命斗争的需要，毛泽东在到达三湾的当天晚上，就主持召开了前敌委员会议，决定对起义部队进行整顿改编。主要内容是：第一，资遣不愿留队的人员，留下的官兵缩编为 1 个团，称工农革命军第一军第一师第一团；第二，在部队中建立党组织，提出“党建在连上”的重大主张，做到班有党员，排有党小组，连有支部，营、团有党委，连以上设党代表，全军由毛泽东领导前委，从而确立了“党指挥枪”的原则；第三，规定官长不打士兵，实行民主制度，官兵平等，经济公平，建立士兵委员会，参加日常管理。士兵委员会由全体士兵民主选举产生，在党支部指导下开展群众工作，并监督经济开支和伙食管理。1928 年 4 月初，毛泽东正式提出了“三大纪律、六项注意”。三大纪律是：（1）一切行动听指挥；（2）不拿老百姓一个红薯；（3）打土豪要归公。六项注意是：（1）上门板；（2）捆铺草；（3）说话和气；（4）买卖公平；（5）借东西要还；（6）损坏东西要赔。过了一段时间之后，又加了“洗澡避女人”“不搜俘虏腰包”，发展成为最初的“三大纪律、八项注意”。

到了 1929 年底，毛泽东、朱德、陈毅等主持召开了中国工农红军第四军第九次党的代表大会。该会于 12 月 28 日至 29 日在福建上杭县古田村召开，故称古田会议。会议总结了自 1927 年以来我党创立红军的斗争经验，强调用马列主义和党的正确路线教育党和军队，划清了人民军队同旧军队的界限，确定了无产阶级的建军路线。毛泽东重新当选为前委书记。会议进一步强调了党对军队绝对领导的原则，明确了加强政治工作的重要性；阐述了党的组织建设原则，实行“集中指导下的民主生活”；保证党员的民主权利，使党员能对党的工作尽量发表意见，提出批评；重视党支部的作用，健全支部生活，严格党的纪律；重申严格实行“三大纪律、六项注意”。这些规定使群众路线成为建军指导思想，从而使红四军不同于一切旧式军队，成为共产党领导的新型人民军队。

进入抗日战争时期后，中国共产党一如既往，坚持群众路线不动摇。1938 年，毛泽东明确指出：“共产党员在政府工作中，应该是十分廉洁、不用私人、多做工作、少取报酬的模范。共产党员在民众运动中，应该是民众的朋友，而不是民众的上司，是诲人不倦的教师，而不是官僚主义的政客。共产党员无论何时何地都不应以个人利益放在第一位，而应以个人利益服从于民族的和人民群众的利益。因此，自私自利，消极怠工，贪污腐化，风头主义等等，是最可鄙的；而大公无私，积极努力，克己奉公，埋头苦干的精神，才是可尊敬的。”①

1942 年，八路军、新四军的生活进入特别困难的时期。即使如此，毛泽东依然坚持党的宗旨，指出：“我们的第一个方面的工作并不是向人民要东西，而是给人民以东西。我们有什么东西可以给予人民呢？就目前陕甘宁边区的条件说来，就是组织人民、领导人民、帮助人民发展生产，增加他们的物质福利，……我们应该不惜风霜劳苦，夜以继日，勤勤恳恳，切切实实地去研究人民中间的生活问题，生产问题，耕牛、农具、种子、肥料、水利、牧草、农贷、移民、开荒、改良农作法、妇女劳动、二流子劳动、按家计划、合作社、变工队、运输队、纺织业、畜牧业、盐业等等重要问题，并帮助人民具体地而不是讲空话地去解决这些问题。”②

1943 年 8 月 8 日，毛泽东在延安中央党校发表演讲，指出了共产党与国民党的区别。他说：“国民党也需要老百姓，也讲‘爱民’。……他们讲‘爱民’是为了剥削，为了从老百姓身上榨取东西”，“我们不同，我们自己就

① 《中国共产党在民族战争中的地位》（1938 年 10 月 14 日），《毛泽东选集》第 2 卷，人民出版社 1991 年版，第 522 页。

② 《经济问题与财政问题（节选）》（1942 年 12 月），《毛泽东文集》第 2 卷，人民出版社 1993 年版，第 467 页。

是人民的一部分，我们的党是人民的代表，……在这个问题上，我们同国民党是对立的，一个要人民，一个脱离人民”。[①] 后来，毛泽东进一步指出：“有无群众观点是我们同国民党的根本区别，群众观点是共产党员革命的出发点与归宿。”[②] 出发点是始，归宿是终，毛泽东强调的群众观点和群众路线，不是一时一事，也不是一处一地，而是贯穿于整个革命过程的始终。

1944 年 9 月，毛泽东在因公殉职的战士张思德的追悼会上，发表了《为人民服务》的著名演讲，他指出：“我们的共产党和共产党所领导的八路军、新四军，是革命的队伍。我们这个队伍完全是为着解放人民的，是彻底地为人民的利益工作的。”[③] 这里再次阐明了中国共产党始终是人民利益的代表者和捍卫者。

毛泽东多次阐述了为人民服务的道理。他说：“共产党是为民族、为人民谋利益的政党，它本身决无私利可图。它应该受人民的监督，而决不应该违背人民的意旨。它的党员应该站在民众之中，而决不应该站在民众之上。”[④] 毛泽东在党的七大政治报告中指出：“利用抗战发国难财，官吏即商人，贪污成风，廉耻扫地，这是国民党区域的特色之一。艰苦奋斗，以身作则，工作之外，还要生产，奖励廉洁，禁绝贪污，这是中国解放区的特色之一。”[⑤]

1945 年 6 月七大通过的党章中明确规定：“中国共产党，是中国工人阶级的先进的有组织的部队，是它的阶级组织的最高形式。中国共产党代表中国民族与中国人民的利益。”并强调：“中国共产党必须经常警戒自己脱离

---

① 《在中央党校第二部开学典礼上的讲话》（1943 年 8 月 8 日），《毛泽东文集》第 3 卷，人民出版社 1996 年版，第 57—58 页。

② 《切实执行十大政策》（1943 年 10 月 14 日），《毛泽东文集》第 3 卷，人民出版社 1996 年版，第 71 页。

③ 《为人民服务》（1944 年 9 月 8 日），《毛泽东选集》第 3 卷，人民出版社 1991 年版，第 1004 页。

④ 《在陕甘宁边区参议会的演说》（1941 年 11 月 6 日），《毛泽东选集》第 3 卷，人民出版社 1991 年版，第 809 页。

⑤ 《论联合政府》（1945 年 4 月 24 日），《毛泽东选集》第 3 卷，人民出版社 1991 年版，第 1049 页。

人民群众的危险性，……必须经常注意清除自己队伍中破坏党的纲领和党章、党纪而不能改正的人出党。”[①]以后历次党的代表大会都坚持把全心全意为人民服务写入党章，体现了中国共产党党性的根本要求，成为中国共产党始终高扬的旗帜。

就在黄炎培一行访问延安前一年的1944年，正好是李自成胜利攻进北京城，推翻明王朝政权同时败退北京城300周年纪念。历史学家郭沫若在重庆写成重要史论《甲申三百年祭》，全文1.9万字，连载于重庆《新华日报》（1944年3月19日至22日）。该文歌颂李自成领导的是“规模宏大而经历长久的农民革命”，阐述了农民革命是推动历史前进的动力的唯物史观；分析了李自成领导的农民起义军攻入北京推翻明朝后又陷入失败的过程与原因；总结了其功败垂成的惨痛教训，阐明了一条重要的历史经验：一切以革命为宗旨的队伍，在胜利的情况下务必防止骄傲。

《甲申三百年祭》传到延安后，受到毛泽东和党中央的高度重视，认为该文所述李自成起义军进入北京后，若干首领生活腐化，不注意巩固边防，不讲究政策和策略，脱离群众，忽视潜在的危险等教训，对即将进城的中国共产党来说，敲了警钟，必须防患于未然。毛泽东决定向全党推荐学习。他指示延安《解放日报》全文转载郭沫若文章，并要求各解放区印单行本作为整风文件学习。1944年4月12日，毛泽东在延安高级干部会议上作《学习和时局》报告时，特意谈到他的考虑：“我党历史上曾经有过几次表现了大的骄傲，都是吃了亏的。……全党同志对于这几次骄傲，几次错误，都要引为鉴戒。近日我们印了郭沫若论李自成的文章，也是叫同志们引为鉴戒，不要重犯胜利时骄傲的错误。”[②]

对于农民身份党员占多数的中共来说，如何从政治上改造党、提高党员

---

① 本书编委会：《中国共产党历次党章汇编（1921—2017）》，中国方正出版社2019年版，第111—114页。

② 《学习与时局》（1944年4月12日），《毛泽东选集》第3卷，人民出版社1991年版，第947—948页。

素质和免疫力，以史为鉴，毛泽东的思考也在不断深化。李自成的农民军打天下 18 年，坐天下 42 天，正如黄炎培指出的那样，“其兴也勃焉，其亡也忽焉”，能打天下而不能坐天下，没有过执政关。中国共产党已有局部执政经验，但能否在不久的将来在全国范围内过好执政关呢？这是毛泽东在抗战即将完全胜利之际着重思考的一个问题。早在 1937 年的洛川会议，经毛泽东提议，中国共产党把建立廉洁政府写入了《抗日救国十大纲领》。1941 年，他亲自修改《陕甘宁边区施政纲领》，专门加上“厉行廉洁政治，严惩公务人员之贪污行为，禁止任何公务人员假公济私之行为，共产党员有犯法者从重治罪”等条款。到了 1945 年中共七大前后，毛泽东对廉洁政治、从严治党的思考已日渐系统。他在中共七大报告中明确指出：“我们的具体纲领即中国人民的现时要求是什么呢？”其中重要一点就是“要求惩办贪官污吏，实现廉洁政治”。[①]

1949 年 3 月，党的七届二中全会在西柏坡召开。这次会议召开于全国革命胜利前夕，毛泽东预见了革命胜利后国内外阶级斗争的新形势，在报告中警告全党：资产阶级的“糖衣炮弹”将成为主要危险，要防止资产阶级思想侵蚀党的队伍。毛泽东直截了当地指出：“在拿枪的敌人被消灭以后，不拿枪的敌人依然存在，他们必然地要和我们做拼死的斗争，我们决不可以轻视这些敌人。如果我们现在不是这样地提出问题和认识问题，我们就要犯极大的错误。”[②]“我们很快就要在全国胜利了”，“因为胜利，党内的骄傲情绪，以功臣自居的情绪，停顿起来不求进步的情绪，贪图享乐不愿再过艰苦生活的情绪，可能生长。因为胜利，人民感谢我们，资产阶级也会出来捧场。敌人的武力是不能征服我们的，这点已经得到证明了。资产阶级的捧场则可能征服我们队伍中的意志薄弱者。可能有这样一些共产党人，他们是不曾被拿枪的敌人征服过的，他们在这些敌人面前不愧英雄的称号；但是经不起人

---

① 《论联合政府》（1945 年 4 月 24 日），《毛泽东选集》第 3 卷，人民出版社 1991 年版，1063—1064 页。

② 《在中国共产党第七届中央委员会第二次全体会议上的报告》（1949 年 3 月 5 日），《毛泽东选集》第 4 卷，人民出版社 1991 年版，第 1427 页。

们用糖衣裹着的炮弹的攻击，他们在糖弹面前要打败仗。我们必须预防这种情况"。"夺取全国胜利，这只是万里长征走完了第一步"，"中国的革命是伟大的，但革命以后的路程更长，工作更伟大，更艰苦。这一点现在就必须向党内讲明白，务必使同志们继续地保持谦虚、谨慎、不骄、不躁的作风，务必使同志们继续地保持艰苦奋斗的作风"。①后来的实践证明，这次会议保证了历史的顺利转折，意义卓著而深远。

七届二中全会后的3月23日，中央领导人乘吉普车进京。出发时，毛泽东与周恩来有段对话。毛泽东对周恩来说："今天是进京赶考的日子。"周恩来答道："我们应当都能考试及格，不要退回来。"毛泽东说："退回来就失败了。我们决不当李自成。我们都希望考个好成绩。"说罢，充满信心地上了车。这段精彩的对话，被人们称为"赶考对"，作为警钟一直流传下来。②

四、起步即从严治党，战争期间坚持依法行政

中国共产党既然是为人民服务的政党，就要时时处处维护人民的利益，反对损害人民利益的行为，就必须从严治党，依法行政。否则，难以取得革命的胜利，取得了胜利也跳不出历史周期律。对此，毛泽东格外清醒，抓得很紧，寸步不让，在中国革命和建设的各个历史时期都坚决地惩治腐败。

井冈山治贪。上井冈山不久，毛泽东及时制定了《井冈山反腐败训令》，并严格执行。1928年5月，红四军28团司务长在宁冈葛田乡买猪，谎称没带钱，就把老百姓的猪牵走了。查实后红四军军委立即开会，作出予以枪决的决定。尔后，在宁冈县查出了坝上乡苏维埃政府李某伙同秘书贪污公款40块银洋，查出了宁冈县长溪乡苏维埃政府军事委员、乡赤卫队队长谢某染指关押的土

① 《在中国共产党第七届中央委员会第二次全体会议上的报告》（1949年3月5日），《毛泽东选集》第4卷，人民出版社1991年版，第1438—1439页。

② 石仲泉：《党的执政能力建设与反腐败斗争》，《我观党史二集》，中共党史出版社2008年版，第278页。

豪女眷。工农兵政府公布了他们的丑行，撤销了他们的职务，依法予以惩处。

中央苏区惩贪。从 1932 年初到 1934 年秋红军长征之前，苏维埃中央政府在中央苏区开展了廉政运动，影响大的有谢步升案、唐达仁案、左祥云案。

谢步升，时任叶坪村苏维埃政府主席，生活腐化，欺男霸女，走私贩运物资到白区，牟取私利。毛泽东得知案情后，严厉地说："腐败不清除，苏维埃旗帜就打不下去，共产党就会失去威望和民心！与贪污腐化作斗争，是我们共产党人的天职，谁也阻挡不了！"[①]谢步升被执行枪决。之后，红军颁发了《关于惩治贪污浪费行为》的第 26 号训令，规定"凡贪污公款在 500 元以上者，处以死刑"。

唐达仁，时任瑞金县财政部会计科长，侵吞各军政机关交来的余款、群众退回的公债、谷票，变卖公家财物和谷子，瞒报地主罚款等共 34 项，合计贪污大洋 2000 余元，被处以极刑。同时给予县苏维埃主席杨世珠警告处分。

左祥云，时任中央政府总务厅主任，分管全苏大会工程处。左祥云勾结反动分子，贪污公款 246.7 元，并盗窃公章，被执行枪决。

除此之外，在中央苏区，毛泽东还严惩了于都县委县政府贪腐窝案，将其中贪腐数额最大的 4 人依法处决，其余依法严办。每次对贪污腐败案的处理，都在苏区引起震动，教育了广大官兵和群众，维护了中国共产党、苏维埃政府和工农红军的形象。

1937 年，延安发生了令人震惊的"黄克功案件"，毛泽东毫不犹豫，按照从严治党的原则，坚定地支持陕甘宁边区高等法院依法处理了黄克功。事情经过是这样的：

黄克功，江西人，少年时就加入了工农红军，参加过井冈山几次反"围剿"斗争，经历过万里长征，骁勇善战，多有战功，到红一、红二、红四方面军陕北会师时，他已是身经百战的红军旅长。党中央在延安成立抗日军政大学，黄克功被任命担任抗大第六队队长，时年 26 岁。黄克功年轻精干，战功卓著，

---

① 王春雷：《毛泽东一生不容腐败》，《学习时报》2016 年 9 月 5 日。

身居高位，成为延安女青年敬慕的对象。这些女青年因追求革命从内地城市来到延安，刘茜便是其中的一员。刘茜当时在抗大学习，正好在黄克功领导之下。二人经过一段时间接触，建立了恋爱关系，随后又公开了恋爱关系。然而事过不久，因性格、气质差异等原因，两人的关系出现裂痕。1937 年 10 月的一天傍晚，黄克功独自约刘茜到延河边谈话，想说服刘茜，挽回关系，并有逼婚意图。两人因意见不合便发生了争吵，黄克功一时感情冲动，竟失去理智向刘茜开了枪，导致刘茜中弹身亡。第二天一早，官兵发现了案情，报告到抗大副校长罗瑞卿那里。罗瑞卿找黄克功谈话，黄克功如实坦白了自己的罪行，并表示愿意接受组织处理。罗瑞卿向党中央报告整个事件的经过后，延安高等法院逮捕了黄克功。

“黄克功案件”在延安引起震动，成了爆炸性新闻，国民党方面也借此大肆炒作红军干部的“桃色新闻”。人们议论纷纷，对如何处理黄克功，看法不一。大多数人认为黄克功作为一个红军干部，自恃有功，目无法纪，犯了故意杀人罪，杀人者偿命，这是铁律。但一些年纪较轻的同志认为，黄克功是红军主力中的骨干，难得的将才，现在面临更艰巨的民族战争，正需要这样有作战经验的人搏击沙场，冲锋陷阵，主张给黄克功以戴罪立功的机会。黄克功本人自知罪责深重，难逃处罚，仍存有幻想，上书毛泽东，希望能对他有例外的处理。

在公审会上，黄克功没有为自己辩护，只是再次表述了自己的心愿：“希望给我一挺机关枪，死在与敌人作战的战场上，不要死在自己人的法场上。”经过公审大会法官们的充分审议，最后决定维持高等法院前几天向党中央和毛泽东主席的请示，宣判黄克功死刑，并立即执行。对这个判决黄克功没有表示反抗，跟着行刑队向场外走去。正在这时，一位同志匆忙送来一封信，此信正是毛泽东主席答复雷经天院长和黄克功本人的回信，信中要求当着黄克功的面在公审大会上宣读。被召回会场的黄克功开始还以为有转机，显出感激的表情。当听完毛泽东的信后，他深深地低下了头，再次跟随行刑队退出会场。不一会儿，远处传来了一声枪声。

毛泽东的信是这样写的：

雷经天同志：你的及黄克功的信均收阅。黄克功过去斗争历史是光荣的，今天处以极刑，我及党中央的同志都是为之惋惜的。但他犯了不容赦免的大罪，一个共产党员红军干部而有如此卑鄙的，残忍的，失掉党的立场的，失掉革命立场的，失掉人的立场的行为，如为赦免，便无以教育党，无以教育红军，无以教育革命者，并无以教育做一个普通的人。因此中央与军委便不得不根据他的罪恶行为，根据党与红军的纪律，处他以极刑。正因为黄克功不同于一个普通人，正因为他是一个多年的共产党员，是一个多年的红军，所以不能不这样办。共产党与红军，对于自己的党员和红军成员不能不执行比较一般平民更加严格的纪律。当此国家危急革命紧张之时，黄克功卑鄙无耻残忍自私至如此程度，他之处死，是他的自己行为决定的。一切共产党员，一切红军指战员，一切革命分子，都要以黄克功为前车之戒。请你在公审会上，当着黄克功及到会群众，除宣布法庭判决外，并宣布我这封信。对刘茜同志之家属，应给以安慰与抚恤。①

毛泽东在信中首先肯定了黄克功“过去斗争历史是光荣的”，不因他今天的错误而否定他过去的功劳，同时又指出不能因为他过去有功劳、身居高位而赦免他的罪行。对他被处极刑，只能是“为之惋惜”。这说明毛泽东在原则问题上刚性很强。毛泽东要求我们的党员、我们的战士，特别是领导干部，务必从严要求自己，不可有高人一等的优越感，绝不能搞特权，不能践踏法纪，而且比对普通平民要求更严。

五、为民执政运动反腐，严打“老虎”加强法制

1949 年 1 月 6 日至 8 日，党中央在西柏坡村召开政治局会议。这次会议

① 《毛泽东书信选集》，人民出版社 1983 年版，第 110—111 页。

对新形势作了研判，提出了新的一年的工作任务。在会议上，毛主席及时提出了值得全党警惕的几个问题。首先是“不要使胜利冲昏自己的头脑”。要把因为胜利而带来的思想包袱丢下，否则就会损坏一些干部。其次，阶级关系已发生了根本变化，广大群众脱离国民党转到我们方面来了，自由知识分子也向我们找出路。我们已有了胜利的把握，国民党军事上、政治上、经济上都处于极大混乱与崩溃状态中。在这种时候，必须将革命进行到底，不容妥协。最后，要警惕美国直接出兵占领中国沿海若干城市和实施“内部破坏”政策的问题。以上三个问题，毛主席在1949年初反复讲过多次，目的就是一个，防止胜利前夕再出现曲折，防止取得全国政权后又出现李闯王式的失败。[①]

中华人民共和国的成立，使中国共产党成为在全国执政的政党。新的历史条件给党带来了新的考验。如何保持革命战争年代的艰苦奋斗传统，抵御资产阶级思想和生活方式的腐蚀，不因有了权利和领导地位而丧失革命意志，保持清正廉洁的品格，是每一个共产党员特别是领导干部必须面对的新考验。为了保证过好执政考验关，1949年11月，中央决定成立中央及各级党的纪律检查委员会，负责检查中央直属部门和各级党的组织及党员违反党纪的行为。朱德同志兼任中央纪律检查委员会书记。这是党内监督的一种组织方式。

1951年10月23日，毛泽东在全国政协一届三次会议上提出，为了取得抗美援朝战争胜利，必须实行“增产节约”方针。11月他发觉了腐败现象，感到有必要开展一场反腐蚀斗争。12月1日他指出，“增产节约”方针，“是既保证朝鲜战争能够胜利又保证国内物价继续稳定的方针，……它又是整肃党纪、提高工作效率和转移社会风气的方针”[②]。在这一方针指导下，全国增产节约运动蓬勃展开，揭露出不少贪污和违法乱纪现象。如东北地区，沈阳市部分单位揭露出3629人有贪污行为。东北人民政府贸易部仅检举和坦白的贪污金额就达5亿元人民币。浪费也很严重。东北铁路系统因管理不善，

---

① 《胡乔木回忆毛泽东》，人民出版社1994年版，第530页。

② 《实行增产节约，反对贪污、浪费和官僚主义》（1951年12月），《毛泽东文集》第6卷，人民出版社1999年版，第208页。

积压物资达上千亿元。[①] 东北局向中央的报告指出，造成贪污、浪费的重要原因，就是领导干部的官僚主义作风。[②]

毛泽东对这些情况极为重视，11 月 20 日，他在代中央起草的批转东北局有关报告的批语中首次提出，要在“全国规模的增产节约运动中进行坚决的反贪污、反浪费、反官僚主义的斗争”[③]。很清楚，毛泽东决心通过“三反”斗争，惩治和克服党内已经滋生起来的腐败现象。由此，“三反”运动在全国范围正式开始。

（一）“三反”运动的开展

1951 年 12 月 1 日，毛泽东在修改一份中共中央文件时在加写和改写的内容中明确指出：“现在必须向全党提出警告：一切从事国家工作、党务工作和人民团体工作的党员，利用职权实行贪污和实行浪费，都是严重的犯罪行为”，“一切贪污行为必须揭发，按其情节轻重，给以程度不等的处理，从警告、调职、撤职、开除党籍、判处各种徒刑、直至枪决。典型的贪污犯，必须动员群众进行公审，依法治罪。”[④] 为了抓好“三反”运动，要求从中央到地方，分为党派团体、政府和军队三个系统，成立各级节约检查委员会，逐级检查。12 月 7 日，政务院决定了中央人民政府节约检查委员会主任、副主任人选，统一领导全国的“三反”运动。12 月 8 日，毛泽东又起草并签发《中共中央关于“三反”斗争必须大张旗鼓进行的指示》，要求“应把反贪污、反浪费、反官僚主义的斗争看做如同镇压反革命的斗争一样的重要”，“首长负责，亲自动手，号召坦白和检举，轻者批评教育，重者撤职，惩办，

---

① 此为 1955 年币制改革前的旧币，币制改革时旧币一万元等于新币一元。

② 当代中国研究所：《中华人民共和国史稿》第 1 卷，人民出版社、当代中国出版社 2012 年版，第 105—106 页。

③ 《关于开展增产节约运动，进一步深入反贪污、反浪费、反官僚主义斗争的报告》，《建国以来毛泽东文稿》第 2 册，中央文献出版社 1988 年版，第 513 页。

④ 《中共中央关于实行精兵简政、增产节约、反对贪污、反对浪费和反对官僚主义的决定》，《建国以来重要文献选编》第 2 册，中央文献出版社 2011 年版，第 425 页。

判处徒刑（劳动改造），直至枪毙一大批最严重的贪污犯”。[①]

毛泽东运筹帷幄，狠抓落实。1952 年 1 月 19 日，中央直属机关宣布“三反”斗争进入集中“打老虎”阶段。按照规定：贪污额在 1 亿元以上者为“大老虎”，1 亿元以下、1000 万元以上者为“小老虎”。号召群众揭发检举，同时要求贪污者坦白交代，政府实行“坦白从宽，抗拒从严”的政策。

刘青山、张子善案件是“三反”运动中的大案，情节令人震惊，二人在“三反”运动中被处决。事情的原委是这样的：

1951 年 11 月 29 日，华北局向中央报告了刘青山、张子善严重贪污案。刘青山，河北省安国县人，1931 年加入中国共产党，张子善，河北省深县人，1933 年加入中国共产党。在革命年代，刘青山曾参加过高阳、蠡县的农民暴动，被国民党政府逮捕后，在严刑逼供面前没有屈服。张子善 1934 年被捕入狱，曾积极参加狱中绝食斗争，表现了共产党人的英雄气概。二人在战争年代出生入死，为新中国诞生作出过较大贡献。新中国成立后，刘青山任中共天津地委书记，时年 35 岁。张子善任天津地区行署专员，时年 37 岁。他们自认为“老子从小革命，现在革命成功了，也应该享受享受了”，于是不顾党纪国法，不顾民众困苦，贪污腐化，勾结私商，挪用公款，倒卖钢材，牟取暴利，数额高达近 200 亿元。个人挥霍和浪费的所谓“特费”达 3.78 亿元。他们二人的蜕化史，正如毛泽东在七届二中全会上指出的那样，没有被拿枪的敌人征服，却被不拿枪的敌人打倒了。

毛泽东高度重视此案。11 月 30 日，他在代中共中央起草的转发华北局的报告上作出批示：“这件事给中央、中央局、分局、省市区党委提出了警告，必须严重地注意干部被资产阶级腐蚀发生严重贪污行为这一事实，注意发现、揭露和惩处，并须当作一场大斗争来处理。”[②]

---

① 《中共中央关于“三反”斗争必须大张旗鼓进行的指示》，《建国以来重要文献选编》第 2 册，中央文献出版社 2011 年版，第 442—443 页。

② 《中共中央批转华北局关于刘青山、张子善大贪污案调查处理情况的报告》，《建国以来重要文献选编》第 2 册，中央文献出版社 2011 年版，第 412 页。

根据这一批示精神，河北省委、华北局一直到中央书记处，经过研讨，12 月底最后决定对刘青山、张子善判处死刑，立即执行。公审大会召开前，有人提出是否不要枪毙，给他们一个改过的机会。意见反映到毛泽东那里，毛泽东说：正因为他们两人的地位高、功劳大、影响大，所以才要下决心处决他们。只有处决他们，才可能挽救二十个、二百个、二千个、二万个犯有不同程度错误的干部。[①]

这是一个意义深远的重大决定，是中国共产党人法纪严明、公正无私的鲜明体现，也是毛泽东回答"黄炎培之问"的一个实际行动。这是新中国成立之初反腐败的第一大案，史称"开国第一刀"。若干年后老百姓说，这两个人头换来了中国官场至少 20 年的廉政。

据统计，1951 年底至 1952 年 6 月，全国县以上的党政机关参加"三反"运动的总人数为 383 万多人。经查实，贪污 1000 万元以上的有 10 万多人，贪污总金额达 6 万亿元。对其中有严重贪污行为的罪犯，判处有期徒刑 9942 人，判处无期徒刑 67 人，判处死刑 42 人，判处死缓 9 人。"三反"运动至此胜利结束。[②]"三反"中暴露出来的问题，证明黄炎培所讲的历史周期律的客观必然。"三反"运动有力地打击了在新的历史条件下滋长的贪污、浪费和官僚主义，清除了一批腐化分子，挽救了一批犯错误的干部，教育了绝大多数干部，为新中国成立初期各项事业的顺利进行提供了重要保证。

据不完全统计，从 1951 年 11 月至 12 月底，两个月的时间内，毛泽东为推动开展"三反"运动，共发出书面指示、批示达 50 多件。在此后的两个月的时间内，毛泽东几乎每天都要听取中央节约检查委员会主任薄一波的汇报，作出书面指示 100 多篇，其中 1952 年 2 月就达 85 篇。

---

① 薄一波：《若干重大决策与事件的回顾》（上），中央党史出版社 2008 年版，第 107—108 页。

② 当代中国研究所：《中华人民共和国史稿》第 1 卷，人民出版社、当代中国出版社 2012 年版，第 108—109 页。

（二）开展“五反”运动

1951年末开展的“三反”运动引发了1952年初开展的“五反”运动。“五反”运动是针对违法资本家对国家干部的腐蚀拉拢和对国民经济的干扰破坏开展的。这些资本家大多采用行贿、偷税漏税、盗骗国家财产、偷工减料、盗窃经济情报等“五毒”行为。

新中国成立初期，国家通过统购包销、加工订货等方式，对私人工商业采取扶植政策，促进了这些企业的恢复和发展。然而，一些不法资本家见利忘义，用非法手段牟取暴利。以天津为例，不法资本家盗骗国家财产者：1949年有3000家，总值1500亿元；1950年增加到4400家，总值3100亿元；1951年增加到6400家，总值5200亿元。偷工减料者：1949年有1000家，总值292亿元；1950年增加到2300家，总值850亿元；1951年增加到6000家，总值1470亿元。这三年中，私人工商业还累计倒卖黄金37万两，白银18万两，银元168万枚，美金3万元；逃汇、套汇美元210万元、英镑88万元、港币6035万元。[①]抗美援朝战争开始后，军需激增。不法资本家认为赚钱的机会已到，于是又大肆行贿，腐蚀拉拢国家干部，为非作歹。天津不法商人马玉恒，一人就将170名干部拉下水，其中团、师、军级干部达25人。[②]类似的情况在全国各地都有发现。

1951年11月1日，东北局给中央的一份电报说：“从两个月来所揭发的许多贪污材料中还可看出，一切重大贪污案件的共同特点是私商和蜕化分子相勾结，共同盗骗国家财产。如东北人民政府卫生部医政处长李廷琳勾结私商光明药行经理丛志丰共同作弊，高价卖给公家，低价从公家买出，投机倒把，伪造发票、偷税、报假账，总计使国家损失人民币约61.3亿元。”[③]随后中央相继收到华东局、北京市委的报告，反映同样的问题。1952年1月

① 《当代中国天津》，中国社会科学出版社1989年版，第56页。

② 《当代中国天津》，中国社会科学出版社1989年版，第55页。

③ 薄一波：《若干重大决策与事件的回顾》（上），中共党史出版社2008年版，第115页。

5 日，北京市委在给中央的报告中建议将“三反”运动与工商界反偷税漏税、反行贿等不法行为结合起来进行。

毛泽东重视北京市委的建议，当天代中央起草批语，转发了这份报告，要求各大、中、小城市“一律仿照办理，一定要使一切与公家发生关系而有贪污、行贿、偷税、盗窃等犯法行为的私人工商业者，坦白或检举其一切犯法行为”，“给资产阶级三年以来在此问题上对于我党的猖狂进攻（这种进攻比战争还要危险和严重）以一个坚决的反攻，给以重大的打击，争取在两个月至三个月内基本上完成此项任务”。[①] 1 月 26 日，中共中央下发了毛泽东起草的《关于首先在大中城市开展“五反”斗争的指示》。至此，一场针对资产阶级不法分子的群众性“五反”运动在全国开展起来。

据统计，京、津、沪等九大城市审查的 45 万多户私营工商者，都有“五毒”行为。上海大康药房经理王康年用金钱、美女等手段腐蚀国家干部，涉及 25 个单位、65 人；他还用失效药品骗取志愿军的巨额药款。武汉福华药棉厂经理李寅廷用垃圾箱乃至死人衣服里的烂棉花为志愿军制作急救包，导致受伤后的战士用后致残致死。济南盛昌蛋厂经理刘云生等承制志愿军订购的食品时以次充好，掺入大量臭蛋。天津 40 多家私营铁工厂，为志愿军生产 17 万把锹镐，因偷工减料发到前线竟不能使用。[②] 这些伤天害理的犯法行为，激怒了广大干部与职工，“五毒”成了人人喊打的过街老鼠。

5 月 20 日，中共中央发出《关于争取“五反”斗争结束中的几个问题的指示》，强调对于各类工商户正确定案，适当处理。经过定案，全国共涉及约 99.97 万户工商业者，定位守法户、基本守法户和半守法半违法户的占工商户总数 97% 以上，有 3% 为严重违法户或完全违法户，受到刑事处分者有 1509 人，占总户数的 1.5‰。[③]

---

① 《中共中央关于在“三反”斗争中惩办犯法的私人工商业者和坚决击退资产阶级猖狂进攻的指示》，《建国以来重要文献选编》第 3 册，中央文献出版社 2011 年版，第 12 页。

② 《新华月报》1952 年 3 月号。

③ 当代中国研究所：《中华人民共和国史稿》第 1 卷，人民出版社、当代中国出版社 2012 年版，第 113—114 页。

1952年6月，历时半年的“五反”运动结束。“五反”运动打击了不法资本家的违法行为，打退了他们用“五毒”手段向工人阶级及领导干部的进攻。“五反”运动推进了工人监督和民主改革，为后来用和平方式改造资本主义工商业作了铺垫。对于“三反”“五反”运动的必要性，毛泽东当年作了评价：“毫无疑义应当进行‘三反’和‘五反’，不进行这一正义的斗争我们就会失败。”①

（三）制定宪法

毛泽东清醒地认识到，要巩固和发展新生的人民政权，跳出历史周期律，力争长治久安，除了致力于全党思想建设、建立党纪法规、开展批评与自我批评、进行群众运动以外，还必须从民主与法制建设入手，建立德治与法治相结合的管党治国方式。于是，他在新中国成立后不久，就开始深思熟虑，主持起草《宪法》文稿，广泛听取各方面的意见，反复修改，经过努力，制定出了第一部《中华人民共和国宪法》。1954年9月20日，出席第一届全国人民代表大会第一次会议的1197名代表，以无记名投票方式，一致通过了《中华人民共和国宪法》。

这部宪法反映了中国人民的意志，代表着中国人民的利益，为建立和健全社会主义民主与法制奠定了基础。同时，它以国家根本大法形式肯定了许多基本原则和基本制度，对于促进社会主义事业发展，有着深远意义。这部宪法明确了国家性质和政治制度：“中华人民共和国是工人阶级领导的、以工农联盟为基础的人民民主国家”，“中华人民共和国的一切权利属于人民”。这是中国国家制度的核心内容和基本准则。《宪法》设立专章规定了公民享有的各项权利与义务，从而保证人民行使权利参与国家管理。

六、坚持批评与自我批评，接受组织和民众监督

1941年5月1日，中共陕甘宁边区中央局发布了经中共中央政治局批准

---

① 逄先知、金冲及主编：《毛泽东传》（三），中央文献出版社2013年版，第1197页。

的《陕甘宁边区施政纲领》，简称“五一施政纲领”。“这个纲领的大部分内容都是毛主席审阅初稿时重新改写的，可以说，这个文件的主要作者是毛主席。”[①]这个纲领突出了民主监督和廉政建设。“五一施政纲领”规定了几项政策：第一是“三三制”。第二是人权保障。规定“人民则有用无论任何方式控告任何公务人员非法行为之权利”[②]，这就是民主监督权力。第三，廉政政策。“纲领第8条：‘厉行廉洁政治，严惩公务人员之贪污行为，禁止任何公务人员假公济私之行为，共产党员有违法者从重治罪。同时实行俸以养廉原则，保障一切公务人员及其家属必需的物质生活及充分的文化娱乐生活。’边区的政治，是世界上最廉洁的政治。这里没有官僚制度，从基层的乡长，到最高层的边区政府主席，各级领导人员都实行最低的津贴制度。当时国民党的县长月工资为180元，边区的县长月津贴仅2元，边区政府主席的月津贴也不过5元。他们不是做官发财的官老爷，而是廉洁奉公的人民公仆。这同国统区的腐化政治形成了鲜明的对照。这也是边区政权机关能够得到人民真诚拥护的一个重要原因。纲领的这项规定，既是边区政治的反映，又是对各级公务人员的进一步的严格要求。”[③]

毛泽东重视群众的批评，能从群众的言论中倾听群众心声，及时反思、调整政策。1941年6月3日，陕甘宁边区政府召开县长联席会议，布置公粮征集任务。那天碰上打雷下雨，延川县代县长李彩云突遭雷击身亡。有个农民借此说：为什么没有打死毛泽东？说此话的农民被保卫部门抓起来了。此事传到毛泽东那里，他一边叫放人，不要追究咒骂者；一边调查事情的缘由，原来是征粮过多引起群众不满。毛泽东立即与边区政府商量，把征粮数额减少20%，接着又扩大军队生产，精兵简政，逐步实现生产自给或半自给，从而减轻了群众负担，增强了边区人民对共产党的拥护。

批评与自我批评是中国共产党改进工作、不断提高的有力武器。中共第

---

① 《胡乔木回忆毛泽东》，人民出版社1994年版，第121页。

② 《胡乔木回忆毛泽东》，人民出版社1994年版，第132页。

③ 《胡乔木回忆毛泽东》，人民出版社1994年版，第131—133页。

六届中央委员会扩大的第七次全体会议通过的《关于若干历史问题的决议》，就是发扬批评与自我批评精神，集中党的智慧，经过充分的民主讨论，得出了科学的结论，在全党形成了共识。陈毅同志在会上的发言很有代表性。他说：“决议内容完全同意。这个决议的自我批评精神很好。敢于彻底指出党过去所犯过的错误，是对人民负责的态度。我经过三个时期的革命，在两条路线的斗争中是沾了边的。我对党外阶级斗争是英勇的，在党内斗争中就表现小资产阶级的软弱性。这个决议是对小资产阶级出身的党员的最好的教科书。”①

新中国成立后不久，毛泽东敏感地发现在一部分人身上开始滋长以功臣自居的骄傲情绪和官僚主义、命令主义作风，必须整顿。1950 年 5 月 1 日，党中央发出《关于在全党全军开展整风运动的指示》，要求整顿党的作风，首先是整顿干部的作风。6 月，党的七届三中全会对全党整风工作作了具体部署。1950 年下半年开始，全党整风运动分批进行，于年底结束。各地在整风中，将由上而下地整顿领导，同由下而上地检查工作相结合，克服上级机关的官僚主义和中下级机关的命令主义，干部、党员中的居功自傲情绪和“革命到头”思想有所纠正，加强了党和人民群众的关系。

到了 1951 年 2 月，党中央继续发力，发出《中共中央政治局扩大会议决议要点》，提出以三年时间进行一次整党，指出在新形势下，共产党员的条件必须提高，才能担负起比过去更伟大更艰苦的革命任务和经济文化建设任务。三四月间，中国共产党第一次全国组织工作会议在北京召开，决定对全党的基层组织进行一次普遍的整顿，在全体党员中进行党员八项条件教育，然后对每个党员进行审查和登记，对犯有严重错误的和不够党员条件的党员进行组织处理。整党从 1951 年下半年开始，分期分批进行，1952 年又结合“三反”运动进行，到 1954 年春基本结束。经过整党，有 41 万人被开除出党或被劝告退党。同时，各地积极而又慎重地发展新党员，增添新鲜血液，党员人数由原来的 580 万发展到 636.9 余万，队伍扩大了，组织成分和党员素质

---

① 《胡乔木回忆毛泽东》，人民出版社 1994 年版，第 321 页。

有了明显改善，提高了党的威信。[①]

上世纪50年代后期，因为四年三灾，加之我党急于求成，工作中出现了重大失误，群众生活遇到了严重困难。1962年1月11日至27日，党中央在北京召开扩大的中央工作会议，出席会议的有中央和省、地、县委四级主要负责人以及重要厂矿和军队的负责干部，共7118人，通常称为七千人大会。这次规模空前的大会，目的是总结“大跃进”以来的经验教训，统一认识，增强团结，执行调整方针，为战胜困难而奋斗。在1月30日的大会上，毛泽东发表长篇讲话，重点是讲民主集中制。他强调不论党内党外都要有充分的民主生活，让群众讲话。有了错误，一定要作自我批评，让人批评。他说：“凡是中央犯的错误，直接的归我负责，间接的我也有份，因为我是中央主席”，“第一个负责的应当是我”。[②]毛泽东带头作自我批评，各级干部从中央领导人到各省省委书记，都主动承担责任，带头检讨。邓小平、周恩来分别代表中央书记处和国务院在大会上作了自我批评。这次大会，全党上下广泛地开展了批评与自我批评，总结了经验教训，普遍提高了认识，理清了调整的思路，增强了胜利的信心，是一次中国共产党人替全国人民负责任的大会，在党的发展史和新中国建设史上，写下了重要的篇章。

到了上世纪60年代后期，毛泽东还念念不忘地强调：“我们的权力是谁给的？是工人阶级给的，是贫下中农给的，是占人口百分之九十以上的广大劳动群众给的。我们代表了无产阶级，代表了人民群众，打倒了人民的敌人，人民就拥护我们。”[③]那么，如果我们忘记了人民，脱离了人民，我们就不可能跳出历史周期律。毛泽东念兹在兹，铭刻在心。

---

① 中共中央党史研究室：《中国共产党的九十年》，中共党史出版社、党建读物出版社2016年版，第450—452页。

② 中共中央党史研究室：《中国共产党的九十年》，中共党史出版社、党建读物出版社2016年版，第521页。

③ 《共产党基本的一条就是直接依靠广大人民群众》（1968年），《建国以来毛泽东文稿》第12册，中央文献出版社1998年版，第581页。

七、保卫人民的利益，发展人民的利益

我们中国共产党是为了人民的利益成立的政党，如果不是为了人民利益，共产党的诞生就没有意义；如果离开人民利益来谈跳出历史周期律，同样没有意义。所以，中国共产党从一开始就重视人民利益，要为人民争利益，为人民保利益，为人民发展利益。在边区时期，毛泽东就强调要以经济建设为中心。对政府应大力扶助人民发展经济，他有一段精彩的论述：“一切空话都是无用的，必须给人民以看得见的物质福利。”为了革命，为了抗战，政府向人民要东西是完全合理的。但这不是第一个方面的工作。“我们的第一个方面的工作并不是向人民要东西，而是给人民以东西”，给什么呢？“就是组织人民、领导人民、帮助人民发展生产，增加他们的物质福利”。为此，“我们应该不惜风霜劳苦，夜以继日，勤勤恳恳，切切实实地去研究人民中间的生活问题，生产问题”，“并帮助人民具体地而不是讲空话地去解决这些问题”。毛主席说：“只有在做了这一方面的工作，并确实生了成效之后，我们去做第二方面的工作——向人民要东西的工作时，我们才能取得人民的拥护，他们才会说我们要东西是应该的，是正当的。”毛主席这里所说的“给”与“要”的道理，体现着我们党的根本性质与宗旨。在抗日战争的艰苦岁月，陕甘宁边区和各敌后抗日根据地的人民，所以能够紧紧团结在中国共产党和人民政府的周围，同舟共济，一起承受困难和克服困难，根本原因也就在这里。[①]

中华人民共和国的成立，从根本上结束了100多年来中华民族遭受帝国主义侵略压迫的历史，使中国改变了半殖民地的性质，成为名副其实具有独立主权的国家。占当时世界人口总数1/4的中国人民从此站起来了。人民成为国家的主人。但是，新中国成立初期，中国共产党和中国人民面临着严峻

---

① 《胡乔木回忆毛泽东》，人民出版社1994年版，第151—152页。

考验，这些考验有军事上的，经济上的，国际环境上的，等等。面对这些困难和考验，中国共产党人一一化解。毛泽东宵衣旰食，呕心沥血，采取一系列积极稳健的措施，有条不紊地领导全国人民巩固新生人民政权，医治战争创伤，恢复工农业生产，满怀信心地建设新中国。为了走出历史周期律，还需要抵御外敌攻击，迎接挑战，保卫人民政权。

新中国成立不久，外国侵略就来了。1950 年 6 月 25 日，我国近邻朝鲜半岛爆发了大规模战争。美国立即武装干涉，同时命令其海军第七舰队侵入台湾海峡，“阻止对台湾地区的任何进攻”，干涉中国内政，阻止中国的统一。美国还操纵联合国安理会通过决议，组成以美国军队为主，有英、法等 15 个国家部队参加的“联合国军”，扩大侵朝战争。美军无视中国政府的再三警告，越过南北分界的北纬 38 度线（通称三八线），直逼中朝边境的鸭绿江和图们江，直接威胁新中国的安全。在战况危急之际，朝鲜劳动党和政府两次请求中国出兵支援。

新中国成立才一年，百废待兴，而美军十分强大。中国该不该迎战美军？敢不敢迎战美军？如果出兵能否打赢美军？很难决断。毛泽东召集政治局多次开会讨论，起初不少同志担心与美国交战，会“惹火上身”，不赞成出战。毛泽东高瞻远瞩，科学分析，不断说服大家，最后达成共识，作出抗美援朝、保家卫国的重大决定，组建以彭德怀为司令员兼政委的中国人民志愿军。1950 年 10 月 18 日，毛泽东下令入朝作战。次日，志愿军进入朝鲜，开始了一场与强手较量的空前战争。

志愿军入朝后，全国人民掀起了轰轰烈烈的抗美援朝运动。“保和平，卫祖国，就是保家乡”的歌声，传遍大江南北、长城内外，激发了广大人民的爱国热忱。各地掀起了参军热潮，工厂加班生产军需品，农民踊跃交售爱国粮，民众捐款购买飞机大炮。“至 1952 年 5 月底，全国人民支援朝鲜前线的捐款可购买战斗机 3710 架”①，有力地支援了前方作战，为夺取胜利提供

---

① 中共中央党史研究室：《中国共产党的九十年》，中共党史出版社、党建读物出版社 2016 年版，第 379 页。

了坚强保障。

在中朝人民军队的沉重打击下，经过五次战役连续失败之后，美国提出停火议和，于 1953 年 7 月 27 日在朝鲜停战协定上签字。时任“联合国军”总司令克拉克在其回忆录中沮丧地写道：“我获得了一个不值得羡慕的名声：我是美国历史上第一个在没有取得胜利的停战协定上签字的司令官。”①

在抗美援朝战争中，中国人民志愿军共毙、伤、俘敌 71 万余人，美国侵略军被从鸭绿江边打回到三八线，战争宣告结束。抗美援朝的胜利雄辩地证明：“西方侵略者几百年来只要在东方一个海岸上架起几尊大炮就可以霸占一个国家的时代是一去不复返了。”② 这一胜利极大地增强了中国人民的自尊心和自豪感。包括美、苏在内的世界各国都感到必须重新估计中国在亚洲和国际事务中的地位和分量。中国的国际地位空前提高。

抵御外部势力的挑衅是长期的任务。抗美援朝战争胜利后消停了几年，到上世纪 60 年代初，印度乘我国暂时困难之机，在美国与苏联的支持下冲我国挑起了一场武装冲突。1959 年 8 月之后，印度政府不听我方劝告，多次派军队侵入中国领土。1962 年 10 月，印军悍然发动大规模进攻。中国边防部队予以自卫反击，历时 33 天，将印军打得落花流水。“整个反击作战歼灭印军 8700 余人，俘虏 3900 余人。这一仗打得印度全国震惊，尼赫鲁慌忙宣布全国处于紧急状态。”③ 中国军队取得重大胜利后主动停火，遣返印军战俘和归还缴获的武器、物资，表现了高姿态。事后，毛泽东评价此战：“打了一个军事政治仗，或者叫政治军事仗。印度人说捉了我们的俘虏，结果交不出一个人来。这一仗，至少可以保持中印边境 10 年的稳定。”④ 历史证明了毛泽东的预见，从 1962 年至今，中印边境一直保持了相对稳定的局面，虽然偶尔有点小摩擦，但能够很快得到化解。

---

① ［美］马克·克拉克：《从多瑙河到鸭绿江》，伦敦：哈普公司 1954 年版，第 11 页。

② 彭德怀：《关于中国人民志愿军抗美援朝工作的报告》（1953 年 9 月 12 日），《建国以来重要文献选编》第 4 册，中央文献出版社 2011 年版，第 327 页。

③ 萧心力主编：《毛泽东与共和国重大历史事件》，人民出版社 2019 年版，第 299 页。

④ 萧心力主编：《毛泽东与共和国重大历史事件》，人民出版社 2019 年版，第 300 页。

胜利抵抗外敌入侵，保卫了国家主权独立和领土完整，就是捍卫了民族尊严和人民利益，这是中国共产党先进性的重要证明，是跳出历史周期律的重要保证。

八、突出人民主人地位，发展统一战线，倡导社会新风尚

毛泽东对执政后带来的新考验保持高度的警醒，要求全党时刻不忘人民。在探讨新生政权如何区别于国民党政权时，毛泽东主张我们要建立真正的人民共和国，国家机器都要以人民命名，都要以人民的名义。于是，人民代表大会、人民政府、人民解放军、人民法院、人民检察院、人民公安等机构雨后春笋般地出现了，而且其他的国家公器，也都冠以人民的名义，诸如人民日报、人民公社、人民医院、人民剧院、人民银行、人民币，等等。总之，一切权力属于人民，人民就是国家的主人，鲜明地标示出了政权的人民政治属性。

为了防止干部脱离群众，养尊处优，当官做老爷，蜕化变质，毛泽东要求领导干部到基层蹲点，与群众一起参加劳动，调查研究，掌握国情、民情，熟悉本行业、本地情况。基层干部还要经常与群众同吃同住同劳动。他要求卫生部把医疗卫生中心放到农村去，不要变成城市老爷卫生部，要在农村探索建立合作医疗制度，让广大农民看得起病，就诊方便。他批评文化部，不应该让洋人、死人统治舞台，应该突出工农兵，为工农兵服务，鼓舞人民建设社会主义的热情，讴歌人民取得的伟大成就。他要求学术理论界，破除封建主义与资产阶级世界观，树立马克思主义世界观，用科学理论武装人，让科学理论变成人民手上改造世界的有力武器。他鼓励人民破除迷信，解放思想，敢想敢干，坚定地走自己的道路。他倡导自力更生为主，争取外援为辅，决不崇洋媚外，欢迎开放合作，互利共赢，但也不怕打压封锁。他坚信中国人民有无穷的创造伟力，天下事难不倒共产党人，难不住中国人民。中华民族有“自强不息、厚德载物”的传统精神，有同敌人血战到底的英勇气概，

有吃苦耐劳发愤图强的雄心壮志，有自立于世界民族之林的能力！“我们不但善于破坏一个旧世界，我们还将善于建设一个新世界。”①

统一战线是中国共产党克敌制胜的三大法宝之一。新中国的成立也是统一战线政策的胜利。毛泽东历来重视统一战线，新中国仍然实行中国共产党领导的多党合作和政治协商制度。新中国成立初期，共产党与民主党派和党外民主人士的合作很愉快，积极安排党外人士参政，参政的党外人士有职有权，还鼓励党外人士议政，提批评建议。1956 年 4 月，毛泽东在《论十大关系》中把中国共产党与各民主党派和无党派民主人士的关系，概括为“长期共存、互相监督”。这个方针意味着各民主党派将同共产党长期合作；各民主党派享有宪法规定的政治自由和组织独立性，在法律上与共产党平等；共产党要主动取得民主党派对自己的监督。各民主党派由衷拥护“长期共存、互相监督”方针，坚定了与共产党合作的信念，既感到兴奋，又感到任重道远，一致表示会尽力发挥作用，把国家管理得更好。

为了巩固新生的红色政权，跳出历史周期律，毛泽东还注意大力表彰社会主义的新人新事，用以教育党员干部以及民众，推动形成社会新风尚，培育时代新精神。

在建设社会主义的征程上，在激情燃烧的岁月里，我国涌现出无数先进典型和英雄模范，形成了充满正能量的时代精神。以王进喜为代表的大庆人，喊出了“宁肯少活二十年，拼命也要拿下大油田”的口号，坚持“三老”“四严”“四个一样”（即对待事业，要当老实人，说老实话，做老实事；对待工作，要有严格的要求、严密的组织、严肃的态度、严明的纪律；白天和黑天干工作一个样，坏天气和好天气干工作一个样，领导在不在场干工作一个样，有没有人检查干工作一个样），体现了中国工人阶级“爱国、创业、求实、奉献”的精神风貌，铸就了“铁人精神”。山西省昔阳县大寨大队党支部书记陈永贵，带领群众向“七沟八梁一面坡”开战，连续战胜自然灾害，生产大发展。

① 《在中国共产党第七届中央委员会第二次全体会议上的报告》（1949 年 3 月 5 日），《毛泽东选集》第 4 卷，人民出版社 1991 年版，第 1439 页。

河南兰考县委书记焦裕禄，带领全县人民摆脱贫困，“生也沙丘，死也沙丘”，鞠躬尽瘁，展现了一个优秀县委书记的光辉形象。河南林县人民在县委领导下，经过10年苦战，开凿太行山，引漳河水入境，修建了“人造天河”红旗渠，告别“水缺贵如油”的历史，创造了人间奇迹。以钱学森、李四光、华罗庚、邓稼先、钱三强、茅以升等为代表的著名科学家辛勤工作，为祖国的科技事业和经济文化建设作出了重大贡献，形成了“两弹一星”精神。①

特别值得一提的是雷锋精神。雷锋（1940—1962），生前为解放军沈阳军区工程兵某部运输连班长，1962年8月15日因公殉职，年仅22岁。他在自己短暂的一生中，实践了“把有限的生命投入到无限的为人民服务中去”的誓言，在平凡的岗位上全力奉献，乐于助人，体现了革命战士的高贵品质和优良传统，表现了人民群众翻身后对党和毛主席发自内心的感谢和热爱。雷锋的事迹引起了毛泽东的重视。1963年2月，毛泽东应《中国青年》杂志请求，欣然题写了“向雷锋同志学习”。毛泽东说：学雷锋不是学他哪一两件先进事迹，也不只是学他的某一方面的优点，而是要学他的好思想、好作风、好品德；学习他长期一贯地做好事，而不做坏事；学习他一切从人民的利益出发，全心全意为人民服务的精神。②其他中央领导也为学习雷锋题了词。全国人民从此掀起了“向雷锋同志学习”的热潮。

“学习雷锋好榜样”，一花引来万花开，英雄辈出，群星璀璨，影响巨大的有：见义勇为、舍身保护火车旅客安全的爱民模范欧阳海，“一不怕苦、二不怕死”的共产主义战士王杰，“集体的雷锋”——南京路上好八连，优秀细纱工赵梦桃，草原英雄小姐妹龙梅、玉荣，等等。“春风杨柳万千条，六亿神州尽舜尧。”雷锋精神、焦裕禄精神、大庆精神、大寨精神、解放军精神、“两弹一星”精神等，形成社会主义的新风尚，形成改造旧中国、建设新中国的强大精神力量。中国人民意气风发，斗志昂扬，不断攻坚克难，

① 中共中央党史研究室：《中国共产党的九十年》，中共党史出版社、党建读物出版社2016年版，第555—556页。

② 林克：《毛泽东同志为雷锋题词经过》，《人民日报》1993年3月5日。

凯歌行进，逐步改变“一穷二白”的面貌。虽然道路是曲折的，但前途是光明的。中国人民在中国共产党的领导下，从站起来，到富起来，走向强起来，必将实现中华民族的伟大复兴，为人类作出更大的贡献。

九、处理亲情不搞特权，严于律己以身作则

要求全党不搞特权，首先自己不搞特权；要求全党遵纪守法，自己带头遵纪守法。也就是说，打铁先要本身硬。如何处理好亲情、人情关系，是掌权者不能回避的难题，是对掌权者的严峻考验。在处理亲情、人情方面，毛泽东严于律己以身作则，为全党和民众作出了表率。

首先毛泽东不溺爱自己的子女，对儿子毛岸英、毛岸青，从小严格要求他们不能得意忘形，不能有特权意识，保持清醒头脑，到艰苦的环境去锻炼，培养革命意志，增进与劳动人民的感情。1941 年 1 月 31 日，毛泽东给儿子岸英、岸青回了一封信，信中首先肯定了岸英、岸青的进步，然后分析奉承话的利与弊。“人家恭维你抬举你，这有一样好处，就是鼓励你上进；但有一样坏处，就是易长自满之气，得意忘形，有不知脚踏实地、实事求是的危险。你们有你们的前程，或好或坏，决定于你们自己及你们的直接环境，……我欢喜你们，望你们更好。”[①]

毛岸英是毛泽东的长子，毛泽东对他寄予厚望。毛岸英小时候坐过牢，在上海滩流浪受苦，参加过苏联卫国战争，经受过生死考验，1946 年从苏联归来，毛泽东并没有给他什么特殊安排，而是送他几件带补丁的衣服，让他去跟陕北农民学淘粪、种地，随后又让他参加土改，在实际工作中锻炼成长；新中国成立初期，派他到北京工厂做基层工作，在工人中受教育；毛岸英同刘松林结婚，婚礼在中南海毛泽东身边举行，毛泽东只请几位革命老人来吃了一顿便饭，送给岸英夫妇的礼品只是他穿过的一件半新半旧的大衣；抗美

① 季世昌主编：《毛泽东家书解读》，商务印书馆国际有限公司 2019 年版，第 42 页。

援朝战争刚开始，国内恐美的人不在少数，毛泽东又支持儿子上前线，提振大家的信心。

全国刚刚解放之时，免不了有亲友经常写信或直接找上门来，请求毛泽东或毛岸英帮助解决工作、生活方面的困难，但毛泽东和毛岸英按原则办事，不搞特权，讲明道理，晓以大义，要求亲友超越小我，站在政府的角度考虑问题，维护共产党的威信和形象。1949 年 10 月 9 日，新中国刚刚宣告成立，毛泽东主席日理万机，仍然于百忙中给杨开慧胞兄杨开智写了一封回信："杨开智先生：希望你在湘听候中共湖南省委分配合乎你能力的工作，不要有任何奢望，不要来京。湖南省委派你什么工作就做什么工作，一切按正常规矩办理，不要使政府为难。"①

这封信不长，体现了共产党领导人的原则性，表达了对亲友的殷切期望。毛岸英对请求他出面帮忙的亲友来信，以父亲为榜样，既不徇私情，又满含深情地把原则和道理讲透。1949 年 10 月 24 日，他在给表兄向三立兼答表舅向立之的复信中，坦诚地谈了他反对利用亲属关系谋取私利的看法。该信很诚恳，讲清了很多道理，这里不妨基本引用全文，便于了解毛岸英。信中这样写道：

> 三立同志：
>
> 来信收到。……来信中提到舅父"希望在长沙有厅长方面位置"一事，我非常替他惭愧。新的时代，这种一步登高的"做官"思想已是极端落后的了，而尤以为通过我父亲即能"上任"，更是要不得的想法。新中国之所以不同于旧中国，共产党之所以不同于国民党，毛泽东之所以不同于蒋介石，毛泽东的子女妻舅之所以不同于蒋介石的子女妻舅，除了其他更基本的原因以外，正在于此：皇亲贵戚仗势发财，少数人统治多数人的时代已经一去不返了。靠自己

① 《致杨开智》（1949 年 10 月 9 日），《毛泽东书信选集》，中央文献出版社 2003 年版，第 316 页。

的劳动和才能吃饭的时代已经来临了。在这一点上，中国人民已经获得了根本的胜利。而对于这一层舅父恐怕还没有觉悟。望他慢慢觉悟，否则很难在新的中国工作下去。翻身是广大群众的翻身，而不是几个特殊人物的翻身。生活问题要整个解决，而不可个别解决。大众的利益应该首先顾及，放在第一位。个人主义是不成的。我准备写封信将这些情形坦白告诉舅父他们。

反动派常骂共产党没有人情，不讲人情，如果他们所指的是这种帮助亲戚朋友、同乡同事做官发财的人情的话，那么我们共产党正是没有这种“人情”，不讲这种“人情”。共产党有的是另一种人情，那便是对人民的无限热爱，对劳苦大众的无限热爱，其中也包括自己的父母子女亲戚在内。当然，对于自己的近亲，对于自己的父、母、子、女、妻、舅、兄、弟、姨、叔是有一层特别感情的，一种与血统、家族有关的人的深厚感情的。这种特别感情，共产党不仅不否认，而且加以巩固并努力于倡导它走向正确的与人民利益相符合的有利于人民的途径。但如果这种特别感情超出了私人范围并与人民利益相抵触时，共产党是坚决站在后者方面的，即“大义灭亲”亦在所不惜。

我爱我的外祖母，我对她有深厚的描写不出的感情，但她也许现在在骂我“不孝”，骂我不照顾杨家，不照顾向家，我得忍受这种骂，我决不能也决不愿违背原则做事。我本人是一部伟大机器的一个极普通平凡的小螺丝钉，同时也没有“权力”，没有“本钱”，更没有“志向”，来做这些扶助亲戚高升的事。至于父亲，他是这种做法最坚决的反对者，因为这种做法是与共产主义思想、毛泽东思想水火不相容的，是与人民大众的利益水火不相容的，是极不公平，极不合理的。

无产阶级的集体主义——群众观点与资产阶级的个人主义——个人观点之间的矛盾正是我们与舅父他们意见分歧的本质所在。这两种思想即在我们脑子里也还在尖锐斗争着，只不过前者占了优势罢了。而在舅父的脑子里，在许多其他类似舅父的人的脑子里，则还是后者占着绝对优势，或者全部占据，虽然他本人的本质可能不一定是坏的。

关于抚恤烈士家属问题，……请你记住我父亲某次对亲戚说的话："生活问题要整个解决，不可个别解决。"……应与广大的贫苦大众一样地来统一解决生活困难问题，在一定时候应与千百万贫苦大众一样地来容忍一个时期，等待一个时期，不要指望一下子把生活搞好，比别人好。……

岸英　上

10月24日[①]

1950年8月19日，毛岸英给陈玉英老人也写了回信，陈玉英与毛岸英的关系非同一般，陈玉英曾经同杨开慧和毛岸英一起坐过牢。当收到陈玉英老人的来信后，他在回信中也同样解释了共产党的原则性，对老人表达了敬意和期望。他写道：

你在信中感谢我照顾你，这我决然不敢当，我对你并没有丝毫特殊，组织上对你照顾是把你当作对革命有一定功劳的人看待的，这是二十几年前在敌人威吓面前，在敌人监狱中挨骂挨打，坚定不屈的应有代价。这是你的光荣，但你千万不要以此而自高自大，这也要那也要，若如此，你就会把你自己的光荣历史污辱了。我想你不会这样的，你将仍是一个老实的，朴素的，对众人好的，为众人做事的，因而为众人所尊敬的孙嫂，起码我是热望你自革命胜利后比从前更好！……你的身体千万也要注意，同时又要好好在自己岗

① 《初心：红色书信品读》，人民出版社2018年版，第180—182页。

位上工作，不要使人家觉得解放后你似乎有了‘后台’就不听话了，不好好工作了，这是不对的。我们是劳动人民，我们以此而光荣，但因此我们永远应当是世界上最忠实、最纯洁、最勤劳、最朴素、最刚强而又善良的人们。望你永远不失这种伟大工人阶级的优良品质！宝贵这种伟大的优良品质，去掉一切不好的非工人阶级的品质！……我父亲也问候你，并望你决不退步，跟着大众前进！①

毛岸英给表兄向三立的信以及给陈玉英老人的信，如用中国的传统观念看，好像“不近人情”，而这正好体现了共产党人的另一种人情，即伟大的人民情怀。

抗美援朝战争爆发后，毛岸英积极报名上前线，得到父亲和组织的批准。1950年11月25日，他在朝鲜战场光荣牺牲，年仅28岁。噩耗传到毛泽东那里，毛泽东只是长叹一声：唉，战争嘛，总要有人伤亡，没有关系。不久，彭德怀回国时面见毛泽东，心情沉重地说：主席，我要向您负荆请罪，我没有照顾好岸英，对不起主席，我有责任，请求处分。毛泽东稍作沉思后，宽慰彭德怀，诚恳地说：毛岸英属于成千上万牺牲了的革命烈士中的一员，是一个普通的战士，不要因为他是我的儿子，就不应该为中朝两国人民的共同事业而牺牲，他尽了一个共产党员应尽的责任。后来，毛岸英的遗体安置在朝鲜的志愿军烈士陵园，成为中朝人民用鲜血凝成的友谊的象征。

毛泽东对两位女儿同样严格要求。1969年知识青年上山下乡接受贫下中农再教育，毛泽东特别为李敏挑选了艰苦的内蒙古阿拉善左旗，让她到边疆与农民“同吃同住同劳动”。李敏每天下地干活，吃的住的穿的用的，同其他知识青年没有区别。后来李敏还被调到河南遂平县莲花湖“五七干校”锻炼，一直干到1975年毛主席病重时才回京。1970年，毛泽东将小女儿李讷派到中央办公厅井冈山“五七干校”锻炼。李讷在那里挑粪、养猪、种菜，

---

① 《革命烈士书信汇编本》，中国青年出版社2015年版，第397—398页。

连续干了三年农活。通过劳动锻炼，她们了解了基层，增进了与人民群众的感情。

值得指出的是，在毛泽东的指导思想里，为了防止“和平演变”，除了反修防修，还有一个方面，就是经常强调阶级斗争为纲。他告诫全党、全军、全国人民，为了保证我们的党和国家不改变颜色，我们不仅需要正确的战略和政策，而且需要培养和造就千百万无产阶级革命事业的接班人。帝国主义预言家们把‘和平演变’的希望寄托在中国党的第三代或第四代身上。我们一定要使帝国主义的这种预言彻底破产。他在晚年发动了史无前例的“文化大革命”，并将“文化大革命”视为自下而上的“大民主”，认为找到了一条“新路”。十年“文化大革命”中有所破，有所立，有所得，有所失，有经验，有教训，影响深远。但是这项探索一度在一定程度上破坏了正常的社会发展秩序，有些行为和事件也超出了设计者的预料，给党、国家和人民造成了若干重大损失。在毛泽东看来本是为了跳出历史周期律的创新举措，却付出了沉重的代价。1981 年 6 月 27 日中共十一届六中全会通过的《关于建国以来党的若干历史问题的决议》，其中分析了国际共运中这件大事的经验教训。“文化大革命”过去了 40 多年，不少人还在回味、思索与研究。

为了履行执政为民的誓言，履行对民主人士黄炎培及人民群众的郑重承诺，为了实现青年时树立的崇高的理想追求，毛泽东付出了毕生的巨大的努力，并献出了六位亲人。毛泽东带领全党和全国人民进行了伟大的艰辛开拓，创立了丰功伟绩，留下了丰富的宝贵的思想遗产。但是，时代对中国共产党人的考试没有结束，走出历史周期律的新路探索没有完结，共产党人永远在路上。毛泽东的遗志和未竟的事业——为人民谋幸福、为民族谋复兴、为人类谋大同，需要代复一代共产党人接续努力，砥砺前进，奋斗不止。

（原载《毛泽东邓小平理论研究》2020 年第 5 期，
该文收入本书时小有改动）

中国共产党早期领导工运的实践与启示

关于中国工人、工会和工人运动的研究是中国近现代史领域的热点，今年也是中华全国总工会成立 90 周年，一批工会史、工运史相关的研究成果即将出版。新中国成立以来，已经整理出版了《中共中央关于工人运动文件选编》《中国工会历次代表大会文献》《中国工运史料》等文献资料以及工人运动领导人如邓中夏、苏兆征等人的文集，还有分区域、分职业出版的各地工运史料。目前学界对中国工运史的研究有刘明逵、唐玉良主编《中国工人运动史》（1—6 册），唐玉良、高爱娣著《工人运动史话》，王永玺著《中国工人运动史研究》，刘功成著《中国工人运动史研究 30 年文选》等相关成果；海外汉学家也对这一问题较为关注，研究成果有裴宜理著《上海罢工：中国工人政治研究》等；相关论文更是数量巨大，既有史学领域，也有经济学、法学、政治学、社会学等领域的研究，研究范围更是涉及罢工、工会、政党、立法等问题的方方面面。本文则是对中国共产党成立前和成立早期工人运动的状况进行梳理和比较，重在总结中国共产党早期领导工人运动的经验教训，希望为我们当前建设中国特色社会主义、实现中华民族的伟大复兴提供借鉴。

工人阶级是人类社会历史上迄今最先进最革命的阶级。中国工人阶级产生于半殖民地半封建的近代社会，从诞生之日起，就具有革命性，积极开展活动，争取自身权益。五四运动后，马克思主义开始同中国工人运动结合起来，探索救亡图存之路，并在此过程中产生了工人阶级先锋队——中国共产党。中国共产党从成立之日起，就注重探索领导工人运动的先进理论，注重用先进理论指导实践，积极领导工人运动，先夺取革命胜利，再建设社会主义。

一、中国共产党成立前工人运动概况

鸦片战争爆发后，中国逐步沦为半殖民地半封建社会，外国资本利用技术优势和在中国攫取的特权，大量倾销商品、掠夺原料和输出资本，促进中国传统的自然经济形态逐步解体。同时，中国近代民族工业也在 19 世纪六七十年代出现，伴随着早期外资企业、官僚资本和民族资本企业陆续产生，也在客观上促使中国工人阶级的形成。毛泽东曾指出："帝国主义的侵略刺激了中国的社会经济，使它发生了变化，造成了帝国主义的对立物——造成了中国的民族工业，造成了中国的民族资产阶级，而特别是造成了在帝国主义直接经营的企业中、在官僚资本的企业中、在民族资产阶级的企业中做工的中国的无产阶级。"①

据统计，甲午战争爆发前，中国大概有产业工人 10 万人，而到 1913 年第一次世界大战前，产业工人已发展到 100 万人左右。1914 年至 1919 年的第一次世界大战期间，外国列强忙于混战，无暇顾及中国国内市场变化，使得中国民族资本主义企业发展迎来短暂的春天，产业工人队伍迅速壮大，至五四运动前，全国产业工人有 260 万人左右，再加上约 1800 万的手工业工人、店员和城市苦力，已经形成一支数量庞大的近代工人阶级队伍。这支工人阶级队伍从它诞生之日起，就备受帝国主义、封建主义和资本主义的三重剥削和压迫，他们和"先进的经济形势相联系"，是"新的社会生产力的代表"，也"没有私人占有的生产资料"且"同社会发展的客观要求和广大劳动人民

① 毛泽东：《丢掉幻想，准备斗争》，《毛泽东选集》第 4 卷，人民出版社 1991 年版，第 1484—1485 页。

的根本利益”保持一致，也因此具有坚决、彻底的革命精神，积极参加各种形式的抗争。此外，“社会化的大生产还锻炼了工人阶级的组织性、纪律性”，培养了工人的“团结协作精神”，使得他们具有“坚定不移的和强大的战斗力”[①]。

但是早期工人阶级没有强烈的阶级意识，进行的斗争没有统一的阶级组织，主要参与到“各地流行的行会、帮口和各种封建性的秘密结社”[②]等机构中，这些机构虽然在工人“谋求和保障职业、遭到外人欺压或遇到意外困难等”状况时可以提供一些帮助，但是这些机构也对工人实行“压迫和剥削”，而且“模糊工人的阶级意识，破坏工人的阶级团结”，也“不利于工人运动的发展”。[③]辛亥革命爆发前后，工人阶级还曾追随资产阶级开展革命斗争，先后组建机器工人参加的“中国研机书塾”“广州机器研究总会”和主要吸收海员参加的“联义社”等。在东北中东铁路，在俄国社会民主党与后来布尔什维克的号召下，中俄工人也先后在中国的土地上创建了“哈尔滨工人团”“哈尔滨工人委员会”和完全由中国工人组成的“工业维持会”等。据不完全统计，仅 1911—1912 年间，工人阶级的罢工就达 24 次之多，体现出工人阶级的斗争觉悟和成立工会组织的渴求。

随着民族危机加深和阶级矛盾激化，工人阶级进一步表现出巨大革命力量。据不完全统计，从鸦片战争到五四运动前近 80 年的时间里，工人共计进行了约 530 余次罢工斗争。1919 年五四运动爆发后，上海、山东、南京等地工人积极投入到抵制日货运动中。从 6 月 5 日开始，以上海为中心，各地工人积极参加爱国罢工，上海日商的内外棉第三、第四、第五纱厂，日华纱厂，上海纱厂和商务印书馆工人全体罢工，参加罢工的有 2 万人以上。工人们在罢工宣言中纷纷表示：“吾国外交失败，国事颠危，凡属国民同深愤激”，

---

① 唐玉良：《中国民主革命时期的工人运动史略》，工人出版社 1985 年版，第 4 页。
② 唐玉良、高爱娣：《工人运动史话》，社会科学文献出版社 2012 年版，第 18 页。
③ 唐玉良、高爱娣：《工人运动史话》，社会科学文献出版社 2012 年版，第 20 页。

“吾工界中人同此热血，同此天良，际此时期，奚忍坐视？”[①]工人阶级明确提出了自己的政治要求，反映出阶级意识开始觉醒。最终，学生运动、工人运动与社会运动走向联合，并迫使中国代表最终拒绝在《巴黎和约》上签字，五四运动取得了历史性胜利。在这场大规模的运动中，一批接受马克思主义的知识分子看到工人阶级蕴含的潜力，促使他们加快与工人相结合的步伐，有意识地到工人群众当中宣传社会主义思想，努力实现马克思主义与工人运动的结合，积极引导工人组织工会，为中国共产党的成立和工人运动的发展打下基础。1920年8月15日，《劳动界》周刊在上海创刊，是“马克思主义与工人运动相结合的最早尝试”，其宗旨是“启发工人阶级的觉悟，促进工人阶级的团结，进一步推动工人运动向前发展”[②]。

正是在马克思主义与工人运动结合的过程中，中国共产党得以创建。自此，在中国共产党的领导下，中国工人阶级很快从“自在阶级”转变为“自为阶级”，中国工人运动也很快从“自发运动”走向了“自觉运动”。毛泽东指出：“无产阶级对于资本主义社会的认识，在其实践的初期——破坏机器和自发斗争时期，他们还只在感性认识的阶段，只认识资本主义各个现象的片面及其外部的联系。这时，他们还是一个所谓‘自在的阶级’。但是到了他们实践的第二个时期——有意识有组织的经济斗争和政治斗争的时期，由于实践，由于长期斗争的经验，经过马克思、恩格斯用科学的方法把这种种经验总结起来，产生了马克思主义的理论，用以教育无产阶级，这样就使无产阶级理解了资本主义社会的本质，理解了社会阶级的剥削关系，理解了无产阶级的历史任务，这时他们就变成了一个‘自为的阶级’。”[③]

---

① 沈以行、姜沛南、郑庆生：《上海工人运动史》（上），辽宁人民出版社1991年版，第47页。

② 中华全国总工会中国工人运动史研究室编：《中国工运史料》，工人出版社1979年版，第183页。

③ 毛泽东：《实践论》，《毛泽东选集》第1卷，人民出版社1991年版，第288—289页。

二、中国共产党早期领导工人运动的探索与实践

中国共产党成立早期，尽管对马列主义和中国社会面临的复杂形势认识不深，所提出的革命纲领尚待完善，但始终明确自己是工人阶级的政党，是工人阶级的先锋队，始终代表广大被压迫劳动群众的利益。因此，在“领导工人运动争取自身利益方面，中共自始即作出了不少努力，表现出自己是工人阶级的政治代表”[①]。

第一，明确提出党的领导。中国共产党始终明确“党的一切活动都必须深入到广大的群众里面去”[②]。1921 年中共甫经成立，便规定其基本任务是“成立产业工会”，而且“凡有一个以上产业部门的地方，均应组织工会；在没有大工业而只有一两个工厂的地方，可以成立比较适于当地条件的工厂工会”。还提出，“对于手工业工会，应迅速派出党员，以便尽快进行改组工作”。至于成立工会的条件，也有明确规定，“拥有会员二百人以上才能成立工会，同时，至少要派我党的两名党员到该工会去工作”[③]。通过在工会内部建立党组织，保证了党对工会和工会运动的领导。此外，议决“全力组织全国铁道工会”[④]，在上海、北京、武汉、长沙、广州、济南、唐山、南京、天津、郑州、杭州等地方迅速开展此项计划。全国铁路总工会成立后，效果明显，“各路组织，颇有显著之进步，如胶济路会员之大增加，京绥路车务工会会费之确能收齐，正太路工会组织之大加整饬等”[⑤]。

第二，成立工人运动的领导组织。1921 年 8 月 11 日，中国劳动组合书

---

① 中国社会科学院近代史研究所：《中国近代通史》，江苏人民出版社 2005 年版，第 309 页。

② 中央档案馆：《中共中央文件选集》第 1 册（1921—1925），中共中央党校出版社 1982 年版，第 58 页。

③ 中华全国总工会：《中共中央关于工人运动文件选编》（上），档案出版社 1985 年版，第 1 页。

④ 中华全国总工会：《中共中央关于工人运动文件选编》（上），档案出版社 1985 年版，第 4 页。

⑤ 邓中夏：《中国职工运动简史：1919—1926》，《邓中夏文集》，人民出版社 1983 年版，第 523 页。

记部在上海正式挂牌办公，并出版了机关报《劳动周刊》，在“发刊词”中明确表示，要“本着中国劳动组合书记部的宗旨，为劳动者说话”。中国劳动组合书记部成立后，逐渐成为全国工人运动的总机关和领导者，并陆续在北京、汉口、长沙、广州、济南设立了分部。1922 年 5 月 1 日至 6 日，由中国劳动组合书记部发起，邀请全国各地各党派工会团体，在广州河南机器维持会召开了第一次全国劳动大会，参加大会的代表共 162 人，代表 12 个城市、100 多个工会组织、27 万多名会员。① 代表中有共产党员、国民党员、无政府主义者等。大会顺利通过了 10 个决议案，其中，《八小时工作制案》《罢工援助案》和《工会组织原则案》都是劳动组合书记部的代表提出来的。邓中夏在《全国总工会组织原则决议案》中指出：“工人阶级争斗力的强弱，全视工会组织法之良窳而定。比如工会是由一种职业的工人所组织而成，则罢工运动每至一行业的工人陷于孤立，而容易失败。产业组合则不然。把一种产业中的各种职业的工人，联合于一个工会之中，则争斗力就异常雄厚了。故我们组织工会，应当以产业组合为原则……”他还提出“务必将每个地方所有各产业组合和职业组合的工人，将来由各地方联合会组成全国总工会”②。邓中夏的提议是建立在国际工人运动的经验和中国工人运动的实际相结合基础上，代表了工人阶级的根本利益，后来也成为“中国革命工会组织的根本观念”③。会议还决定在全国总工会成立之前，各地工会以中国劳动组合书记部为全国总通讯机关。蔡和森指出，这次劳动立法运动，“就是共产党第一次引导工人阶级走向争自由的工作上来”，是引导“劳动运动由经济争斗到政治争斗”。④

---

① 邓中夏：《中国职工运动简史：1919—1926》，《邓中夏文集》，人民出版社 1983 年版，第 480 页。

② 邓中夏：《全国总工会组织原则决议案》，《邓中夏文集》，人民出版社 1983 年版，第 9 页。

③ 邓中夏：《中国职工运动简史：1919—1926》，《邓中夏文集》，人民出版社 1983 年版，第 484 页。

④ 蔡和森：《中国共产党史的发展（提纲）——中国共产党的发展及其使命》，《中共党史报告选编》，中共中央党校出版社 1982 年版，第 34 页。

1925 年 5 月 1 日，第二次全国劳动大会召开，通过了中华全国总工会章程，在章程“总纲”中提出该会宗旨是“团结全国工人，图谋工人福利”[①]，大会还通过了工人阶级与政治斗争、经济斗争、组织问题、工人教育等决议案，对确立今后工人的斗争路线和推动工人运动高涨具有重要意义。

第三，开展工人阶级宣传教育工作。中国工人阶级从诞生之日起，虽然具有革命性和斗争性的优点，但由于成员多半来自破产农民和城市游民，普遍文化水平较低，阶级的自觉性和革命的觉悟有待提高。因此，中共决定加强工人阶级的教育，宣传马克思主义，提高他们的文化水平、理论水平和思想水平。具体方式主要是办刊、办校。如北京办有《劳动者》和《工人月刊》，上海办有《劳动界》，济南有《济南劳动月刊》。还举办各种工人补习学校，比如北京的长辛店劳动补习学校，长沙的工人夜校，武汉的工人识字班等等，在教授工人文化知识的同时传播马克思主义理论，启发工人的思想觉悟和阶级意识。李立三还编写了浅显易懂的简本教材，便于工人学习。还开辟了阅览室，备有《工人周报》《劳动周报》等报刊资料，供工人阅读使用。通过一系列宣传教育工作，工人队伍的组织意识明显提高，如上海、武汉、长沙等地相继建立工会组织。在宣传工作中，共产党人“穿起工人的服装，学习工人的语言，从事工人的劳动，力求与工人打成一片”，充分体现了“中国的马克思主义思想运动从一开始就是一个知识分子同工人群众相结合的运动”[②]。

第四，争取党外力量加入。中国共产党成立早期，除了中共直接领导的工会组织外，还存在不少非共产党领导的工会，如国民党等其他党派、旧式帮会行会和宗教组织等组织的工会。对于这些组织，中共采取的策略是争取到这些工会组织中开展活动，但“不得任意引导工人脱离已成的工会”。如在国民党、无政府党和基督教组织的工会里，要“渐渐积成势力，推翻无政

① 中华全国总工会中国工人运动史研究室：《中国工会历次代表大会文献》第 1 卷，工人出版社 1984 年版，第 34 页。

② 胡绳：《中国共产党的七十年》，中共党史出版社 1991 年版，第 25 页。

府党或基督教的领袖地位，自己夺得领袖地位”。对较进步的行会，也进入其内部活动，目的是“把行会里的雇主逐出去，结合性质相近或同一原料工作的各种的行会，组成一个工会”。[①]对旧式的帮会尤其是势力强大的青帮，一开始采取不理会或者过于相信的策略，如“到青帮里去拜老头子，到洪帮里做小兄弟，先要低首下心去学他们的清规戒律，然后再拐弯抹角，开展工作”[②]，但事实证明一味地信任行不通，只有在实践中总结出的“既联合又斗争”策略，取得了一定效果，如上海工团联合会下属工会纷纷要求参加上海总工会。

第五，组织开展各类工人运动。中国共产党成立前，工人的斗争形式主要是分散的经济斗争，地方性的产业工会尚少，全国性的产业工会还没有建立起来，而且工人党员数量很少。中国共产党始终把工人运动作为工作重心，始终认识到工人阶级与资本家的矛盾是不可调和的，唯有坚持斗争才是争取自身利益的方式，“工会应该明白并且认识资本家与工人中间没有相同的点，他们中间的利益的冲突，是不能调和的，所以工会不但不要去调和资本家和劳动者的利益，还要使这种争斗更加紧张。一个争斗接着一个争斗”[③]。

第一次全国劳动大会成功举办后，邓中夏将中国劳动组合书记部总部机关迁到北京，他认为第一次劳动大会有一个缺点即“没有准对着罢工高潮制定一个目前斗争纲领”[④]，因此他计划领导工人开展劳动立法运动并起草《劳动法大纲》，在《劳动法大纲》中明确要求“承认劳动者有集会结社权、同盟罢工权、缔结团体契约权、国际联合权”[⑤]，还要求实行八小时工作制及保障劳动者最低工资、保护童工女工、劳动者有参与企业管理机会、允许劳

---

① 沙健孙：《中国共产党史稿（1921—1949）》第2卷，中央文献出版社2006年版，第37页。

② 包惠僧：《包惠僧回忆录》，人民出版社1983年版，第67页。

③ 中共中央文献研究室、中央档案馆：《建党以来重要文献选编（1921—1949）》第1册，中央文献出版社2011年版，第151页。

④ 邓中夏：《中国职工运动简史：1919—1926》，《邓中夏文集》，人民出版社1983年版，第485页。

⑤ 邓中夏：《中国职工运动简史：1919—1926》，《邓中夏文集》，人民出版社1983年版，第486—487页。

动者休假及立法保障劳动者受教育的机会等，这场运动虽然没能迫使国会通过中国劳动组合书记部所提出的劳动法案，但在运动中，中国劳动组合书记部“以相对成熟的政治智慧和比较老练的运动方式组织开展劳动立法运动，多次组织各地工会赴京参加会议，商洽劳动立法方案和应对措施，受到各地工会团体热烈拥护，在各地工会团体和工人中树起了很高的威信”①。此外，邓中夏还领导了北方工人大罢工，尤其是著名的长辛店铁路工人大罢工并取得胜利，在这场罢工的影响下，全国各地的罢工斗争相继开展，如 1922 年 1 月香港海员大罢工，8 月京汉铁路长辛店工人罢工，9 月湖南安源路矿工人大罢工，10 月京奉铁路山海关铁工厂、唐山制造厂工人罢工；1925 年的五卅运动和省港大罢工。1926 年 5 月 1 日，中华全国总工会在广州国民政府出师北伐前夕召开第三次全国劳动大会，通过《中国职工运动总策略》《劳动法大纲》等并号召民众支持国民革命军，积极组织北伐期间的工人运动，后被蒋介石、汪精卫等人组织的反共分裂活动破坏而失败。

以上五个方面的举措，保证了中国共产党对工会的领导，也保证了工人运动向正确的方向发展。此外，中国共产党成立早期领导工人运动所积累的正反两方面经验，对后来的革命有着深远影响，不仅为中国共产党锻炼了大批年轻的干部，扩大了党在人民群众之中的影响，赢得了人民群众的拥护和爱戴，也为之后的革命胜利打下了坚实的基础。

三、中国共产党早期领导工人运动的历史启示

回顾过去，中国共产党与工人阶级的结合是历史的必然，是中国革命取得成功的重要保证；展望未来，只有坚持党的领导，紧密团结工人阶级，全心全意依靠工人阶级，向工人阶级学习，为工人阶级服务，不断为工人阶级解决困难、创造福利、保障权益，才能全面建成小康社会，实现中华民族的

---

① 李刚：《中国共产党成立初期的劳动立法运动》，《史学月刊》2008 年第 2 期。

伟大复兴。当前，我们正在建设中国特色社会主义，努力实现国家富强、民族振兴、人民幸福的“中国梦”，总结我党早期领导工人运动的实践经验，可以得到以下几点启示：

第一，中国共产党是马列主义与工人运动相结合的产物，带领工人阶级开展工人运动，实现民族的独立和人民大众的解放，走上社会主义道路，是历史赋予中国共产党的神圣使命，党的领导是胜利的保证，无论在任何时候，都要坚持党的领导这条根本原则。

马克思指出：“无产阶级在反对有产阶级联合力量的斗争中，只有把自身组织成为与有产阶级建立的一切旧政党不同的、相对立的政党，才能作为一个阶级来行动。”[①] 在中国共产党第二次全国代表大会上，就提出“中国工人要联合在中国共产党旗帜之下，一方面加入民主革命的战线；一方面做增进自己阶级地位的奋斗”，最终“成功为中国共产党的主要力量”。[②] 邓中夏是中国近代工人运动的重要领导人，他曾经如实地指出：中国“现代式的”职工运动，是从中国共产党手里开始的。“有了共产党，然后才有‘现代式的’工会，从此中国的工会才渐次的相当具有组织性、阶级性以至于国际性。”[③] 他在这里所说的共产党，指党的早期组织即后来通称的共产主义小组。1928年，苏兆征在总结中国共产党早期工人运动中的经验与教训时也指出：“党的最主要任务之一是组织工会活动……争取千百万群众，把他们团结在我党周围。”[④]

中国近现代历史证明，只有坚持党的领导，工人阶级才能成为国家的主人，工人运动才能取得最终胜利，工会工作才能方向明确、扎实有效。这

---

① 马克思：《国际工人协会共同章程》，《马克思恩格斯文集》第3卷，人民出版社2009年版，第228页。

② 中华全国总工会：《中共中央关于工人运动文件选编》（上），档案出版社1985年版，第7页。

③ 邓中夏：《中国职工运动简史：1919—1926》，《邓中夏文集》，人民出版社1983年版，第435页。

④ 苏兆征：《在共产国际“六大”的发言》（一），《苏兆征文集》，人民出版社2013年版，第155页。

是因为中国共产党是领导全国各族人民长期进行武装斗争而逐渐壮大的革命党，在民主革命时期，抛头颅洒热血，建立了新中国；中国共产党也是中国特色社会主义事业的领导核心，在社会主义建设时期，领导人民打破西方经济封锁，在“一穷二白”的基础上坚持艰苦奋斗、坚持改革开放，为中华民族伟大复兴不懈努力；在中国特色社会主义制度下，我国政权的性质是工人阶级领导的以工农联盟为基础的人民民主专政。中国共产党始终代表中国最广大人民的根本利益，除了广大人民的利益之外，没有自己的特殊利益。

第二，中国共产党要始终保持自身先进性，加强作风建设，弘扬工人阶级的优良品质。

中国共产党成立后，工人阶级在正确的策略和路线指导下，组织和发动了多次全国性的反帝、反封建、反官僚资本主义的斗争，体现出坚决、彻底的革命精神和不怕牺牲的意志品质，为革命的胜利立下不朽功勋。新中国成立 60 多年来特别是改革开放 30 多年来取得的伟大成就，是工人阶级和劳动群众辛勤劳动、不懈奋斗的结果。例如，在建设时期，涌现出“高炉卫士”孟泰、“铁人”王进喜、“宁肯一人脏、换来万人净”的时传祥、“两弹元勋”邓稼先、“知识分子的杰出代表”蒋筑英等一大批先进模范，在他们身上体现出的为人民服务精神和奋发图强意志，感动了一代又一代中国人。2009 年 9 月，习近平同志在大庆油田发现 50 周年庆祝大会上指出，“在大庆油田开发建设的艰苦环境和激情岁月里形成的以爱国、创业、求实、奉献为主要内涵的大庆精神、铁人精神，集中体现了我国工人阶级的崇高品质和精神风貌，永远是激励中国人民不畏艰难、勇往直前的宝贵精神财富。各级党组织要结合新的实际与时俱进地大力弘扬大庆精神、铁人精神，使之在全面建设小康社会的进程中持久地发挥思想保证和精神动力作用。”工人阶级在长期奋斗拼搏的实践活动中，形成了“信念坚定、立场鲜明，艰苦奋斗、勇于奉献，胸怀大局、纪律严明，开拓创新、自强不息”等伟大品格，是全社会应该学习的良好典范，也是应该大力弘扬的优良品质。

第三，中国共产党作为执政党，要努力为工人阶级谋福利、保权益，成为工人阶级的坚强后盾。

马克思、恩格斯在《共产党宣言》中指出："过去的一切运动都是少数人的或者为少数人谋利益的运动。无产阶级的运动是绝大多数人的，为绝大多数人谋利益的独立的运动。"① 工人阶级是我国的领导阶级，是我国先进生产力和先进生产关系的代表，是中国共产党最坚实最可靠的阶级基础，是全面建成小康社会、坚持和发展中国特色社会主义的主力军。中国共产党在成立初期就提出："工人阶级的利益在中国共产党占第一位。我们加入民主革命的阵线，完全是以他为达到工人阶级夺得中国政权的一步过程。"②

当前，我们处在全面建设小康社会的关键时期，要始终铭记全心全意依靠工人阶级的根本方针，而且，"保障职工群众经济、政治、文化、社会权益是我国社会主义制度的根本要求，是党和国家的神圣职责，也是发挥广大职工群众积极性、主动性、创造性最重要最基础的工作"。尽管在劳动就业、技能培训、收入分配、社会保障、安全卫生等领域，还存在工人收入水平有待提高、工作环境有待改善、休假制度有待完善、部分福利有待落实等突出问题，但是只要本着公平正义的原则，本着执政为民的原则，坚持走群众路线，随着我国生产力水平的不断提高、经济总量的持续增长，这些问题一定会逐步得到解决。我们也应看到，中国共产党作为执政党在解决这些问题上已经展现的决心和努力。十八届三中全会提出，实现发展成果更多更公平惠及全体人民，必须加快社会事业改革，解决好人民最关心最直接最现实的利益问题，更好满足人民需求。而且在教育、就业、收入、社会保障和医疗卫生领域的改革部署，无一不涉及工人阶级的切身利益。习近平总书记强调：全社会都要贯彻尊重劳动、尊重知识、尊重人才、尊重创造的重大方针，维护和发展劳动者的利益，保障劳动者的权利。要坚持社会公平正义，排除阻碍劳动者参与发展、分享发展成果的障碍，努力让劳动者实现体面劳动、全面发展。这充分体现出中国共产党对工人阶级的爱护、对劳动人民的尊重，也表达了

① 《共产党宣言》，《马克思恩格斯文集》第2卷，人民出版社2009年版，第42页。

② 中华全国总工会:《中共中央关于工人运动文件选编》(上)，档案出版社1985年版，第7页。

新一代领导集体维护劳动者权益的决心和信心。

第四，把加强工人阶级的宣传教育工作与社会主义核心价值观的宣传结合起来，充分发挥工人阶级主力军的作用，构建中国特色和谐劳动关系。

在我党早期领导的工人运动中，特别注重通过补习方式在工人中宣传马克思主义理论，用马克思主义理论武装工人阶级。当前，工人阶级的宣传教育工作则要注重与社会主义核心价值体系建设相结合。党的十八大提出了培育和践行社会主义核心价值观的重大任务，要求“倡导富强、民主、文明、和谐，倡导自由、平等、公正、法治，倡导爱国、敬业、诚信、友善”[①]。核心价值观是民族的文化精髓、精神支柱、核心软实力，是兴国之魂、前进动力。习近平总书记在中央政治局第十二次集体学习时曾指出：“当代中国价值观念，就是中国特色社会主义价值观念，代表了中国先进文化的前进方向。”中央宣传部、中央文明办印发的《培育和践行社会主义核心价值观行动方案》，提出要把社会主义核心价值观的要求日常化、具体化、生活化，使社会主义核心价值观内化于心、外化于行，成为全社会的群体意识和共同行动。具体到工人阶级方面，提出要构建和谐劳动关系，努力使工人阶级在中国特色社会主义道路上奋勇前进，在职工中弘扬社会主义核心价值观，用蕴涵其中的中国特色社会主义道路的价值表达、中华民族伟大复兴中国梦的价值引领和全体人民为实现共同理想目标奋斗的价值准则，引导职工把握社会主义核心价值观的科学内涵、实现路径和实践要求，自觉把劳动创造、职业理想、家庭幸福融入国家富强、民族复兴的伟业之中，在全社会形成心往一处想、劲往一处使、万众一心、众志成城的强大合力。

习近平总书记2013年4月28日在同全国劳模代表座谈时强调：“要自觉践行社会主义核心价值观，发扬我国工人阶级的伟大品格，用先进思想、模范行动影响和带动全社会，不断为中国精神注入新能量，始终做弘扬中国

---

① 胡锦涛：《坚定不移沿着中国特色社会主义道路前进 为全面建成小康社会而奋斗——在中国共产党第十八次全国代表大会上的报告》，人民出版社2012年版，第31—32页。

精神的楷模”。[①] 在宣传教育活动中，我们要注重构建中国特色和谐劳动关系，将社会主义核心价值观内化于心、外化于行，激励工人阶级发扬主人翁精神，积极投身改革开放和社会主义现代化建设，在实现中华民族伟大复兴“中国梦”的征程中再立新功！

（原载《徐州工程学院学报》（社会科学版）2016年第5期，与翟金懿合写）

① 《习近平谈治国理政》，外文出版社2014年版，第45页。

务必永远弘扬延安精神

自从毛主席领导的中央红军到达陕北后，延安就成为中外瞩目的地方。清清延河水，巍巍宝塔山，延安——“红星照耀下的中国”，是胜利的象征、希望的所在。党中央在这里居住了十三年，进行了艰苦卓绝的斗争和无与伦比的创造，改变了中国的命运，代表着人民的向往，培育了延安精神。

延安精神是什么？它的历史作用和时代价值是什么？怎样继承并弘扬延安精神？《求是》杂志原总编辑有林同志主编的《论延安精神》一书，对此作了科学的解答。该书认为：延安精神是以中国共产党为核心的中华民族优秀分子，在抗日战争和解放战争时期，在为争取民族独立和人民解放事业的奋斗中，在延安极其艰苦的环境下，所体现出来的理想信念、精神风貌、思想品德、工作与生活作风的精华和结晶。延安精神包含五点：坚定正确的政治方向，实事求是的思想路线，全心全意为人民服务的根本宗旨，自力更生、艰苦奋斗的创业精神，坚持真理、修正错误的批评与自我批评作风。

是在延安，党中央再次确定了争取民族独立、人民解放、建设新民主主义中国的政治方向，成为中国人民利益的代表。当“百万倭奴压海陬，神州沉陆使人愁”之际，毛泽东发表了《论持久战》，一扫“恐日症”“亡国论”的迷雾，全国抗战有了指路明灯和中流砥柱，使人民看到了光明前途，信心为之一振。

是在延安，党中央确立了实事求是的思想路线，摆脱了来自共产国际和苏联的教条主义指挥，将马克思主义基本原理同中国革命具体实际相结合，产生了中国化的马克思主义——毛泽东思想。

是在延安，党中央进一步明确了全心全意为人民服务的根本宗旨，高扬为人民服务的旗帜。毛泽东发表了《纪念白求恩》《为人民服务》《愚公移山》等雄文，引领全党全军为民族的独立和人民的解放，自觉奉献一切。

是在延安，党中央领导根据地军民独立自主、自力更生、艰苦奋斗，在逆境中求生存、谋发展，顽强拼搏，由弱到强。面对环境的艰苦和敌人的封锁，“自己动手，丰衣足食”，将荒无人烟的黄土高坡，改造成五谷飘香的“陕北好江南”。红军大学“以窑洞为教室，石头砖块为桌椅”，住石洞，睡石板，仿佛过着石器时代的生活，学习的却是当代最先进的科学——马列主义，培育了大批英才。

是在延安，我党进一步培养了批评与自我批评的作风。精兵简政、减轻群众负担、开展大生产运动，都是接受群众批评采取的改进措施。进行了整党整风运动，严厉处理了黄克功等案件。通过批评与自我批评，及时清除灰尘与腐败，保持廉政勤政，保持先进性与战斗力，保持与人民群众的血肉联系。通过批评与自我批评，抵制错误思想，澄清糊涂认识，同心同德，坚持进步。

是延安精神使陕甘宁边区成为民主的模范、廉洁的模范、最进步的地方。“解放区的天，是明朗的天！”千百万向往光明的热血儿女、仁人志士，从四面八方，从国统区，甚至从海外千里迢迢奔赴延安，“不怕走烂脚底板，也不怕路遇‘九妖十八怪’”，一定要到延安站在中国共产党的旗帜下！为什么？华侨领袖陈嘉庚揭示了秘密：“中国的希望在延安！”

党中央离开延安后，领导人民在不同时期又相继形成了西柏坡精神、大庆精神、雷锋精神、两弹一星精神、九八抗洪精神、载人航天精神、抗震救灾精神，等等。这些精神都是延安精神的传承与发展，都是以延安精神为源泉的。延安精神永远不会过时。

延安精神是法宝。用之于个人，则个人健康成长，事业有成；用之于团体、企业，则团体兴旺、企业发达；用之于政党、国家，则政党永葆青春，国家走向富强。

中国共产党在延安时期响亮地提出了“为人民服务”的口号，并在全党认真实践。那时的陕甘宁边区政府，被誉为“民主的政府，廉洁的政府”。当年驻延安的美军观察组成员说：“这里不存在铺张粉饰和礼节俗套，没有乞丐，也没有令人绝望的贫困现象，人们的衣着和生活都很俭朴，人民之间的关系是坦诚、直率和友好的。”美国记者斯蒂尔访问延安后，深有感触地说：“我觉得在延安访问中，有三件事使我感动而且深刻起来。第一件是我体味到共产党常常说的‘为人民服务’，在延安所亲见的各种具体事实，我认为是货真价实的。”南洋华侨陈嘉庚先生访问延安后说：“县长概是民选，官吏如贪污五十元者革职，五百元的枪毙，余者定罪科罚，严令实行，犯者无情面可袒掩优容。”

中国共产党就是以对人民的无限忠诚，赢得了人民的拥护和支持，推翻了三座大山，建立了新中国。

新中国成立以后，中国共产党接受新的考验，就是执政的考验。新时期怎样看延安精神？习总书记于 2013 年 11 月在沂蒙革命老区考察时明确指出：“沂蒙精神与延安精神、井冈山精神、西柏坡精神一样，是党和国家的宝贵精神财富，要不断结合新的时代条件发扬光大。”作为党的领导人，把沂蒙精神与延安精神、井冈山精神、西柏坡精神并列，是第一次，我们据此可以概括为“三山一坡精神”。而且习近平总书记突出强调“军民水乳交融、生死与共”这个特点，强调“对我们今天抓党的建设仍然具有十分重要的启示作用”，这是有鲜明时代背景的，有深刻用意的，也就是在强调沂蒙精神、延安精神的时代价值。

这个时代背景就是十八大以来，以习近平同志为核心的党中央采取新的治国理政方略，逐步形成的“四个全面”的战略布局。其中一个重要方面就是反腐倡廉、从严治党。毛泽东同志曾经明确指出：“党群关系好比鱼水关系。如果党群关系搞不好，社会主义制度就不可能建成；社会主义制度建成了，也不可能巩固。”

我们党的最大政治优势是密切联系群众，党执政后的最大危险是脱离群众。

习近平提醒全党要认识到，“我们党面临着许多严峻挑战，党内存在着许多亟待解决的问题。尤其是一些党员干部中发生的贪污腐败、脱离群众、形式主义、官僚主义等问题，必须下大力气解决。全党必须警醒起来”。

中国历史上的几个盛世，除康乾盛世长达百年左右，其他均不过几十年时间，未能持盈保泰，“其兴也勃焉，其亡也忽焉”。我们党已有 90 多年党龄，执政已 68 年多了，如果加上延安时期，则有 70 多年。世界上某些大党就是在这个时间段出了问题。继苏东剧变之后，近年来一些国家民怨载道、社会动荡、政权垮台，很明显，腐败是其重要原因。

腐败是社会毒瘤，清廉是人民期盼。人民群众追求社会公正，就必然要求反腐败、反特权。经过 30 多年的改革开放，我国的经济文化建设有了长足进步，国力有了显著增强，民生有了明显改善，但一个严峻的事实是，腐败现象变严重了，社会风气变坏了，党风、政风、民风都存在问题，腐败不限于党政干部，而是存在于社会的多个层面。这些乱象导致一部分人困惑增多，怨气增多，信念动摇，严重损害党的执政基础。“从善如登，从恶如崩”，如果不能迅速以强力遏制腐败、防治腐败，我们的干部队伍将被毁坏，我们党将失去民心，最终是“温水煮青蛙”，后果不堪设想。

习近平总书记看到了这种危险，将这个严峻的问题郑重地摆在了全党面前。2013 年 1 月下旬，他在十八届中央纪委第二次全会上发表重要讲话，主旨就是坚持党要管党、从严治党。反腐倡廉要有新突破，要标本兼治，惩防并举，有腐必反，有贪必肃。既坚决查处领导干部违纪违法案件，又切实解决发生在群众身边的不正之风。加强反腐败国家立法，加强对权力运行的制约和监督，把权力关进制度的笼子里，形成不愿腐的道德机制、不敢腐的惩戒机制、不能腐的防范机制、不易腐的保障机制。

党的十八大以来，从严治党方面最显著的变化是对腐败行为零容忍。腐败没有“特区”，反腐败没有“禁区”，“老虎”“苍蝇”一起打。

党的十八大以来的五年，我国纪检监察机关总共处分了 153.7 万人，其中立案审查省军级以上党员干部及其他中管干部 440 人，这里面有十八届中央委员、候补委员 43 人，中央纪委委员 9 人。对不收敛、不收手、顶风作案的“老虎”，新账老账一起算。

党的十八大以来的五年，我国年均处分率为 3.9‰，此前通常在 1.5‰—1.7‰之间。平均每天处分 842 人，处理违反八项规定 140 人，获罪入狱 32 人；平均每月落马 7 名中管干部，处分 148 名厅级干部，1050 名县处级干部。

党的十八大以来的五年，我国反腐败工作也有创新：一是作为“异体监督”的巡视发挥了利剑作用。在十八届中央纪委执纪审查的案件中，超过 60% 的案件来自巡视。二是认识关口前移的重要性。总结出来监督执纪的四种形态：第一种，让“咬耳朵、扯袖子、红红脸、出出汗”成为常态；第二种，党纪轻处分、组织调整成为大多数；第三种，重处分、重大职务调整是少数；第四种，严重违纪涉嫌违法立案审查的只是极少数。

这些数字和效果体现了执纪从严、违法必究的原则，使党的纪律真正成为“带电的高压线”。在强高压反腐的形势下，党的十九大以后，我国的反腐败工作由重清查存量转向重遏制增量。习近平总书记说：“‘老虎’露头就要打，‘苍蝇’乱飞也要拍。”

这些“刮骨疗毒、壮士断腕”的反腐措施，震慑了腐败分子，提振了民众的反腐信心，也为治本赢得了时间，打下了基础。

现在可以说，反腐工作基本上取得了压倒性优势，有五个标志：第一，腐败存量被大幅度地清除，外逃贪官相当一部分被抓回；第二，腐败增量得到有效遏制；第三，纪检监察机构改革，成立了四级监察委员会；第四，不能腐、不敢腐、不想腐的态势渐渐形成；第五，社会风气明显好转，民众对反腐败的信心大大增强。总之：

延安精神是我们的胜利之本，忘了本就是忘了人民；

延安精神是我们的胜利之根，忘了根就会走向衰亡；

延安精神是我们的力量之源，断了源力量就会枯竭。

在新时期，我们要不忘记革命历史，就不能忘记延安精神；

我们要记住革命胜利的原因，就应该记住延安精神；

我们要防止腐败变质，永葆先进性，就应该弘扬延安精神；

我们要巩固执政基础，保持与人民群众的血肉联系，就应该永远弘扬延安精神；

我们要实现“四个全面”布局，实现“中国梦”，就永远不能忘记延安精神，永远需要弘扬延安精神！

（本文是笔者2018年4月14日在延安大学马克思主义学院主办的延安精神研讨会上的发言）

党政干部要穿好“防弹衣”

中国共产党是中国人民的领导核心，必须保持纯洁性、先进性，保持与人民群众的血肉联系，从而巩固执政地位，实现民族复兴的伟大使命。从毛泽东在井冈山建立革命根据地开始，我们党就坚持反腐倡廉；在延安时处决了红军高级将领黄克功，解放初处决了高级干部刘青山、张子善；通过“三反”“五反”运动处理了一大批被腐蚀的干部。后来的历次反腐、整风运动中，陆续有不少干部被处理。党的十八大以来，我们党掀起了廉政风暴，倒下了一大批干部。干部倒下的原因较多，但主要有两个：一是自身的腐败，二是被糖衣炮弹打中，也有的是二者兼而有之。以习近平同志为核心的党中央全面从严治党的决心坚定不移，宁肯“得罪千百人，不负十三亿”，这是对广大党员干部的真正爱护，也是对全党和全国人民的责任担当。每个党政干部和公职人员，必须看清大势，把握规律，增强忧患意识和风险意识，保持高度警醒。

从世界形势看，我国已成为世界第二大经济体，今年即将实现全面脱贫，这是中国对世界的贡献。但有少数国家的政要不高兴，经济上打压我们，科技上封锁我们，军事上包围我们，挑动、支持“台独”“港独”等，还长期对我们实行“和平演变”战略，企图搞垮社会主义中国。从国内情况看，我党面临“四大考验”，存在“四大危险”，部分干部滋生了形式主义、官僚主义、享乐主义、奢靡之风。这些考验、危险、变化是对我们的严峻挑战。

我们的党政干部是各种反华势力首先瞄准、“围猎”的对象，是糖衣炮弹袭击的首要目标。党政干部要保护好自己的政治生命，当好人民的公仆，做到不能腐、不易腐，善始善终，别时无憾，就应该强化自我保护意识，学会自我保护本领，自我监督，自我负责。自我保护的要诀之一，就是要穿好“防弹衣”。当然，这里所说的“防弹衣”是形象之论，并非具象。穿好“防弹衣”的实质就是搞好自我监督和外部监督。

搞好自我监督，加强“防弹衣”的六层内胆

“防弹衣”的内胆第一层是学习和修养。首先要学习革命先辈的光辉榜样，牢记领袖的嘱托。习近平总书记提出党政干部要做到“三严三实”，“既严以修身、严以用权、严以律己；又谋事要实、创业要实、做人要实”。这些是对干部最诚恳的关切，也是最有用、最感人的殷殷嘱咐。20世纪60年代，国家经济处于严重困难之际，从毛泽东、周恩来等中央领导人到地方各级党员干部，不搞特殊，与民众共渡难关。从1960年10月起，毛泽东就开始吃素，不吃肉了。他对护士长吴旭君说，国家有困难了，我应该以身作则，带头节约，不要给我肉吃，省下来换外汇。这一时期毛泽东、周恩来等中央领导带头吃素，节衣缩食，过紧日子。在毛泽东、陈云的提议下，同年10月开始按照行政工资等级降低十七级以上的中共党员干部的工资，以缩小差别，密切干群关系。

“防弹衣”的内胆第二层是志存高远，追求高尚。近代中国伟人孙中山号召人们要立志做大事，不要立志做大官。他一生献身革命，鞠躬尽瘁，死而后已。周恩来在学生时期就立志“为中华崛起而读书”。我们要学习历代先贤的嘉言懿行，做一个对社会有益、有贡献的人。古贤追求“立德立功立言”三不朽，今贤主张“计利当计天下利，求名应求万世名”。孟子说：“居天下之广居，立天下之正位，行天下之大道。得志，与民由之；不得志，独行其道。富贵不能淫，贫贱不能移，威武不能屈，此之谓大丈夫。”马克思在中学作文《青年在选择职业时的考虑》中写道：“历史承认那些为共同目

标劳动因而自己变得高尚的人是伟大人物；经验赞美那些为大多数人带来幸福的人是最幸福的人；宗教本身也教诲我们，人人敬仰的理想人物，就曾为人类牺牲了自己……如果我们选择了最能为人类福利而劳动的职业，那么，重担就不能把我们压倒，因为这是为大家而献身；那时我们所感到的就不是可怜的、有限的、自私的乐趣，我们的幸福将属于千百万人，我们的事业将默默地、但是永恒发挥作用地存在下去，而面对我们的骨灰，高尚的人们将洒下热泪。”人生在世，应该有高尚的目标导航，有正确的价值观指引，做对社会有益的工作，生活才有意义。如果被“糖衣炮弹”击中，因贪腐而倒下，不能为社会工作，失去了正常的目标与方向，失去了生活的价值和意义，只能是愧疚度日，其内心熬煎的痛苦可能甚于物质的贫困。

“防弹衣”的内胆第三层是过好亲情关。亲情关是每个人都会遇到的，每一个领导干部都绕不过去的，亲情能否处理好至关重要。在这方面，毛泽东父子为全党作出了榜样。毛泽东在新中国刚成立时，于百忙中回信杨开智同志，希望他不要向湖南省政府提要求，政府分配什么工作就干什么工作，一切按正常规矩办理，不要使政府为难。毛岸英对他的表兄来信要求他照顾舅父安排职务一事，复信明确拒绝并讲明道理。他说：舅父希望在长沙有厅长方面的位置安排，是很落后的想法，是要不得的。“新中国之所以不同于旧中国，共产党之所以不同于国民党，毛泽东之所以不同于蒋介石，毛泽东的子女妻舅之所以不同于蒋介石的子女妻舅”，是因为共产党主张靠自己的劳动和才能吃饭。“翻身是广大群众的翻身，而不是几个特殊人物的翻身。”有人骂我们不讲“人情”，我们的确不讲私情的人情，但“共产党有的是另一种人情，那便是对人民的无限热爱，对劳苦大众的无限热爱，其中也包括自己的父母子女亲戚在内”。

亲情关还包含家庭、家族、母校的殷切期望。家庭是最密切的利益共同体，家中有人作出了好成绩，被提为干部，甚至被重用，是家庭、家族、母校的荣耀，对此要格外珍惜，倍加呵护，不可忘乎所以，大意失荆州，否则就会使家庭、家族、母校蒙羞。俗话说“妻贤夫祸少”，丈夫成功的背后少不了贤妻的支持。

贤妻不仅努力维持家计，为丈夫提供歇息的港湾，而且帮助丈夫参谋、把关，成就事业，是谓“贤内助”。妻子若无德，不仅使家庭不宁，让丈夫无心做事，而且易惹是生非，招致祸患。在廉政问题上，若妻子贪婪，丈夫又缺乏定力，那么两人就会联手贪腐，妻子即成为“贪内助”，一起滑入陷阱，使家庭败落。大量事实说明，家庭的作用具有二重性，在廉政建设方面，可能是动力，也可能是阻力，因此，家风建设至关重要。

“防弹衣”的内胆第四层是抵制传统文化中的负面影响。传统文化中不乏精华，但也有为数不少宣扬“官本位”的糟粕。在封建农耕社会，商品经济贫乏，人们谋生、创业、发财致富门路不多。“万般皆下品，唯有读书高”，“书中自有黄金屋，书中自有颜如玉”，人们往往把出路寄托在读书做官上。而一旦做了官，局面就随之改变。于是宁肯“十年寒窗无人问”，也要“一举成名天下知”，跳过“龙门”去做官。这些产生于旧社会的糟粕文化，能满足人们的虚荣心，激励人们的上进心，却又为贪腐正名，诱使人们心安理得地走上贪腐之路。这些产生于奴隶社会、封建社会、半殖民地半封建社会的旧“官”念和价值导向，源远流长，根深蒂固，许多已成为潜意识，在日常生活中习惯性地发挥着作用，影响着人们的言行。如果没有很强的党性和定力，往往扛不住，为其裹挟，随俗浮沉，随波逐流，成为落后文化的俘虏。

“防弹衣”的内胆第五层是警惕骄傲自满。党政干部在犯错误之前，一般都有一段辉煌的奋斗史。例如，做学生时成绩优秀，是学生干部；参加工作后积极努力，德才兼备，是单位的骨干，成为干部培养对象；入党早，有业绩，成长快，评优获奖，受到领导重视，群众口碑好。但是一旦提为干部后，或者升到较高级别，手上有权了，或权力更大了，出来捧场的人多了，听到的奉承话多了，于是人性的弱点发作了，开始向反面转化，飘飘然、昏昏然，把成绩看成是自己一人的，忘记了组织的领导和群众的支持，忘记了“有权必有责、有责要担当、失责必追究”，开始得意洋洋，狂妄自大，独断专行，不按规矩办事，不按程序决策。俗话说：别人打不倒，就怕自己倒。日常生活中固然防人之心不可无，但更要严防自作孽。甘肃省酒泉市肃北县原县长曼某有深切的体会，他说：“我体会到一个人最容易犯下过错的时候，不是在人生低谷时，恰恰是春风得意、自以为是的时候。因为往往一得意就忘形，就把握不住方向了。”

无数事实证明，社会与监狱好像离得很远，其实只有一步之遥；官员与罪犯好像水火不容，但两者并无不可逾越的鸿沟。如果忘记了党纪法规，丢弃了道德操守，背离了组织嘱托，就有犯罪坐牢的可能。

“防弹衣”的内胆第六层是不与大款攀比收入与享受。大款是一部分先富起来的人，我们的党政干部则是人民的公仆，是为大家共同富裕服务的，不能简单地与大款攀比。与大款攀比，很容易比出不平衡心理，走向邪路。客观地说，我们的干部起初大多数还是生活俭朴的，并不奢华。但是看到一些暴发户原本文化水平低，底子薄，能力也不很强，可是几年就发达了，腰缠万贯，人前人后显得风光荣耀，而自己的收入和享受远不及对方时，有些干部的思想就发生变化了。例如，江苏省涟水县交通局原党委副书记、工会主席王某某颇有代表性，他说：“这几年在项目建设过程中，我与社会上形形色色的老板打交道，看到他们坐豪车、戴名表，生活奢华，心里很不平衡。因为论能力，我自信不比他们差；论付出，我比他们付出得更多。在开工建设的两年里，只要工地在施工，我都会在一线指挥，从未休过周末、节假日。但到年底的时候，那些老板们都有数十万、百万甚至千万元的收入，我的收入与他们相比，简直不值一提！最终心理失衡的我没能经受住诱惑，倒在了糖衣炮弹下。”还有的干部认为，老板们所赚的大笔财富有不少是我的一个电话、一个招呼、一个批条、一个表态得来的，于是滋生权钱交易、等价交换的念头，既然你凭我的权力得到财富，那么我要你一些也合情合理。而受贿、索贿的结局，就是走向堕落。

落实外部监督，增强“防弹衣”的外层装甲

“防弹衣”的外层装甲第一层是组织监督。组织监督有党委会（党支部

会）、纪检监察组工作会、中心组理论学习会、生活会，等等。在这些会上大家经常讨论、交流一些问题，如果感觉、发现了什么不对劲，看到了什么不好的苗头，应该及时互相提醒，咬咬耳朵，扯扯袖子，红红脸，出出汗。不要只说不痛不痒的话。要与人为善，把问题提出来，研究如何控制在萌芽状态，不让问题闹大，勿使错误恶性发展，一马平川，直奔陷阱，导致“一失足成千古恨”的后果，给个人和集体带来无可挽回的损失。个人多多听取组织意见，接受组织监督，使自己保持清醒头脑，十分必要。那些犯罪入狱的干部，在他们的忏悔录中都谈到，往往在自己有了功劳、有了权力的时候，就头脑膨胀，目中无人，唯我独尊，不把组织和群众放在眼里，听不进别人的意见，天马行空，独往独来，自以为是，刚愎自用，以致量变引起质变，最后受到法律的制裁。

“防弹衣”的外层装甲第二层是诤友的监督。人有各种朋友，有学友、战友、诗友、牌友、棋友、球友、舞友、乡友等类别中的若干种，有一般朋友，也有知心朋友，有莫逆之交，甚至刎颈之交，等等。但是真正能同你说真心话、能与你“吵架”的才叫诤友。诤友可贵，也很难得。诤友在你遇难时不疏远你，在你困惑时帮助你，在你春风得意时不吹捧你，在你成功辉煌时提醒你。诤友的话须多听。中国古代的谏议大夫就是掌管议论的官员，负责提不同意见，甚至反对意见，帮助帝王兼听众议，开阔思路，权衡利弊，分析得失，集思广益，避免决策错误。谏议大夫相当于帝王的诤友。魏徵就是唐太宗的诤友，前后共进谏 200 多次，甚至有些批评还很尖锐，唐太宗都能采纳。魏徵帮助唐太宗成就了盛世“贞观之治”，传为美谈，流芳千古。所以，作为党政干部，要交几个诤友，并发挥好诤友的作用。

“防弹衣”的外层装甲第三层是群众监督。早在 1945 年，毛泽东与黄炎培就中国共产党跳出历史周期律问题进行谈话时就指出：“我们已经找到了新路，我们能跳出这周期率。这条新路，就是民主。只有让人民来监督政府，政府才不敢松懈；只有人人起来负责，才不会人亡政息。”让人民监督政府，就是要求党政干部接受群众监督。

群众监督，有当面的批评，也有背后的议论；有书面的建议，有信访举报，在今天还有自媒体的舆论监督。对这些不同方式的批评一定要悉心留意，格外重视，不可闭目塞听，甚至抵触反感。当然，群众的批评有时因情况掌握不全面、不准确，可能不是恰如其分，或许有些偏颇、过激，有些分寸不当，对此应该有度量，“将军额上能跑马，宰相肚里能撑船”，“有则改之，无则加勉”，多从自身找原因。当然，也不排除可能有极个别人动机不纯，造谣污蔑，对此可走合法途径解决。但是总的来说，群众的眼睛是雪亮的，认识是清楚的，立场是鲜明的，判断是准确的。对群众监督的意见务必高度重视，正确的及时吸收改进，误解的及时解释说明，暂时解决不了的及时把缘由讲清。

接受群众的监督，有被动的接受，也有主动的接受。主动的接受，就是要经常到群众中去走一走，召开座谈会，或者在炕上聊聊天，在茶桌边谈谈心，在厂矿、地头拉拉家常，这样你就能看到真情，听到真话，换来真心。政府每作出一项决策，人民高兴不高兴，满意不满意，拥护不拥护，事先征求群众的意见，多开几次听证会，听听各方面的反应，然后综合、修改、完善，而不是拍脑门决策，拍胸脯表态，这样就可以避免片面性，避免说错话、办错事，至少不犯颠覆性错误，避免因主观主义或私心杂念给群众带来损失，招致不满和埋怨。现在交通便利，互联网发达，电话方便，短信微信快捷，把这些现代科技手段利用起来，了解群众的想法并不难，问题在于你愿不愿意这样去做。

“防弹衣”的外层装甲第四层是抵挡“糖衣炮弹”袭击的铁甲。1949 年 3 月 5 日，毛泽东主持召开了党的七届二中全会，他在会上说：“我们很快就要在全国胜利了”，“因为胜利，党内的骄傲情绪，以功臣自居的情绪，停顿起来不求进步的情绪，贪图享乐不愿再过艰苦生活的情绪，可能生长。因为胜利，人民感谢我们，资产阶级也会出来捧场。敌人的武力是不能征服我们的，这点已经得到证明了。资产阶级的捧场则可能征服我们队伍中的意志薄弱者。可能有这样一些共产党人，他们是不曾被拿枪的敌人征服过的，他们在这些敌人面前不愧英雄的称号；但是经不起人们用糖衣裹着的炮弹的攻击，他们在糖弹面前要打败仗。我们必须预防这种情况”，“中国的革命是伟大的，但革命以后的路程更长，工作更伟大，更艰苦。这一点，现在就必须向党内讲明白，务必使同志们继续地保持谦虚、谨慎、不骄、不躁的作风，务必使同志们继续地保持艰苦奋斗的作风”。某些礼品和金钱穿上了“迷彩服”，不易看清它的本质，其实，那些礼品和金钱可能就是“糖衣炮弹”。送礼者的手段也很高明、艺术，让你不知不觉。厦门远华走私案主角赖昌星有句“名言”：“不怕领导讲原则，就怕领导没爱好。”只要他看中的目标，就要利用领导的某种爱好，设法拿下。这是没有硝烟的战争，是看不见的战线，是在鲜花、掌声、甜言蜜语中的博弈，需要党政干部穿上抵挡“糖衣炮弹”袭击的铁甲。

领导职务和权力岗位是令人羡慕而又使人畏惧的，时刻需要小心谨慎。相关人员在与社会交往时务必做到不违规、不逾矩、不滥权，勿以廉小而不为，勿以贿小而受之，不可轻视小恩小惠的杀伤力，不可对小贪、小贿心安理得。小节里藏着魔鬼，小节不守，大劫难逃。在重贿巨利面前尤其要淡定冷静，不为其所诱惑。《菜根谭》中有句名言：“风来疏竹，风过而竹不留声；雁度寒潭，雁去而潭不留影。”切不可误解为“风过无声，雁去无影”。谨记任何违规举动，尽管做得高明、隐秘，仍然是“天知地知，你知我知”，法网恢恢，疏而不漏。对明显的贿赂收买，更应毅然拒绝，毫不犹豫。

当以习近平同志为核心的党中央带领全党即将迎来建党100周年之时，在新时代为实现中华民族伟大复兴砥砺奋进的路上，各级党政干部以及公务员要严严实实穿好“防弹衣”，保证不倒。这是保护自己的要诀，是党和人民的期盼，也是中国共产党人的责任与荣光！

（原载《人民论坛》2020年第24期）

反腐倡廉、纪检监督与群众路线

2021年新年伊始，十九届中央纪委于1月下旬召开了第五次全会，习近平总书记在会上发表了重要讲话，他在讲话中强调了党建的重要性，分析了党建目前的形势，明确了党建的工作目标，提出了加强监督的要求。习近平总书记强调："要健全党和国家监督体系，以党内监督为主导，不断完善权力监督制度和执纪执法体系，各种监督协调贯通，形成常态长效的监督合力。要充分发挥监督在基层治理中的作用，推动监督落地，让群众参与到监督中来"，"构建全覆盖的责任制度和监督制度"。[①]

对于习总书记这个重要讲话，尤其是"让群众参与到监督中来"的提法，我们要有政治敏感力和领悟力，真正领悟总书记这个提法的深刻含义，理解总书记为什么这样讲，为什么要提出这样的要求，这样讲意味着给社会带来什么变化，对我们每个党员干部以及全党产生什么影响。只有真正领悟了，然后才会有发自内心的政治执行力。

一、党风廉政建设成绩显著，反腐败斗争任务依然艰巨

刚刚过去的2020年，是新中国历史上极不平凡的一年。面对错综复杂

① 习近平：《反腐败没有退路，必须知难而进》，《人民日报》2021年1月23日，第1版。

的国际形势，艰巨繁重的改革发展稳定任务，特别是突如其来的新冠肺炎疫情，党中央统筹中华民族复兴战略全局和世界百年未有之大变局，坚持以党的自我革命引领伟大的社会革命，坚定不移全面从严治党，坚定不移推进党风廉政建设和反腐败斗争，坚定不移把党建设得更加坚强有力，对腐败行为“零容忍”，“老虎”“苍蝇”一起打，一体推进不敢腐、不能腐、不想腐，坚决查处不收敛、不收手的腐败分子，严防“灯下黑”，对政法系统腐败严肃治理，对涉黑涉恶“保护伞”一查到底。据统计，2020 年中央纪委国家监委网站公布了 18 名中管干部接受审查调查的消息，与此同时，对于乱飞的“苍蝇”举手就拍，海外“猎狐”持之以恒。2020 年 1 月至 11 月，全国查处民生领域腐败和作风问题 10.46 万起，批评教育帮助和处理 14.95 万人，其中党纪政务处分 9.2 万人，“天网 2020”行动追回外逃人员 1229 人，其中红通人员 28 人，追回赃款 24.45 亿元。[①] 挽回了部分经济损失，教育、警醒了广大干部，人民群众看到了我党反对腐败的实际行动，增强了信心。可以说反腐斗争成绩显著。

当然，尽管从党的十八大以来党风廉政建设和反腐败斗争取得了历史性成就，但形势依然严峻复杂。习近平总书记指出：“必须清醒看到，腐败这个党执政的最大风险仍然存在，存量还未清底，增量仍有发生。政治问题和经济问题交织，威胁党和国家政治安全。传统腐败和新型腐败交织，贪腐行为更加隐蔽复杂。腐败问题和不正之风交织，‘四风’成为腐败滋长的温床。腐蚀和反腐蚀斗争长期存在，稍有松懈就可能前功尽弃，反腐败没有选择，必须知难而进。”[②]

对于党风廉政建设和反腐败斗争，我党自从成立以来一向立场坚定，态度鲜明，行动坚决，特别是党的十八大以来，决心更加彰显，措施更加有力，解决了过去长期想解决而没有解决或解决不彻底的问题，例如“三

---

① 《望海楼：态度不能变 决心不能减 尺度不能松》，《人民日报》（海外版）2021 年 1 月 23 日，第 1 版。

② 习近平：《反腐败没有退路，必须知难而进》，《人民日报》2021 年 1 月 23 日，第 1 版。

公”违规消费（公款吃喝、公款旅游、公车私用）。习近平总书记指出：“我们党作为百年大党，要永葆先进性和纯洁性，永葆生机活力，必须一刻不停推进党风廉政建设和反腐败斗争。各级领导干部特别是主要负责同志必须切实担负起管党治党政治责任，始终保持‘赶考’的政治清醒，保持对‘腐蚀’‘围猎’的警觉，把严的主基调长期坚持下去，以系统施治、标本兼治的理念正风肃纪反腐，不断增强党自我净化、自我完善、自我革新、自我提高能力，跳出治乱兴衰的历史周期率，引领和保持中国特色社会主义巍巍巨轮行稳致远。”①

为了达到上述目的，新时期应该怎么办？习总书记的讲话明确指出必须采取的重大措施之一是健全党和国家监督体系，以党内监督为主导，不断完善权力监督制度和执纪执法体系，各种监督协调贯通，形成常态长效的监督合力。要充分发挥监督在基层治理中的作用，推动监督落地，让群众参与到监督中来。

二、反腐倡廉与群众路线

“让群众参与到监督中来”，在笔者看来，虽然总书记是针对发挥监督在基层治理中的作用而言，但其总的精神则是宣示在党风廉政建设和反腐败斗争中，中国共产党坚持走群众路线。

我们党来自人民、植根人民、服务人民，党的根基在人民、血脉在人民、力量在人民。群众路线就是一切为了群众，一切依靠群众，从群众中来，到群众中去，密切联系群众，把党的正确主张变为群众的自觉行动。群众路线是毛泽东思想活的灵魂。毛泽东同志经常强调：“应该使每一个同志懂得，只要我们依靠人民，坚决地相信人民群众的创造力是无穷无尽的，因而信任人民，和人民打成一片，那就任何困难也能克服，任何敌人也不能压倒我们，

① 习近平：《反腐败没有退路，必须知难而进》，《人民日报》2021 年 1 月 23 日，第 1 版。

而只会被我们所压倒。”[①] 如果失去人民拥护和支持，我们党的事业和工作就无从谈起。群众路线是共产党的生命线和根本工作路线。我们党依靠群众路线取得了民主革命的胜利，建立了新中国，使人民站起来、富起来，还要继续依靠群众路线，实现四个现代化，使中华民族强起来，为人类作出较大贡献。党政干部“无论是立身处世还是从政干事，首先要解决好‘我是谁、为了谁、依靠谁’的问题，不断追求‘我将无我，不负人民’的精神境界”[②]。党要长期经受住执政考验、改革开放考验、市场经济考验、外部环境考验，就必须始终密切联系群众，接受群众监督。因此，新形势下加强对党政干部的监督，让群众参与进来，这“对保持党的先进性和纯洁性、巩固党的执政基础和执政地位，对全面建成小康社会，具有重大而深远的意义”[③]。

无论是党政干部的腐败，还是普通群众中的不正之风与违法乱纪，都是对人民群众根本利益和具体利益的侵害，破坏了公平正义，是人民群众深恶痛绝的。党走群众路线，让人民群众参与监督，既体现了人民群众的主人公地位，又保卫了人民群众的自身利益，人民群众的积极性自然会高。

2016 年 4 月 19 日，习近平总书记《在网络安全和信息化工作座谈会上的讲话》中指出：“古人说：‘知屋漏者在宇下，知政失者在草野。’很多网民称自己为‘草根’，那网络就是现在的一个‘草野’。网民来自老百姓，老百姓上了网，民意也就上了网。群众在哪儿，我们的领导干部就要到哪儿去，不然怎么联系群众呢？各级党政机关和领导干部要学会通过网络走群众路线，经常上网看看，潜潜水、聊聊天、发发声，了解群众所思所愿，收集好想法好建议，积极回应网民关切、解疑释惑。善于运用网络了解民意、开展工作，是新形势下领导干部做好工作的基本功。各级干部特别是领导干

---

① 《毛泽东选集》第 3 卷，人民出版社 1991 年版，第 1096 页。

② 《习近平在中央党校（国家行政学院）中青年干部培训班开班式上的讲话》，《人民日报》2021 年 3 月 2 日，第 1 版。

③ 《习近平谈治国理政》，外文出版社 2014 年版，第 365—367 页。

部一定要不断提高这项本领。”“让互联网成为我们同群众交流沟通的新平台，成为了解群众、贴近群众、为群众排忧解难的新途径，成为发扬人民民主、接受人民监督的新渠道。”[①]

三、“让群众参与到监督中来”，必将有力促进党风廉政建设和反腐败斗争

首先，群众参与监督是对党和国家监督体系的丰富和完善。

我们有党组织监督，但党组织重点监督党政干部和党员队伍自身，社会上民众间的不正之风、违法乱纪问题在其次；我们有纪检监察组织专职监督，但纪检监察组织因人力、精力和身份的限制，有些隐蔽的腐败行为不一定能及时发现，即使发现了，从程序上帮教和遏制，还有一个过程；我们有司法监督，但司法监督是惩之于后，等到用司法来制止腐败行为时，为时已晚，人已经烂了，几方面的损失均已造成。

每当看到那些政坛明星、企业家明星、改革家明星，昨天是座上宾、今天是阶下囚时，笔者不胜悲怆；每当看到那些曾经有作为、有政绩、有抱负的干部，因腐败而垮台时，笔者不禁为之叹息。他们曾经是党组织精心培养的人才，也曾经是民众钦佩寄予厚望的社会精英。他们本应在改革开放的大好年代，不负组织重托，不负人民厚望，施展才华，建功立业，却因走向腐败而受到党纪国法制裁，在铁窗下度日，以泪洗面，“问君能有几多愁，恰似一江春水向东流”。这既是他们本人的失败，也是其家庭、家族及单位的损失，令人痛心。一个人才、一个干部的成长，决非一朝一夕，组织付出了多年的培养成本，家庭、亲友、师长付出了多年的无私帮助，个人付出了多年的努力奋斗。从许多反腐败的深度报道、纪实作品，腐败分子的狱中忏悔以及刑前对话中，人们不难发现一个共性的东西，那就是他们的“怨天尤人”。

---

① 习近平：《在网络安全和信息化工作座谈会上的讲话》，《人民日报》2016 年 4 月 26 日，第 2 版。

他们埋怨在他们大权在握时，没有人对他们进行监督；埋怨他们搞腐败时，没有听到批评和喊停。他们认为如果能及时听到监督和批评，他们就不会犯这么大的错误，就不会走上不归路。他们事后方醒悟：严管才是厚爱，监督防止腐败。

由此可见，要减少或避免大的腐败行为，真正爱护、保护广大干部的政治生命，维护社会的风清气正，必须健全监督，强化监督。除了党组织监督，纪检监察职能部门监督，党报党刊、电台、电视台和政府网站等官方媒体监督外，还得有群众监督。

共产党要接受监督，这个道理毛泽东、邓小平在新中国成立初期就讲得很清楚。1957 年 4 月 8 日，邓小平在西安干部会上的报告中明确指出："党要受监督，党员要受监督，八大强调了这个问题。毛主席最近特别强调要有一套章程，就是为了监督。"为什么要接受监督？因为"我们党是执政的党，威信很高。我们大量的干部居于领导地位。对中国来说，谁有资格犯大错误？就是中国共产党。犯了错误影响也最大。因此，我们党应该特别警惕"。"如果我们不受监督，不注意扩大党和国家的民主生活，就一定要脱离群众，犯大错误。"邓小平接着分析了监督来自三个方面，第一是党的监督，第二是群众的监督，第三是民主党派和无党派民主人士的监督。"有了这几方面的监督，我们就会谨慎一些"，"共产党员谨小慎微不好，胆子太大了也不好。一怕党，二怕群众，三怕民主党派，总是好一些。谨慎总是好一些"。① 小平的话讲得很透彻，通过三方面的监督，使我们的党员干部保持谦虚谨慎，做到清正廉洁，就可以减少、避免主观主义、官僚主义、宗派主义的错误，就可以减少、预防、制止腐败行为，特别是避免大的严重的腐败事件发生，从而保护党和人民的利益，保持共产党人的先进性、纯洁性，同时这也是对党员干部最好的保护和真正的爱护。

回首历史，中国共产党自从成立以来，就高度注意党纪党风建设。在土

① 《邓小平文选》第 1 卷，人民出版社 1994 年版，第 270—271 页。

地革命时期，制定了“三大纪律六项注意”；在中央苏区时期，毛泽东亲自下令杀了贪污犯左祥云等人；在延安时期，亲自下令杀了因逼婚而犯罪的高级干部黄克功；在建国初期亲自下令杀了贪污犯高级干部刘青山、张子善；通过“三反”“五反”运动，处理了一大批被腐蚀的干部；后来的历次反腐、整风运动中，陆续有不少干部被清理。改革开放以后，经济发展了，国家富裕了，诱惑的机会更多了，又有一些人因腐败倒下。党的十八大以来，我们党掀起了廉政风暴，一大批有腐败问题的干部受到查处。以习近平同志为核心的党中央全面从严治党的决心坚如磐石，“宁肯得罪千百人，不负十三亿”，始终保持高度警醒，“坚定政治方向，保持政治定力，做到态度不能变，决心不能减，尺度不能松”，强调“反腐败没有选择，必须知难而进”。[①]在“对腐败零容忍”，“‘老虎’‘苍蝇’一起打”，一体推进不敢腐、不能腐、不想腐方面，党中央发挥了决定性作用，各级党组织、各级纪检监察部门、党报党刊、电台电视台和政府网站等官方媒体，各自发挥了重要的职能部门作用，收到了明显的成效。但是，为什么党的十八大以后还有人不收敛、不收手呢？因为腐败和不正之风有着几千年的历史传承，有着传统文化的历史积淀，“死人拖住了活人”；有着巨大的西方世界和外部环境的影响，它们对干部形成包围，一刻不停地展现着五光十色的诱惑；有着广泛的群众生活土壤与氛围，既有往里推的，又有朝里拉的；既有本人的贪欲作祟，也有亲友的怂恿蛊惑；有着很强的潜意识惯性和传染性，一不留神就会浸染其中，因而是古今中外的一大社会顽疾。同腐败和不正之风宣战，就是同几千年的传统观念宣战，就是同西方的“和平演变”战略宣战，就是同人自身的弱点、缺点宣战。这个人类历史上最具广泛性、持久性、艰巨性、反复性的系统战役，绝非三两个战役可以毕其功，十年、几十年的博弈才能够逐步战胜之。权力存在多久，考验就存在多久。历史期盼中国共产党不负使命担当，时代期盼中国共产党勇作中流砥柱，人民期盼中国共产党坚持正确领导和自我革命，民众期盼

① 习近平：《反腐败没有退路，必须知难而进》，《人民日报》2021年1月23日，第1版。

中国共产党完善监督体系，发挥好党和政府职能部门的监督作用、组织好引导好民主党派监督和群众监督，把反腐败斗争进行到底，走出历史周期律。

其次，群众监督的影响力巨大。

1. 监督形式的多样性

群众发现社会上出现了腐败行为的现象或信息，可以向有关党政组织、纪检监察组织举报，提供调查的资料或线索；也可以向党报党刊、电台电视台举报，通过舆论工具监督。有传言在中央电视台的外面，常常排着两条有形或无形的队伍，一条队伍是向《焦点访谈》节目组反映问题，要求作批评报道；另一条队伍是要求《焦点访谈》节目组不要报道批评他们单位的负面新闻，要求撤稿。有一句流行的话，叫“不怕内部通报，就怕公开登报”，的确如此。许多矛盾、问题久拖不决，媒体一曝光，中央电视台的《焦点访谈》一报道，马上得到解决。记得 2000 年春节刚过，中央电视台在《新闻联播》中报道了一个消息：春节期间上海市的图书馆照常开放，方便了在节日期间需要借阅图书的读者，而北京图书馆却因装修没有竣工而大门紧闭，读者望门兴叹。电视上仅作了这样一个客观报道，只是一个比较，还算不上批评，北京图书馆就马上作出反应，第二天就作出决定：今后所有的节假日都不闭馆，一年 365 天都向读者开放。舆论的作用之大，由此可见一斑。

笔者在中央党刊编辑部工作时，见过的一件事也很说明问题。大约在 2001 年，党刊《党员信箱》栏目编辑组收到一封农村党员来信，反映他所在镇的镇领导腐败严重，而且长时间无人处理，影响了全镇工作。党刊准备刊登这封党员来信，刊登之前打了一个电话，拟派编辑到该县、该镇调查核实。这一下引起了县、镇两级领导的高度重视，他们要求党刊千万不要发表这封信，也不用来人核查，他们会尽快调查处理的。几天后他们县委立即查处了这名镇领导的腐败问题，调整了镇领导班子。该县向党刊编辑部反馈了处理结果，这封党员来信自然也就没有刊发。

2. 监督内容的广泛性

群众是遍及社会各个层面、各个岗位的，党政军民学、东西南北中，从乡村到城市，从边陲到中部，从田间地头到车间工地，从各种柜台到研究院所，从菜市场到饭馆餐厅，等等，到处都是群众的所在。无数双眼睛在看事，无数双耳朵在听事，无数颗大脑在想事。百姓心头一杆秤，孰轻孰重拎得清；百姓心头一面镜，谁黑谁白自分明。如有人搞腐败或不正之风，是瞒不过群众耳目的，早晚会被发现。而群众中不乏共产党员、共青团员、先进分子、坚持原则敢言者，他们中会有人站出来讲话，会用适当方式向有关方面反映，呼吁解决问题。这样一来，就可能做到反腐监督全覆盖，既监督了基层，也辐射到基层的上级，为及时发现问题、及时采取措施、及时解决问题创造了条件。

有些不正之风和腐败问题，既存在于党政干部之中，也存在于普通民众之间，党和国家职能部门难以及时发现，有些问题即使发现了苗头，调查处理也往往可能遇到地方保护主义的阻扰。例如，食品安全问题，链条很长，环节很多，花样百出，防不胜防。麦子里掺沙子，黑面粉用硫磺熏白，用激素饲料养猪、养鸡、养鱼、养虾，猪肉注水，饭馆用地沟油炒菜，奶粉里添加三聚氰胺，用工业酒精勾兑食用酒；又例如，化工企业偷排废气、废水；工程承包商偷工减料，建筑质量严重不达标，出现房倒、桥塌、路陷；开矿采矿，破坏生态环境；兜售没有任何作用的保健品，骗钱、误病；“高息理财”，金融“杀熟”；电信网络诈骗，巧舌如簧；走私偷税，制毒贩毒；商品销售短斤少两，以次充好；“碰瓷”敲诈，以怨报德；拐卖妇女儿童，心狠手辣，等等。许多问题的发现和处理，以及消除反腐的死角、盲区，离不开广大群众参与监督，参与治理。

3. 网络舆论监督的威力

网络在我国是近 30 年来逐渐普遍应用的新事物，发展快速，自由度大，影响力超强，超过了所有的传统媒体，其传播速度、社会覆盖面和威力前所未有。群众也越来越多地用网络这个新工具来监督、抨击腐败和不正之风。

早在 2014 年 2 月 27 日，习近平总书记就指出：“当今世界，信息技术革命日新月异，对国际政治、经济、文化、社会、军事等领域产生了深刻影响。信息化和经济全球化相互促进，互联网已经融入社会生活方方面面，深刻改变了人们的生产和生活方式。我国正处在这个大潮之中，受到的影响越来越深。我国互联网和信息化工作取得了显著发展成就，网络走入千家万户，网民数量世界第一，我国已成为网络大国。”[①]2021 年 2 月，中国互联网络信息中心发布的第 47 次中国互联网发展状况报告显示，截至 2020 年 12 月，中国网民规模已达 9.89 亿，占全球网民人数的 1/5，距离 10 亿网民大关只有“一步之遥”。与此同时，中国互联网普及率已达 70.4%，高于全球水平。[②]

10 亿网民，这是一个惊人的数字！加上网速随着 5G 设备的发展而提升，在今天的条件下，一条重要信息，瞬间即可传遍全国，甚至传到全球许多国家。因此，不能不敬畏群众、敬畏互联网、敬畏网民。俗话说，“人多力量大”，“一人一口唾沫可以淹死一个人”，“千夫所指，无疾而死”。如果一条事实确凿、侵犯民众利益、违反党纪国法的腐败信息传出，瞬间就会形成巨大的舆论冲击波，冲倒一个人、一个团体甚至一个大型企业。前些年，有两个新闻报道沉重打击了两个知名品牌，过来人应该有记忆。一个新闻说，从某知名品牌饮料中喝出了苍蝇，很快这种饮料就无人买，该品牌轰然倒塌；另一个新闻说，某知名品牌火腿肠有问题，报道一出来，该品牌火腿肠立即无人购买，只能下架。最近的一个网上热评是 2020 年年末，某省某市的“一把手”掌掴了下级，网络上很快传开，批评与讽刺的跟帖猛如潮水，几天后该领导就被上级免去职务。可见网络力量之大。

网络力量为何这么大呢？由于互联网的技术支持使传媒十分发达，尤其是电子媒体具有公开性、自主性、匿名性，具有多功能，既能传文字，也能传图片，还能传音频、视频；不仅有庞大的官方媒体，还有众多的民间媒体，有海量的自媒体，每个懂点技术的人都能当信息发布人，当视频发布人，当主持人，当评论员。网络舆论监督这个新巨人，已经悄然来到人们的面前。对这个新事物，人们特别是党政干部，要有全新的认识，时刻保持高度的敬畏，

---

① 《习近平谈治国理政》，外文出版社 2014 年版，第 197 页。

② 《中国网民逼近 10 亿，意味着啥？》，《人民日报》（海外版）2021 年 2 月 18 日，第 9 版。

时刻保持足够的警醒。网络舆论监督形成巨大的威慑和压力，这种威慑和压力犹如很多双锐利的眼睛，紧紧地盯着你，使你不自在、不自由，好像与你过不去。然而，正是这种威慑和压力，逼迫人们严格自律，保持清白，从而行稳致远。这就同时成为一种良好的保护，犹如高速路上的隔离带，保护你不出交通事故；又如给你穿上“防弹衣”“防腐衣”，保护你不被糖衣炮弹击倒、不会被腐蚀掉。也就是说，接受群众监督，就是接受群众的爱护和保护。这就是事物的辩证法。

众所周知，互联网因技术的先进性给人们发表意见提供了方便，但同时人们因利益不同、立场不同、角度不同、经历不同、见解不同、判断不同，导致发到网上的内容质量不一，鱼龙混杂、泥沙俱下：既有众多良善可取的批评建议，有时也有少量夹带私意偏见的不当言论；产生的社会影响不是单一的正能量，也会混杂少量的负能量。这就给网民的正确认知带来了难度，给科学管理带来了麻烦。

党的十八大以来，以习近平同志为核心的党中央与时俱进，以高度的敏锐关注科技发展带来的新机遇，重视互联网、发展互联网、管理互联网，统筹协调涉及政治、经济、文化、社会、军事等领域网络安全和信息化重大问题，作出一系列重大决策，实施一系列重大举措，推动我国网信事业取得历史性成就，努力走出一条中国特色治网之道。习近平总书记指出：“做好网上舆论工作是一项长期任务，要创新改进网上宣传，运用网络传媒规律”，“要抓紧制定立法规划，完善互联网信息内容管理、关键信息基础设施保护等法律法规，依法治理网络空间，维护公民合法权益”。[①] 习近平总书记的话指明了我国网络治理的方向，通过掌握网络规律、制定科学法规、依法治网，达到利用互联网建立现代治理体系、提高执政能力、维护公民合法权益的目的。

面对群众监督和网络舆论监督，无疑需要发挥好党的领导作用。首先是

---

① 《习近平谈治国理政》，外文出版社 2014 年版，第 198—199 页。

党员干部自身做到“忠诚、干净、担当”，让群众看到我们党员干部的绝大多数是好样的，保持着“赶考”的警醒，保持着对“腐蚀”“围猎”的警觉，时刻自重自省自警自励，慎独慎微慎始慎终，知责于心、担责于身、履责于行，纠治形式主义、官僚主义，远离享乐主义、奢靡之风，不愧为工人阶级的先锋队，令人信服。其次引导群众提出问题时，尽量做到事实清楚，证据确凿，数字准确，不能捏造事实，不得诬蔑陷害。对语言的分寸有所讲究，尽量不说过头话，不走极端，以利于当事人知错即改，达到治病救人的目的。党员干部听到群众批评，要闻过则喜，立即反躬自省，虽然免不了“红红脸、出出汗”，但“良药苦口利于病，忠言逆耳利于行”，马上改正错误、解决问题，对自己负责，对人民负责，取得组织和群众的谅解；对动机不纯、利用舆论制造混乱者，发现后要及时批评教育，制止其错误行为，保护网络空间以及整个舆论空间的风清气正。通过党的正确领导和引导，既能发挥网络舆论反腐倡廉的积极作用，又避免如不作为可能出现的乱象。

我们的广大党员和党政干部要立于时代高度，站在党和人民的立场，以很强的政治敏感力、政治领悟力，悉心领悟总书记的指示精神，进而拿出政治执行力，自觉接受群众监督，接受网络舆论监督，努力适应在群众监督和网络舆论监督的环境中生活，按照“三严三实”的准则，有尊严地工作，有尊严地为人处世，最后有尊严地离任，一辈子做孺子牛、拓荒牛、老黄牛，做“赶考”的合格者，做值得信赖和称道的党员干部，为了实现共产党人的初心和使命，为了告慰无数革命先烈，为了人民幸福和民族复兴，砥砺前行，尽绵薄之力！

（原载《毛泽东邓小平理论研究》2021 年第 2 期）

思考与认知

文化的未来走向与今天的选择

关于文化的作用，无论是官方还是民间，现在都越来越重视，并且达成了共识。过去讲“文化搭台，经济唱戏”，现在改变了，文化也创造经济效益。在美、德、英、法、加、日、韩等经济发达国家，文化产业已经成为国民经济的支柱产业。美国号称世界文化产业帝国，其文化及其相关产业的增加值在 GDP 中的比重已经占到 1/5。日本文化产业的产值 1993 年就已经超过汽车产业，2004 年就已成为仅次于制造业的第二大产业并占 GDP 的 18%。在我国，现在也看到了文化的效益，所以现在提出搞文化产业，党的十七届六中全会提出了文化产业的发展方向和发展思路。有人讲产业化，我不同意，文化不能产业化，因为有些文化项目是需要扶持的。文化项目不可能都赚钱，有些甚至需要赔钱，特别是在塑造人文精神和弘扬优秀传统文化方面，是需要赔钱扶持的。

一、文化的定义

关于文化的定义，据统计有 300 多种，现在没有一个标准的说法。一种比较一致的说法是：文化就是人类的物质文明和精神文明的总和。文化比文明的含义还要宽。因为物质文明和精神文明都可以说是文化，吃饭有吃的文化，喝酒有酒的文化，养生有养生文化，外交有外交文化，礼仪有礼仪文化。

文化是跟人相联系的，只有人才有文化，有人就有文化，只有文化的多和少、高和低、先进和落后的区别。如果过多地探究文化的定义，现在还恐怕一时难以达成共识，但这并不妨碍我们继续探讨和发展。

二、关于本源文化

本源文化就是传统文化，而中国的历史很长，传统文化内容很丰富，不同的历史阶段有不同的文化内容。那么，本源文化应该是我国成熟最早的一种文化体系，具体说来就是先秦诸子百家文化，有儒家、道家、法家、墨家、兵家、农家、杂家等，其中影响较大的是儒家、墨家、法家、道家。

儒学的核心概念是“礼”与“仁”。“礼”包括统治制度和行为规范。孔子提倡“克己复礼”，就是恢复周公之礼，大夫听命于诸侯，诸侯听命于天子。孔子又把礼的范围扩大到人际交往和日常生活，每个人都要依据不同的身份地位遵循一定的规范和礼仪。“仁”是爱心，但是受礼的制约。孔子主张君臣互爱，父子互爱。他认为如果自天子诸侯到普通民众都能遵守礼节，又有爱心，以和为贵，就会消除争斗，实现天下太平。孟子发展了孔子的仁学，强调“仁义”，认为“民为贵，社稷次之，君为轻”，主张统治者要对被统治者实行“仁政”。孔孟都主张“仁治”。荀子发展了孔子的“礼”学，主张“法后王”，完善诸侯国现行的制度，达到统一的礼。荀子反对“天命论”，提出“性恶论”。主张对贵族讲“礼治”，对庶民用刑罚。荀子是儒学的传人，又是法家的先驱。法家既反对孔孟的“仁治”，也不赞成荀子的“礼治”，主张“法治”。韩非是法家的代表。他主张不论身份地位高低，一律遵行统一的法令，犯法者都要治罪，不搞法外施恩。法令不要因循守旧，而要依据世事的变动而变化，由君主制定颁行。君主要有法、术、势，权势至尊。举国上下都守法，君主就可实现天下大治。《韩非子》总结了诸子百家关于治国安邦的学说，其完整的法家理论为秦王朝集权专制体制的建立提供了指导思想，也影响了秦以后的政治体制 2000 多年。

墨家的基本观念是“兼相爱，交相利”。它不同于儒家受礼教制约的“仁爱”，主张不拘地位身份的“兼爱”。墨子指出战乱的根源在于诸侯只爱自己的国不爱别人的国、家主只爱自己的家不爱别人的家、个人只爱自己不爱别人。因此，墨子主张诸侯国之间、君臣父子兄弟之间、所有不同身份地位的各人之间，都要“兼相爱，交相利”，互爱互利才是天下的“治道”。

道家的核心观念是“无为而治”，这是老子政治学说的主旨。道家思想源于老子的《道德经》。老子认为百姓穷困难治是因为在上者收税太多管得太多，统治者应该清静无为，顺其自然，方能安定。“我无为而民自化，我好静而民自正，我无事而民自富，我无欲而民自朴。”《道德经》还富含辩证法。它把事物的发展规律叫作“道”，道在物中，支配物的运动。事物由正反两面合成，对立的双方相互依存，没有贱就没有贵，没有下就没有高；对立的双方又相互转化，祸可变福，福可变祸。

墨家后来衰落了，道家是出世文化，不占主导，所以几千年来影响最大的是儒家和法家。

本源文化中还有其他许多有价值的内容，在此不一一列举。总之，中华民族的传统文化，源远流长，博大精深，有不少精华，有批判继承的价值。关于中华民族精神，《周易》里有两句很重要的话：“天行健，君子以自强不息”；“地势坤，君子以厚德载物”。自强不息是奋斗精神，永远前进，努力向上，决不停止；厚德载物是兼容精神，胸怀博大，兼收并蓄，包容万物。一个是奋斗精神，一个是兼容精神，这两点一直指导、鼓舞着中华民族向前发展，巍然屹立在世界的东方。

三、文化发展的规律

社会发展是有规律的，但是这个规律又是需要人类去遵循的，通过人的实践活动体现的。如果什么都不考虑，都不选择，只是顺着走，又变成了宿命论，人就无所作为了，就会“今朝有酒今朝醉，明日无酒明日休”，听天由命，随俗浮沉。自觉的人、创造历史的人是有主观能动性的。人的实践就是主观和客观的统一，是规律性和选择性的统一。选择的高下在哪里？如果认识了规律，遵循了规律，选择就是正确的，就会成功；反之，如果没有认识规律，违背了规律，选择就是错误的，就会受到惩罚，就会失败，导致迷惘。当年治水，大禹选择了疏，疏就成功了，大禹就是遵循了治水的规律。

因此，我们在讨论文化的未来走向时，不能不谈到选择，谈到选择就要谈到规律，谈到规律就要谈到科学，必须唯物，必须求真，必须实事求是。关于文化的发展，笔者认为至少有以下几个规律：

第一个规律：从单一性到多样性

从单一到多样，从简单到复杂，从低级到高级，就像生命进化一样，由单细胞到双细胞，由双细胞到多细胞。人的智力发展也是从简单思维到复杂思维，文化也是这样的。儒家认识到自然的多样性，道家也认识到自然的多样性，提倡道法自然。自然就是多样性。多样性是互补的，一种事物不可能有多种性质，西瓜就是甜，是清凉的；苦瓜就是苦，是祛火的；梅子就是酸，酸溜溜的；辣椒就是辣，是上火发热的。甜、苦、酸、辣都有，是互补的。人们只有苦瓜没法活，只有西瓜也没法活，只有各种滋味俱全，人类才能生活好。自然界有高山、丘陵与平原，有湖泊与大海，有参天大树与卑微小草，有大朵的牡丹与小朵的茉莉花……多样性就是文化的规律之一。

第二个规律：从束缚到自由

追求自由是人的天性。生物界是自由的，候鸟可以从南飞到北，也可以从北飞到南，鱼在水中也是自由的，鸟在林中也是自由的。人是万物之灵，也应该是自由的。现在人才的流动是相对自由的。不少单位的员工实行聘用制，他找到好的单位，说想走，就可以走。当然，你可以靠事业留人，靠感情留人，靠环境留人，靠适当的待遇留人。如果员工找到了更好的单位和工作，你不好阻挡，也阻挡不了。人往高处走，水往低处流，这是规律，那就欢送他去，希望他发展得更好，如果那里不好，欢迎他再回来。这就是从束缚到自由。我们现在的很多改革，就是让人变得越来越自由。

第三个规律：由等级制到平等

必要的等级，有合理性，但是把等级制绝对化，一切都是为了等级，那就是走向了极端，就会妨碍社会的进步。像我们过去讲民主集中制，从群众中来到群众中去，最终是集中，领导拍板决定。在定下来之前是有一些反复的，反复的过程就是实行民主的过程。看现在人们生活方式的变化，就体现了平等的发展。过去吃饭都是桌餐，讲座次，同时吃，现在有自助餐，自助餐就显示出平等与自由。张三可以吃米饭，李四可以吃馒头，王二可以吃面条，也不分座次，这就平等自由了。另外，现在信息的传播有了互联网，世界变平了，不是旧的宝塔式的了，现在的很多信息不是先从部长传到司长，再从司长到处长，处长到科长，而是同时得到，甚至某些信息一个普通人可能比领导干部得到的速度还要快。这是文化的变化，信息的变化，是科技技术带来的发展，没法阻挡的。

第四个规律：由封闭到开放

在古代社会，在资本主义制度出现以前，世界是分散的，国家之间很少来往。但是自从资本主义生产方式产生以后，世界就变成了一个统一的市场。有了资本主义制度以后，才有了世界史。国家之间相互联系，不再是封闭的，而是开放的。清朝想封闭，闭关锁国，但是行不通，必须打破，你不接受贸易也得接受贸易，要么是和平接受，要么是屈辱地接受。当你开放以后，开始是屈辱的，吃了很多亏，但是愈往后，由于你的奋发努力，由弱变强，获得平等的地位，得到的好处会愈多。开放可以促使文化发展，文明进步，物产丰富，技术提高。搞封闭是不行的，封闭应该向开放发展。当然，随着世界形势的发展变化，开放中可能出现一些新的问题，需要摸索规律，善于应对，与时俱进。

第五个规律：从迷信到理性

人类最初是迷信，慢慢理性增多。过去因为知识有限，自然科学和社会科学的知识都有限，所以迷信的人很多，那么现在理性的人逐渐多了起来。包括宗教本来是有迷信的，但是宗教的理性现在也增加了。今天谈论宗教，如果仅仅还是说“精神鸦片”就不全面，它有麻醉的一面，但是还有理性的一面。笔者曾到台湾考察，考察台湾的中华传统文化。看到台湾的佛教徒现在还是很多的，佛教的慈善事业做得很大。我到了佛光山，同星云大师有一个座谈。他说，在世界上 170 多个国家和地区都有他们佛光会的会员，总数有几千万人。他的书翻译成多种文字，在世界各地发行。佛光山显得非常气派，我就问他：“星云大师，为什么您的佛教事业做得这么大？影响这么大？”他回答：“比我聪明的人有很多，比我执着的佛教徒也有很多，但是为什么他们没有我这么成功？我跟他们的区别在于一个字‘无’，就是没有的意思。别人都追求财富、名利等很多东西，我只追求一个‘无’，什么都不要，什么都没有。我就是本着一个‘无’字，才发展到这么大。”由此可见，他的佛教思想，有一些理性元素。古代老子的思想中，认为大无便大有。那些贪官之所以会垮台，就是因为今天要这个，明天要那个，觉得老不够，还要贪一点，最后就垮台了。佛教提倡帮助老百姓，劝人向善，劝人要有敬畏之心，不论是男还是女，是官还是民，不能为所欲为，要有理性，要遵守道德和法律，要避恶行善。所以说，宗教也有一些理性的成分。

第六个规律：从非人道到人道

从非人道到人道的社会规律，也反映在对犯人的惩治上。死刑的执行方式过去有五马分尸、凌迟，还有挖心，很残酷。随着文明不断进步，现在没有了这些做法。中国执行死刑曾经用刀砍，后来改用枪毙，现在又改用注射，痛苦渐渐减轻。看守所的条件也在不断地变好，有的修得非常漂亮，很阳光，不是给人阴森森的感觉。总而言之，社会不断地往前发展，不断地变人道，不断地变理性。现在我们社会的基本公共服务都是均衡提供的，不管你是富翁还是穷人。但是，要提供充分的公共服务，还有漫长的路要走。

第七个规律：从保守到进步

历史的趋势是向前发展的，但社会上有时也会出现某些倒退现象，例如，今天还有人提出来恢复繁体字，在全国“两会”上提出的。在我看来这实际上就是一种倒退主张。我写了一篇文章《论汉字再简化》，认为文字是交流工具，越简便越好，所以不但不能恢复繁体字，还可以再简化。港澳台地区使用繁体字，为了便于同他们交流，适应他们，于是有人提出恢复繁体字。然而港澳台为数不少的人对繁体字也觉得烦。香港就有专家呼吁要用大陆的简体字，现在新加坡、马来西亚、联合国，都用上了中文简体字。在社会追求高速高效的今天，在大陆恢复繁体字，是历史的倒退，所以得不到支持。

今天，经济全球化，文化多元化，我们究竟以什么样的思想理论作为精神信仰呢？虽然西方的东西进来了，后现代主义进来了，但是我们仍然必须继续坚持马克思主义为指导，必须继续坚持马克思主义中国化。也有人提出来要用儒家文化作为指导思想，包括一些著名学者，说，三十年河东，三十年河西，21 世纪必须以儒家文明为主导。1988 年 1 月，在法国举行的一个有关诺贝尔奖获得者的国际大会上，有的获奖者提出：“人类要生存下去，就必须回到 25 个世纪以前，去汲取孔子的智慧。”这个见解无疑具有历史眼光，但中国人对此意见不一。2011 年中国历史博物馆扩建完工以后，把孔子的雕像放到历史博物馆的前面，长安大街的南侧，于是引起一场轩然大波，有人质问：这是什么意思？斜对面天安门城楼上挂的就是毛泽东画像，是不是要用孔子来取代毛泽东？换句话说，是不是要用儒家思想取代当代的马列主义？由于得不到广泛的认可，后来只好搬回到历史博物馆里面了。你可以继续研究儒家的东西，弘扬儒家的优秀文化传统，如果全盘接过来，像封建社会一样，以孔子思想为主要指导思想，已经不可能了。

以上是我总结的七个文化发展规律（当然远不止这七个）。既然文化的发展从古到今体现了这些规律，所以我们今天就尽量不要去违背这些规律，而应该在顺应规律的基础上创新发展。

四、社会主义核心价值观与知识分子的责任

我们的社会主义核心价值体系有四大块：第一，坚持以马克思主义、毛泽东思想、中国特色社会主义理论为指导思想；第二，坚持中国特色社会主义道路的共同理想；第三，坚持以爱国主义为核心的民族精神和以改革创新为核心的时代精神；第四，坚持以“八荣八耻”为主要内容的社会主义荣辱观。

这个体系很完整、很全面，但普通群众不容易记住。因此，我们必须提炼出几个关键词，作为核心价值观，作为全社会统一简明的规范。在党的十七届六中全会上，有人曾经想搞出来，但是不成熟，没有统一，于是各地自己搞。北京有北京精神，上海有上海精神，江苏有江苏的，浙江有浙江的。但终归必须搞出一个东西来，所以我们中国社科网今年发起一个征文，主题是提炼核心价值观的关键词，收到了不少应征文章。我们在“征文说明”中提出，搞社会主义核心价值观得遵循几个原则：第一，必须反映社会大众共同的本质追求。不是部分人的追求，不是少数人的追求，也不是零碎的追求，而是本质的追求。价值观是为人服务的，为人的发展服务的，离开人的本质就搞不成了。第二，必须反映出五千年中国文明的优秀成果精髓。因为是在中国，中国又有五千年的历史，有许多精华，不能都当成垃圾扔掉，得把好的东西挑选出来，然后加工制作。第三，必须吸收西方文明适合我们的进步元素。我们的价值观要跟人家交流，要反映一些共性东西，能够走出去。第四，必须反映当代人的新的创造。当代人的智慧有新的创造。对于新的创造要反映出来，不能停留在过去。只有反映这四个方面以后，提炼出来的核心价值观方有可能取得最大公约数，获得最广大公民的认可，推广开来，传承下去，从而推动社会健康有序良性地发展。

核心价值观既有引导政府的内容，也有引导普通公民的内容，所以说，选择要遵循以上原则。今天的选择决定着明天的未来。无疑，社会的进步必须靠全体公民，但是要有领导人，有主心骨，有先进分子。要发挥知识分子

的作用。知识分子是社会的良知。社会上有先知先觉的人，也有后知后觉的人，还有不知不觉的人。2010 年 8 月中宣部部长刘云山同志提出来，要做到“文化自觉，文化自信，文化自强”。我们讲自觉，首先知识分子要自觉，要像孟子提倡的那样有担当精神。

知识分子应该胸怀坦荡，要勇于做开路者。当然，个人的力量很微弱，社会的力量很强大，有时候坚持真理可能暂时被误解，还会受点委屈，甚至付出代价，但是，自古以来总是有这样一些人，为社会的进步作出自己的奉献，甚至不惜牺牲生命。价值不仅仅是当时的衡量，还有后世的衡量；不仅仅是组织的衡量，还有民众的衡量。流行一个说法，“金奖银奖，不如群众夸奖；金杯银杯，不如群众口碑”，这是一种价值观的表述。选择的方向务必正确，只要你是为了民族的进步，为了社会的进步，为了民众的幸福，即使暂时被误解，但终究会得到公正的评价。

因此，我们在现实生活当中不能随波逐流，不能人云亦云，不能不负责任，不能只考虑自己的私利。每年参加“两会”的人大代表，如果讲话只是站在他个人或部门的角度说话，石油部门的代表要涨油价，住建部门的代表要提高房价，电力部门的代表要提高电价，教育部门的代表要提高学费，等等，那就不能叫“人大代表”，而是“部门代表”，因为你不是站在全民的角度和立场讲话。当然，并非一概反对提价，为了综合平衡，有的提价也是必要的、正确的。笔者认为中国社会科学院应该设文化研究所、教育研究所、医疗卫生研究所、能源研究所等等，因为中国社会科学院比较超脱，没有部门利益的局限，可以站在全民的角度考虑问题，站在整个国家的立场建言献策。

总之，未来的文化走向取决于今天的选择，今天的选择首先取决于知识分子的选择，知识分子的选择中，那些先进知识分子、居于领导岗位的知识分子的选择尤其重要。思想家、理论家、战略家的选择正确，我们的文化前景就会光明灿烂，我们社会的发展就会又好又快！

（原载《南通大学学报》（社会科学版）2013 年第 1 期）

对“尊严”和“责任”的当代认知

中华文明绵延数千年，有其独特的价值体系，有些优良的传统价值观可以通过社会主义核心价值观体现出来，有些则可以用来丰富社会主义核心价值体系。“尊严”和“责任”这两个传统的价值观，无论古今，都是人们所普遍认同和必需的，具有传承价值。经过创造性转化、创新性发展，将其融入社会主义核心价值体系，可以发挥其应有的作用，更好地构筑中国精神和中国力量，助力中华民族伟大复兴中国梦的实现。

“尊严”：彰显的是人作为人的本能追求，是文明社会的基本标志

尊严，就是人的尊贵与庄严，人应该得到受到尊重的地位、权利与价值，不得被蔑视、侮辱、损害、践踏。首先是人类整体的尊严、种族的尊严、民族的尊严。其次，是公民个人的尊严，包含生命尊严、人性尊严、人格尊严。尊严既要求自尊、自重，也要求对他人尊重，是自尊与他尊、尊己与尊人的辩证统一。除了人的尊严外，还有与人相关事物的尊严，例如，国家的尊严、国家领土与主权的尊严、合法政府的尊严、合法政党与团体的尊严、经过公认程序制定的法律与制度的尊严、道德的尊严、科学与学术的尊严等。对尊严应该尊重，应该敬畏。

在古代社会和近代资本主义社会，由于生产力落后、物质匮乏，大部分民众政治上受压迫、精神上受奴役，很难感受到做人的尊严，但这不等于他们没有对尊严的愿望和追求，只是为了生存而暂时被迫放弃。随着生产力的发展和文明的进步，人们在相对满足生存的物质需要后迈向精神的需要，希望自己被社会承认和尊重，希望社会成员之间相互尊重，尊严的需求逐渐凸显出来。可以说，人类的历史就是一部逐渐认识自身价值与尊严并不断争得和维护的历史。

《尚书·泰誓》曰：“惟天地，万物父母；惟人，万物之灵。”儒家一贯倡导民众要有尊严。孔子曰：“三军可夺帅也，匹夫不可夺志也。”孟子指出：“一箪食，一豆羹，得之则生，弗得则死。呼尔而与之，行道之人弗受；蹴尔而与之，乞人不屑也。”大丈夫，为了维护尊严，“富贵不能淫，贫贱不能移，威武不能屈”。此外，“人穷志不穷”“不为五斗米折腰”“不降其志，不辱其身”“宁为玉碎，不为瓦全”“宁肯站着死，不愿跪着生”“粉身碎骨浑不怕，要留清白在人间”等，都体现了中华文明对尊严的追求。

欧洲文艺复兴的最大功绩是发现了人，把人从神的统治下解放出来，强调人是世界的主人。启蒙运动时期，思想家们在向封建专制制度和基督教义宣战的过程中，强调了人因具有理性而享有尊严。康德提出了“人是目的”的口号，明确指出“不论是谁在任何时候都不应把自己和他人仅仅当作工具，而应该永远看作自身就是目的”，强调“人是绝对不许随意摆布的，必须是受尊重的对象”。

在近代资本主义社会，无产阶级虽然饥寒交迫，仍然高唱《国际歌》：“不要说我们一无所有，我们要做天下的主人！”勇敢地追求自己做人的尊严和当家作主的权利。马克思和恩格斯在《共产党宣言》中严厉批评资本主义社会：“它把人的尊严变成了交换价值，用一种没有良心的贸易自由代替了无数特许的和自力挣得的自由。”第二次世界大战后，我国加入并签署的《联合国宪章》《世界人权宣言》，首先强调的便是“人的尊严”。1966年联合国大会通过的《经济、社会和文化权利国际公约》《公民权利和政治权利国际公约》，都强调人的尊严是所有人权的渊源和依据。

古语云："仓廪实而知礼节，衣食足而知荣辱。"尊严需要条件保障。把我国建设成为富强民主文明和谐美丽的社会主义现代化强国，"富强"是要保障公民在物质生活领域的尊严，"民主"是要保障公民在政治领域的尊严，"文明"是要保障公民在精神领域的尊严，"和谐"是要保障公民在交往领域的尊严，"美丽"是要保障公民在生态环境领域的尊严。维护公民尊严是以人为本的重要要求，人人享有尊严是社会和谐文明的标志。当我们在维护每个个体的人格尊严时，其实也是在维护人类整体的尊严。反之，为了维护人类整体的尊严，必然要维护每个个体的人格尊严。

讲尊严，不是阻碍人们对旧事物的批判与革新，束缚人们的创新与发展，恰恰相反，为了维护人的尊严，需要批判那些与人的尊严相背离的旧事物，创建以人为本所需要的新事物。例如，不公正、不人道的制度、法律、风俗以及道德等必须否定，自由、平等、公正、文明、理性等需要建立、健全、完善。事实上，世间发生的部分悲剧、惨剧，其原因都与少数人不尊重人的尊严有关。人的尊严需要在共同体中实现，需要政府和公民的共同维护。政府努力创造条件，公民个人勤勉奋斗，逐步实现衣食温饱、居有所屋、学有所教、病有所医、幼有所养、老有所靠。在国际视野下，则需要各国政府和人民的精诚合作，共同遵守和平共处五项原则，共同推动构建人类命运共同体；共同遵守联合国通过的各国认可的各项法律和规则，联手维护各民族以及全人类的尊严。

"责任"：彰显的是公民、组织和团体在道德觉悟层面的价值观

责任是人区别于动物的显著标志。动物靠本能生活，人靠理性生活。人的理性首先表现为人有责任感。马克思和恩格斯曾论述责任的客观性，指出："作为确定的人，现实的人，你就有规定，就有使命，就有任务，至于你是

否意识到这一点，那都是无所谓的。”对于客观存在的责任，既包括公民个人的责任，也包括组织和团体的责任，人们应该清醒认识并且积极主动担当，体现出自身的道德觉悟和精神境界。

事实上，中华传统文化中贯穿了“责任”这条红线。孔子说“当仁不让”，强调人对“仁”的履行具有不可推卸的责任；张载将“为天地立心，为生民立命，为往圣继绝学，为万世开太平”视为自身的责任；陆游“位卑未敢忘忧国”；范仲淹“先天下之忧而忧，后天下之乐而乐”；韦应物“身多疾病思田里，邑有流亡愧俸钱”；林则徐“苟利国家生死以，岂因祸福避趋之”；等等，都体现了崇高的责任。中国封建社会讲究君礼臣忠、父慈子孝、夫爱妻贤、兄友弟恭，其内涵也是责任。孟母三迁、岳母刺字，体现的是责任之情；“养不教，父之过；教不严，师之惰”，强调的是责任之职；“为官一任，造福一方”，倡导的是责任之志。

近代思想家梁启超说过：“人生于天地之间，各有责任。知责任者，大丈夫之始也；行责任者，大丈夫之终也。”面对社会危机，康有为“忧时七上皇帝书”，要用改良主义救中国；孙中山“亟拯斯民于水火，切扶大厦之将倾”，要用三民主义救中国；中国共产党人舍生忘死，赴汤蹈火，目的都是为了实现“为中国人民谋幸福、为中华民族谋复兴”的崇高责任！

在西方社会，也有不少思想家、文学家、实业家论述了责任的必要和重要。古罗马法学家西塞罗对于责任有过深情的论述：“我们不是为自己而生，我们的国家赋予我们应尽的责任。”“生活的全部高尚寓于对责任的高度重视，生活的耻辱在于对责任的疏忽。”德国哲学家康德强调，责任就是出于尊重规律而产生的行为必要性。美国作家爱默生认为，责任具有至高无上的价值，它是一种伟大的品格，在所有价值中它处于最高的位置。这些西方有识之士对责任的认知，具有一定的深度和积极意义，值得肯定。但不可否认，仍有一些西方国家尤其是极少数大国在责任担当方面表现欠佳，言行不一，搞双重标准，受到了世界舆论的批评。

当代中国对责任的高度重视和积极倡导

责任是衡量国家形象的重要标准。作为联合国五个常任理事国之一，我国在重大国际和地区事务中发挥了应有的作用：遵守和平共处五项原则，反对霸权主义、强权政治，坚持通过和平谈判解决国际争端，致力于建立公正合理的国际新秩序，努力维护世界和平，推动建设和谐世界。在抵御全球金融风暴、打击国际犯罪、遏制恐怖活动、控制传染病、保护环境等方面，我国都展现了负责任的大国形象。

2021年7月6日，在中国共产党成立100周年之际，应中方邀请，来自160多个国家的500多个政党和政治组织的领导人、逾万名政党和各界代表共聚“云端”，探讨“为人民谋幸福与政党的责任”，举世关注。习近平总书记发表重要讲话指出，政党作为推动人类进步的重要力量，要锚定正确的前进方向，担起为人民谋幸福、为人类谋进步的历史责任。应该努力做到以下几点：第一，我们要担负起引领方向的责任，把握和塑造人类共同未来；第二，我们要担负起凝聚共识的责任，坚守和弘扬全人类共同价值；第三，我们要担负起促进发展的责任，让发展成果更多更公平地惠及各国人民；第四，我们要担负起加强合作的责任，携手应对全球性风险和挑战；第五，我们要担负起完善治理的责任，不断增强为人民谋幸福的能力。

人不能脱离责任而生存。责任是人的毕生主题，如影随形。每个人在不同年龄和不同岗位都有着明确的责任要求。干部有干部的责任，群众有群众的责任，家长与子女、老师与学生、经理与员工等，都有其社会责任和家庭责任，并且责无旁贷、义不容辞，都应该时刻听从责任的召唤，努力成为负责任的人。人们常讲的社会公德、职业道德、家庭美德、个人品德，都是责任的具体化。一个人替社会负责，同时也是替自己负责。担负的责任越多，对社会的贡献就越大。因此，应以负责为荣，以失责为羞。

细思曾发生过的失误与事故，有的是属于试验探索，没有经验造成的；

有的是面对全新事物，没有认知造成的；有的是条件不充分、技术不成熟造成的；有的是没有尽到责任造成的。例如，矿难、火灾等，大多缘于没有履行好安全职责，缺少安全措施。有些地方长期以来面貌没有多大改变，年复一年，山河依旧，代复一代，困难依然，原因固然很多，但关键在于当地领导干部没有尽心尽责。当然，尽不尽到责任还受到客观条件的限制，有时想尽责任，但条件不允许，力不从心，人们是可以谅解的。有没有责任感，是否尽力，人们自有明断。长期以来，我国党和政府为了人民的利益，对因失责造成重大损失的责任人，从不姑息，坚持严肃追责。

总之，“尊严”和“责任”两个传统价值观，从纵向看，无论古今，都是人们普遍认同和必需的；从横向看，无论中外，都是人们普遍认同和必需的，因而具有传承价值。经过创造性转化、创新性发展，将其融入社会主义核心价值体系，可以更好地构筑中国精神和中国力量，助力中华民族伟大复兴中国梦的实现。

（原载《人民论坛》2021 年第 30 期）

路的遐思

人来到世界上无时不在走自己的路，行走时是在走路，站着、坐着、躺着也是在走路，无论意识到与否，一辈子都在路上。

群体和国家也是在走不同的路：或革新之路，或守旧之路；或勤俭之路，或奢靡之路；或和平发展之路，或掠夺称霸之路；或上升之路，或衰亡之路，等等。友与敌，也是以路相喻："多个朋友多条路，多个敌人多堵墙。"

习近平指出："无论搞革命、搞建设、搞改革，道路问题都是最根本的问题。"路，决定前途命运，决定成败胜负，决定荣辱兴亡，决定后人评论，岂可不察乎？岂可不慎乎？

一、寻路

人们时时在寻路。那么，路在何方呢？

有工具就有路。有骆驼，沙漠就有路；有骏马，荒原就有路；有舟船，江河湖海就有路；有汽车，就有公路；有火车，就有铁路；有飞机，就有航路；有飞船，就有宇航之路。发展科学技术，就是发展工具，发展工具就是增加路、改进路。个人的工具就是体魄、品德、能力、知识。"不怕无人请，就怕艺不精"；"一招鲜，吃遍天"；"学好数理化，走遍天下都不怕"。人格生魅力，品德是能量。德才兼备，其路通畅。

有思路就有出路。思路来自学识、底气、眼光、境界、追求。思路有时被黑暗遮蔽，需要学术理论的光芒照亮。习近平在《摆脱贫困》一书中说，摆脱贫困“首先在于摆脱意识和思路的‘贫困’，只有首先‘摆脱’了我们头脑中的‘贫困’，才能使我们所主管的区域‘摆脱贫困’，才能使我们整个国家和民族‘摆脱贫困’，走上繁荣富裕之路”。

路的形式是不断进化的，最初只有地面的路，山路，水路。地面的路由小路到公路，由土路到水泥路、柏油路，公路又有了高速路。公路之外有铁路，铁路又有高铁、磁悬浮列车等。除地面路之外，还有高架轨道、地下通道、隧道、地铁等。空中有飞机之路，海底有潜艇之路，外层空间有宇宙飞船之路。

除了看得见的路，还有看不见的路。如电波、电信、光纤、手机信号、无线网络等。现代科学技术把人们生活的空间变成了无所不在的路！人人都是“千里眼”“顺风耳”“风火轮”，偌大的地球，因陆海空天光电无数的路变成了“地球村”，真是“天涯若比邻”！

“狭路相逢勇者胜。”路，有时表现为勇气，有勇气就有生路。“山重水复疑无路，柳暗花明又一村。”路，有时表现为时间，坚持到底，就有转机出路。“树挪死，人挪活。”路，有时表现为空间，换个地方，就有新路。

路，需要寻找、发现、开辟。鲁迅说：“其实地上本没有路，走的人多了，也便成了路。”电视剧《西游记》主题歌唱道：“敢问路在何方？路在脚下。”常言道：“书山有路勤为径，学海无涯苦作舟。”“精诚所至，金石为开。”有正确的方向、坚定的信念、认真的态度和科学的方法，就有路。近代以来，一代代精英们寻找中华民族的出路，直至找到马克思主义，找到马克思主义与中国实际正确结合之路。路，有时也是逼出来的。30 多年前开启的改革开放之路就是逼出来的。邓小平说：改革开放是决定当代中国命运的关键一招。习近平说：改革开放也是实现中华民族伟大复兴的关键一招。

发现规律就有路，遵循规律路通畅。

二、问路

每天，有多少人在叩问：人生的路怎么走？哪一条通向成功？哪一条通向光明？

人们总想走平坦笔直之路，顺利成功之路，但是命运中总有一些歧路、陷阱，磨难、坎坷。

人们的学习、劳动、工作，无不希望得到收获、成功，但由于选择的路不同，走路的方式不同，付出的努力不同，导致结局不同。

或走经营之路，或走科技之路，或走从政之路，或走治学之路，或走从戎之路，“条条大路通罗马”，天道酬勤，诚实勤劳最重要。例如，做学问搞科研，必须掌握系统的基础知识、专业知识，掌握好母语和外语，掌握大量文献资料和社会调研、科学实验的第一手材料与数据，运用科学的分析方法，进行沙里淘金、剥茧抽丝、切磋琢磨的浩繁工作，方能有所发现，有所创见，有所建树。马克思深有体会地说：“在科学上面是没有平坦的大道可走的，只有那在崎岖小路的攀登上不畏劳苦的人，才有希望到达光辉的顶点。”他写《资本论》花了40年，歌德写《浮士德》花了60年，孙思邈写《千金方》花了70年，曹雪芹写《红楼梦》，“字字看来皆是血”，付出了毕生精力。当然，也有少数人中青年时就作出杰出成就，虽有较高的天赋，也无一不是呕心沥血、夜以继日奋战的结果。

如果以为靠天才，不愿下苦功；指望小聪明，不愿大投入，结局只能是小屋烛光，孤芳自赏，薄酒自斟，难有大出息。爱因斯坦冷峻地指出：“通向人类真正伟大境界的通道，只有一条苦难的路。”因此，严格自律，不是为难自己，而是成就自己。

三、选路

路有千万条，怎样走对路？首先要选好路。怎样选？孟子说：“居天下之广居，立天下之正位，行天下之大道。”选正道、行大道，这是先贤的答案。

孟母三择邻，断机杼，励子向学，选好路，起好步。岳母刺字，勉子从戎，选定“尽忠报国”路。先贤有很多名言警句，指引人生路，诸如：“君子爱财，取之有道”；“己所不欲，勿施于人”；“自强不息，厚德载物”；“己欲立而立人，己欲达而达人”；“老吾老以及人之老，幼吾幼以及人之幼”；“温良恭俭让”，“仁义礼智信”；修身齐家理政，立德立功立言，等等。走好人生的第一步路，如同扣好上衣的第一个扣子，至关重要。

有的人因选对了路而意气风发，凯歌行进，困难、挫折挡不住，失败、打击压不垮，愈挫愈勇，屡败屡战，在困难打击中培养坚韧，在挫折失败中垒砌成功。

有的人因选错了路而丧失机遇，致使碌碌无为，年华虚度；有的人因一失足成千古恨，心灵熬煎；有的人铁窗下以泪洗面，终日浩叹“问君能有几多愁，恰似一江春水向东流……”，渴盼重获自由，洗心革面，将功补过。

常言道，“人非圣贤，孰能无过？”往往有人因各种原因一时选错道，走错路。然而，“过而能改，善莫大焉”，走错了路可回来重走，“浪子回头金不换”，改邪归正写新篇。有的人走错了路善于反省，幡然悔悟，知错即改，卧薪尝胆，付出加倍的辛劳，以今天的飞跃补偿昨天的失误。

人们是互为老师的。自己的失误成为别人的教训，别人的失误可为自己的镜鉴。总结、借鉴是人类进步的阶梯。

挫折与逆境有时躲不开，既来之，则安之，也是成就人的机遇。“文王拘而演《周易》；仲尼厄而作《春秋》；屈原放逐，乃赋《离骚》；左丘失明，厥有《国语》；孙子膑脚，《兵法》修列；不韦迁蜀，世传《吕览》；韩非囚秦，《说难》《孤愤》”，司马迁受宫刑，完成绝唱《史记》……正所谓“艰难困苦，玉汝于成”。任何人免不了受挫折，区别在于能否经受住挫折的考验，正确总结经验教训，继续前行。因此，巴顿将军说：衡量成功的标志，不在站立顶峰的高度，而在跌入谷底的反弹力。

从伟人的经验来看，其成功无一不是靠艰苦奋斗、终生勤勉取得的。只有脚踏实地走好每一步，才会离心中的目标越来越近。每个人的脚下都有通往成功的路，关键是要找到这条属于自己的路。路，也并非一选定终身，有时需要调整，有时需要变更。执政党和国家也是如此。

如果践行民主与法治，执政党和国家就能保证选正道，走正路，顺应历史前进的方向，尽力为民众谋福祉。个人如果践行习近平讲的“三严三实”，就能完善自我，持续发展，成就事业，做有益于人民的人。选对了路，只是成功的开始，还得一步一步向前走。白居易说：“苟自强不息，亦何远而不届哉？”然而在实际生活中，“行百里者半九十”。虽然路不错，却有一些人不能坚持到底。有的是力不从心，壮志难酬；有的是缺乏自信，见异思迁；有的是外力阻扰，无法突破；有的是邯郸学步，作茧自缚；有的是顶不住压力，抗不过诱惑，半途夭折。当以人为鉴，力争超越！

四、走路

诺贝尔说：“有什么样的选择，就有什么样的人生。”换言之，选择什么样的路，就会留下什么样的人生轨迹。“究天人之际，通古今之变，成一家之言”，是司马迁走的路；“文起八代之衰，而道济天下之溺”，是韩愈走的路；清廉刚正、为民担当、秉公执法是包拯走的路；“为天地立心，为生民立命，为往圣继绝学，为万世开太平”，是张载走的路；“献身甘作万矢的，著论求为百世师”，是梁启超走的路；“横眉冷对千夫指，俯首甘为孺子牛”，是鲁迅走的路；“亟拯斯民于水火，切扶大厦之将倾”，是孙中山走的路；“为有牺牲多壮志，敢教日月换新天”，推翻三座大山，建设社会主义新中国，是毛泽东走的路；“走自己的路，建设中国特色社会主义”，是晚年邓小平开辟的改革开放之路；“为官一任，造福一方”，是千万个焦裕禄式的干部走的路……

走适合自己的正道，也会有人评头论足。马克思赞同但丁的态度，“走自己的路，让别人说去吧”，不必纠结世俗的误解、怀疑与嘲讽。是真丈夫自有大气概："富贵不能淫，贫贱不能移，威武不能屈。"愚公移山，精卫填海，凭信念和苦干，走出自己的成功之路。时间将证明你的选择。切不可稍有挫折就放弃追求，随俗浮沉，切不可等闲白了少年头，空悲切！

人类中代复一代总有一些缺乏经验者、理性受限者、执迷不悟者，重犯某些错误，重走某些错路，或者犯新的错误，走新的错路。然而，历史规律很任性，顺之者昌逆之者亡，谁走错路谁受罚，以致人们时常想起杜牧的感叹："秦人不暇自哀，而后人哀之。后人哀之而不鉴之，亦使后人而复哀后人也！"对于路，当常怀忧思，常存敬畏，常保警醒！

一般来说，一个人走什么路，受制于家庭；一个家庭走什么路，受制于国家；一个国家走什么路，取决于执政党和领导人的思路；执政党和领导人走什么路，取决于时代、国情与世情。当然，个人的素质、才华和追求也是重要因素。执政党及其领导人走什么路至关重要，影响国家兴衰、民众福祉，影响民族的现在及未来，大国还影响世界的格局与走向。伟人的伟大之处，在于选择了伟大事业并为之献身，在于关键时刻能够代表人民意志，勇于担当，砥柱中流，扶大厦之将倾，挽狂澜于既倒，拨正航向；能够凝聚民众力量，合万众于一心，集众志而成城，向着伟大目标进军，善作善成。

习近平总书记在党的十八大闭幕后会见记者时说："人民对美好生活的向往，就是我们的奋斗目标。"这样的执政目标就决定了中国共产党必然选择中国特色社会主义道路，走国家富强、民族振兴、人民幸福的"中国梦"之路，也为中国公民实现个人的梦想开辟了广阔的道路。

五、开路

人类社会之路，走过了游牧文明、农耕文明、工业文明、后工业文明之路，走过了石器、青铜器、铁器、蒸汽机、电力之路，发达国家走上了信息化、自动化、智能化之路。社会管理也是曲折进化、螺旋式上升的。由原始社会的平等互助合作到奴隶社会、封建社会的人身依附、集权专制，再到资本主义社会初期的部分自由，进而到现代社会的平等、自由；由人治、法制，再到民主、法治。迄今为止，民主与法治是最科学的治国理政之路，引导全体公民走向全面自由发展的高境界。

常言道："哀莫大于心死。""心死"就是认为无路可走。因此，"要想富，先修路"。俗话说："修桥补路，添福添寿。"可见人生在世，最大的善行莫过于奉献社会，为人铺路！

一切伟人英雄，其贡献实质就是开路。人类由衷地感谢、崇敬开路的人，尤其是开创新局面的人。中国古代祖先开辟了陆地和海上丝绸之路，张骞两通西域，郑和七下西洋，玄奘西天取经，鉴真东渡扶桑，促进了中原文明与周边民族文明以及中西文明的交流与发展。中国古代的四大发明，大大促进了人类文明的发展。哥伦布、麦哲伦开辟了新航路，发现了新大陆；牛顿、瓦特、爱迪生、詹天佑、李四光、钱学森等无数科学家的发明创造，打开了无数通道。比尔·盖茨，打开了全新的"窗口"，促进了个人电脑的普及；郑易里、王永民，开辟了汉字高速输入电脑之路；屠呦呦，发现了青蒿素，拯救了数百万人的生命，使数亿人受益；释迦牟尼、老子、孔子、孟子、墨子、庄子、亚里士多德等哲人，开启或拓展了一条条心灵之路；马克思则描绘了未来社会的理想之路："每个人的自由发展是一切人的自由发展的条件。"……

历史上为人类作出卓越贡献的杰出人物，有强烈的使命感，比普通人站得更高些，看得更远些，才华更卓越些，担当更大些，付出更多些，从而在茫茫荒原上，奔涌出一股又一股的思想清泉；在蒙昧造成的黑暗里，亮起了一盏又一盏的智慧明灯；在榛莽荆棘丛中，开辟出一条又一条的成功之路！千古流芳，万众景仰！

只要尊重知识，尊重人才，激发民智，鼓励创新，公平竞争，人类就没有开辟不了的路，就可以不断刷新路的记录！

六、望路

路与路之间，有的是互补的，“万物并育而不相害，道并行而不相悖”；有的是对立的，“不破不立，不塞不流，不止不行”。不堵住邪恶之路，就不能保护良善之路；为了生命的健康之路，必须把癌细胞引向死路；为了给真善美开辟发展之路，就必须给假恶丑示以禁止之路！

人生要有准备，路并不一定越走越宽，有时忽然来个“肠梗阻”；路也并非越走越直，有时突然来个“急拐弯”。“泰极生否，乐极生悲”；“祸兮福所倚，福兮祸所伏”；“智者千虑，必有一失”。偶然的失误，背后常有规律之手；必然的进步，也会碰上偶然的捉弄。有准备方能沉着应对，猝然临之而不惊，屈辱加之而不垮，淬炼净化而升华。人生还有不少的路，多少存在艰辛、障碍，如入学路、成才路、就业路、住房路、就医路、养老路等等，亟待我们群策群力，攻坚克难，开拓进取。

政府多多开辟发展之路、幸福之路，百姓心中有理想，脚下有力量，有盼头、有奔头、有干头、有甜头。民不怕苦，也能吃苦——

只要一举成功，何惧十年寒窗！

只要春种秋收，何惧夏日炎炎！

只要子女成才，何惧劳碌奔波！

只要民族复兴，何惧千辛万难！

怎样选好人生路？谁的帮助最可靠？要重视亲人的嘱托、长者的教导、自己的判断，更要倾听历史的启示、时代的主题、人民的期盼、未来的召唤！

每个人要唱好自己的人生组歌：

少年时要懂得选路，准备起好步；

青年时要选好路，勇往直前；

中年时要大步赶路，凯歌行进；

晚年时要坚持正路，走向辉煌！

愿社会有越来越多的美好事物吸引人们去追求；

愿世上有越来越多的成功之路等待人们去前行！

每位公民应当作出理性选择：走正确的路，正确地走路，走向梦中的愿景！

民主法治，需要共建，方能共享；

文明和谐，大家共享，需要共创。

圆民族梦、圆个人梦，有待我们付出诚实辛勤的劳动。

让时代因我们的努力而进步！

让世界因我们的创造而美好！

（原载辽宁省社会科学院主办《文化学刊》2016 年第 1 期）

阅读与评介

变革的世界需要中国的声音

——《面对世界新秩序的呼唤》读后

卫庶同志是一位党报新闻工作者，工作 20 多年来，在完成本职工作的同时，坚持理论研究，撰写了多篇研究心得，发表了多篇有分量的文章。最近人民出版社出版了他的文集《面对世界新秩序的呼唤》（2019 年 11 月版，35 万字）。该文集内容翔实，视野开阔，见解深刻，理论思维顺着逻辑走，颇有可读性。

该文集内容涉猎广泛，并且多是时代前进过程中的前沿问题，诸如现实政治、经济、文化、新闻、哲学、国际共运、第三世界等，这些问题社会上讨论了几十年，乃至当前仍在思考和探讨之中。该书字里行间体现出作者扎实的理论素养，清晰的马克思主义理论信念。读完该书，笔者收获良多。这里只就其中论述中国在当今世界的影响谈一点感想。

上世纪二战后出现了以美国为首的资本主义阵营和以苏联为首的社会主义阵营，渐渐形成了两个超级大国，发展到后来，世界出现两强争霸的冷战局面。到上世纪 90 年代初，苏共亡党、苏联解体，于是世界变成美国一强独霸的状态。霸权主义国家经常干涉他国内政，导致世界动荡不安，局部战争不断，国际秩序纷乱。世界人民盼望构建国际新秩序。

面对世界新秩序的呼唤，谁来构建呢？当然靠各国政府和人民。谁来当中坚力量引领和推动呢？随着新中国的成长壮大，世界上越来越多的人注意观察中国，愿意与中国交流，而“变革的世界需要中国的声音”。

中国的声音是什么？是和平、团结、合作、发展；

中国在新时代的方案是什么？是构建人类命运共同体，实现共赢共享。

通过阅读该文集对历史的回顾，读者可以从中得出结论：走和平发展道路，是中华民族优秀文化传统的弘扬和发展，也是中国人民从近代以后的苦难遭遇中得出的当然结论。有着5000多年历史的中华文明，始终崇尚和平，追求和平、和睦、和谐，自古就提出了“以和为贵”“和而不同”“国泰民安”“睦邻友邦”“化干戈为玉帛”“天下太平”“天下大同”等理念，代代相传，从不间断。自从新中国成立以来，中国共产党始终高举和平旗帜，从未动摇。提出和坚持了和平共处五项基本原则，确立和奉行了独立自主的外交政策，向世界作出了永不称霸的郑重承诺，志做维护世界和平的坚定力量。从毛泽东到邓小平，从江泽民、胡锦涛到今天的国家主席习近平，一以贯之，历久弥坚。

在20世纪70年代末，中国结束了“文化大革命”内乱，进入改革开放新时期，走中国特色社会主义道路。在中国共产党的正确领导下，全国人民砥砺奋斗，经过几十年的努力，逐步富起来、强起来，成为世界重要的一极。中国全力推动国家之间开展经贸合作、科研合作、学术合作、教育合作、环保合作、文体合作，寻求抗灾联手、抗疫联手、禁毒联手、反恐联手、反腐败联手，等等。新中国弘扬中国人民自古就有的“己欲立而立人，己欲达而达人”理念，在自力更生、艰苦奋斗的同时，不忘帮助其他国家人民，长期提供外援，今后还将继续援助下去。

该书认为，今天的中国理念和实践有力地影响着全球治理新格局，“中国方案”是打造人类命运共同体。据人民日报海外版2017年3月27日报道，2017年3月23日联合国人权理事会第34次会议通过了关于“经济、社会、文化权利”和“粮食权”的两个决议，明确表示要“构建人类命运共同体”。这是人类命运共同体理念首次载入人权理事会决议。而人类命运共同体的理念正是源于2013年3月中国国家主席习近平在莫斯科国际关系学院发表的重要演讲。习近平主席指出，人类生活在同一个“地球村”里，生活在历史和现实交汇的同一个时空里，越来越成为你中有我、我中有你的命运共同体。此后 4 年来，习近平在国际、国内重要场合 100 多次谈及人类命运共同体。2017 年 1 月 18 日，习近平在日内瓦万国宫出席“共商共筑人类命运共同体”高级别会议，进一步全面、系统、深刻地阐述了人类命运共同体理念，强调建设一个持久和平、普遍安全、共同繁荣、开放包容、清洁美丽的世界。从载入联合国安理会决议到进入国际人权话语体系，作为中国理念的“人类命运共同体”，已然获得了广泛的国际认同，形成越来越多的共识，引发世界共振。

2017 年 10 月 18 日，在中共十九大报告里，习近平总书记分析了世界面临的种种问题和共同挑战，呼吁各国人民同心协力构建人类命运共同体。他阐明了中国的立场，各国之间要相互尊重、平等协商，坚决摒弃冷战思维和强权政治，走对话而不对抗、结伴而不结盟的国与国交往新路；维护国际公平正义，反对把自己的意志强加于人，反对干涉别国内政，反对以强凌弱。中国决不会以牺牲别国利益为代价来发展自己。中国发展不对任何国家构成威胁。

今天的中国已经成为世界第二大经济体，到 2020 年年底，实现全国脱贫。从 2020 年抗击流行世界的新冠肺炎疫情来看，中国道路和体制优势明显，中国共产党人的理念优势和执政优势明显。今日世界如何发展？如何发展得更好？该书作者提出“变革的世界需要中国的声音”。我们应该加快提升中国话语的国际影响力，集中讲好中国故事，宣传好习近平新时代中国特色社会主义思想，既要敢于发声，更要善于发声，“让全世界都能听到并听清中国的声音”，要“及时引导、主动引导、有效引导国际舆论，增信释疑，在国际上放大正面声音，为我国发展、为推动全球治理体系变革创造良好的国际舆论氛围”。中国人民在以习近平同志为核心的党中央领导下，一方面做好自己的事，一方面参与构建世界新秩序，不断谱写新的华章。

（原载《中国社会科学报》2021 年 1 月 20 日，第 12 版）

关文发教授的学术人生

今年春节刚过，2 月下旬就传来著名的明清史专家关文发先生逝世的讣闻。关先生享年 86 岁。关先生是学界前辈，曾任武汉大学教授兼历史系主任、武汉大学学术委员会委员兼历史分会负责人、武汉大学学位委员会委员兼历史分会主席、湖北省史学会副理事长、华南师大历史文化学院资深教授兼校学术委员会委员、广东省中国社会经济史研究会顾问。他一生耕耘于明清史教学与科研领域，治学严谨，学术造诣精深，在明代政治制度研究、嘉庆皇帝研究、清代海盗问题研究等方面作出了卓越贡献。

关先生是一位专注沉潜的学者，精于明代政治制度研究。1980 年，关先生应邀出席了郑天挺先生主持的明清史国际学术讨论会，发表了名作《试论明朝内阁制度的形成和发展》，受到学术界的高度重视；1987 年，关先生在第二届中国明史国际学术讨论会上，发表了重要论文《试论明代督抚》；1991 年，关先生出席了第二届明清史国际学术讨论会，发表了力作《明代翰林制度考述》；1995 年，他与同仁合作，最终完成出版了重要学术著作《明代政治制度研究》。

关先生明清史研究的一个重要特点就是不囿于成见旧说，在史料和史实基础上力推新说。明代政治制度研究历来歧见甚多，比如，明代内阁基本形成于何时，历来有不同看法。关先生主张“永乐说”，并从阁员组成、内阁职责及内阁名称三个主要方面辨析了“宣德说”“正统—正德说”的不成立。

针对有些论者将明代内阁制看成是丞相制度的复活，关先生从内阁建制、法定地位与权力基础区分了两者，说明内阁制的建立实非丞相制的恢复。有些论者把明代督抚列入中央都察院系统，关先生从明代督抚的辖区范围、督抚的职责与权力、督抚的任职时间分析，认为明代督抚具有从中央官向地方大吏过渡的重要特征。关先生的这些新说是在长期的考证和思辨基础上得出的真知灼见，得到了学术界的高度重视和普遍认可，《明代政治制度研究》获得第二届广东省高校人文社会科学研究优秀成果一等奖。

关先生用力最勤的另一领域是清代中叶的嘉庆帝研究，他最早的名作是1983年在第二次全国清史学术讨论会上发表的《评嘉庆帝》，1986年关先生又应邀出席了白寿彝先生主持的清史国际学术讨论会，发表重要论文《试论清代嘉庆朝的对外政策》，此后又陆续刊出《关于“和珅跌倒，嘉庆吃饱”问题的质疑》《嘉庆嗣位考述》《嘉庆吏治评议》《试评嘉庆的“广开言路”与“洪亮吉上书事件”》等一系列论文，1993年出版了学术名著《嘉庆帝传》。

关先生的嘉庆帝研究也得到了学界的高度评价，其原因就是他对一个被史学界忽略的甚至多被贬斥的历史人物和他的时代作出了全新评价，美国著名汉学家罗威廉在《乾嘉变革在清史上的重要性》一文中高度评价关先生的嘉庆帝研究打破成见旧说、确立嘉庆朝为重要历史转变期的贡献。过去对嘉庆帝的评价多有贬斥，认为清代的中衰就在于嘉庆帝的无能与昏庸，甚至嘉庆帝诛大贪官和珅也被理解为嘉庆帝垂涎和珅家财，有“和珅跌倒，嘉庆吃饱”的说法长期流传，清代及民国的一些学者也多有考据以证其说。而关先生认为旧说只是一种臆测，不足为据，他从政治角度考察嘉庆帝诛和珅的动机，认为和珅贪行乃是乾隆后期贪腐成习的集中反映，嘉庆帝诛和珅乃是出于肃纲纪、饬吏治、安民心的政治需要。其新说论证之严密，证据之充分，令人叹服，为学界所认同。

在学术方法方面，关先生的明清史研究继承了传统史学的辨真伪、明是非、通流变的宗旨。清代的经史之学以及民国学者的实证学风对关先生的史学方法有着重要影响，唐长孺等老一辈学者也是他景仰的人物。他的史学研究具有强烈的对历史负责精神，对于各种材料说法的真伪、人物事件的是非、制度的来龙去脉，他都在史料与史实的辨证中得出结论，不傍依他人，不作依违两可之论。刊于《中国史研究》1994年第一期的《清代中叶蔡牵海上武装集团性质辨析》是关先生的名作，对于学界关于嘉庆年间蔡牵海上武装集团为“官逼民反”性质的说法，关先生首先对东南海域的海盗活动进行了溯源，其后又联系安南阮氏当国对海盗活动的鼓励，考察了蔡牵集团与安南夷盗及凤尾帮、水澳帮等海盗集团的关系，继而考察了蔡牵海盗集团的海盗活动特点，从而得出结论“其海盗性质是十分明显的”，推翻了学界的成见旧说，是一篇经典之作，具有思想解放的意义。

关先生是将掌握基本文献作为辨真伪、明是非、通流变的基础与方法，关先生在谈到他的读书研究心得时说：“研究明清史，就应该选定像《明史》《清史稿》《明实录》《清实录》之类典籍进行精读，反复钻研，必有所获，其它则可根据实际情况进行选读与泛读。”在关先生的明清史研究经验中，“辨真伪、明是非、通流变”的新见正是在基本文献的“反复钻研”中获得。这一经验也值得今天的史学研究者重视。

关先生的史学研究不仅继承了辨真伪、明是非、通流变的史学传统，而且其治学强调以思辨的方法把握历史现象的整体性，从而使其明清史研究具有独到的深度以及系统性。他的研究方法突破了一事一物的孤立考证，而是由点到线，由线到面，环环相扣，层层深入，史论结合，从而把握历史现象的整体性。例如他研究明代翰林制度，由翰林职责的逐步扩大，进而讨论翰林制度与庶吉士制度、内阁制度的关系，深入讨论明代国家育才、储才、用才体制，从而把握了明代“非进士不入翰林，非翰林不入内阁”的任官制度的整体特点，说明了明代君主专制制度的特点。

他的明代政治制度研究突破了制度条例的孤立研究，是宏观与微观相结合，从政治实践与政治制度的互动关系中研究政治制度的变革，从政治生活内在矛盾中探讨政制的创新与发展，他提出在“制衡”与“均衡”的理论框架内讨论明代政制变革的利弊得失，因而能够在更高的理论高度把握明代政治制度特征及其形成发展的客观规律。

回想上个世纪 70 年代末、80 年代初，改革的春风吹遍武大校园，适逢关先生学术生命蓬勃之时，他为我们七八级学生讲授明清史，于史料的条分缕析中见微知著，于不同观点的思辨中立论铿锵，雄姿英发，使我们真切感受到学术的魅力与学者人格的魅力，这一切仍记忆犹新。现在关先生不幸仙逝，追思先生的德业，我们愈益感觉到继承前辈学术、延绵学脉时不我待。

（原载《中国社会科学报》2016 年 5 月 30 日学林版，与林济教授合写）

增补新成果　内容更丰硕

——喜读《鸦片战争史》第二版

2017年6月，香港回归祖国20周年前夕，萧致治教授主编的《鸦片战争史》（福建人民出版社）第二版问世了。此书和20年前的初版相比，补入了许多新成果，字数由66万字扩充到90.5万字，显示了鸦片战争研究的许多新进展，而且由平装本改为精装本，装帧美观，图文并茂，是一部关心中西关系变化发展和近代历史的读者不可不读的优秀读物。

记得20年前，《鸦片战争史》初版发行时，因为适值鸦片战争中被英国强占的中国香港回归前夕，立刻引起社会各界的广泛关注，《人民日报》《光明日报》《中国新闻出版报》《中华读书报》《大公报》等10多家报刊纷纷发表评介文章，盛赞该书是“研究中国近代史开端的新突破”，是“中国历史大转折时期的宏伟画卷”，“对由鸦片战争引发的中国历史发展中第三次社会大变革作了精辟的阐述”，“堪称经典的鸦片战争史。这是一批有着强烈历史责任感的历史学家……为我们这个时代以及中华民族的后人们留下了一份警世录”。中国史学会会长戴逸教授称赞：“此书观点正确，文笔流畅，不少地方有所创新，是一部优秀的历史学著作，也是进行爱国主义教育的好教材。”时年84岁的老教授陈锡祺先生说：“《鸦片战争史——中国历史发展中第三次社会大变革研究》是66万言的皇皇巨著，附有地图和图片30多幅，可说是迄今为止篇幅最大的一部鸦片战争史，而且是一部水平颇高的学术专著”，“毫无疑问是当前鸦片战争史研究发展到了一个新阶段的重要标志”。著名历史学家章开沅教授也认为“打破了过去把鸦片战争当作单一政治事件的陈旧格局，为这一课题研究开辟了新的天地”。中央主要领导也特别关注此书，曾通过中共福建省委点名索览。此书同年也相继获得中央第三届“五个一工程”奖入选作品奖、第六届国家图书奖提名奖，华东地区哲学社会科学第十一届优秀著作一等奖。足见此书是一部受到广泛肯定的优秀著作。

经过作者精心增补的第二版，内容较初版更加丰富。其中最耀眼的亮点是增补了 10 多万字的鸦片战争前后的中西文化交流。近代中西文化交流始于 16 世纪末利玛窦等天主教传教士来华，到鸦片战争前后，已有两百多年历史，内容既有西学东渐，也有中学西传，涉及范围十分广泛，包括天文历法、历史地理、数学理化、生物医学、先进机械技术、音乐美术，等等。而且无论是对中国及东亚各国，还是对西欧各国，都产生了广泛而深远的影响。本书分明朝末年、清代初年、清代中叶三个阶段，系统扼要地介绍中西文化交流的实情，对于系统了解这段时期的中西文化交流极有帮助。其中许多情节生动感人，极富感染力。比如利玛窦来到中国后，怎样以坚韧不拔的毅力，克服种种困难，终于把西方的天文历算、珍奇异宝介绍到中国，引起中国士人的关注？又怎样把中国的史地经籍译成西文，或以书信方式寄回意大利，引起强烈反响，从而成为中西文化交流的奠基人？中西学者怎样以合作方式把西方科技著作译成汉文？康熙皇帝怎样学习和重视西学？康熙皇帝与当时著名数学家梅文鼎有怎样的传奇交往？西方商人怎样买通波斯僧人潜入中国，把中国的蚕种藏在竹杖中偷运出境？传教士怎样利用拉丁拼音学习汉语？等等，都是闻所未闻。书中对这些均有真切生动的介绍，令人大开眼界，耳目一新！

荷兰是 17 世纪前期继西班牙、葡萄牙之后称霸海上的霸主，本书初版只重点叙述了荷兰人怎样侵占台湾、郑成功怎样收复台湾的经过，第二版则增补了同一时期荷兰与清朝政府之间的密切交往，乃是一个重要的补充。

对于鸦片战争的经过，尽管初版已叙述得相当详尽，第二版拾遗补缺，汲取近年的研究新成果，还是作了几处重要补充：一是根据英国档案馆发掘的新资料，补充了1833年广东珠江海口淇澳岛人民的反侵略斗争，把中国人民反侵略斗争提前了8年；二是补充了英国全权代表义律和伯麦在1841年7月的广东特大台风中差一点葬身鱼腹或成为清巡防船俘虏，如果不是侥幸得救，对于鸦片战争的历史或许会产生一定影响；三是1841年9月的定海之战，英军伤亡最大，英方对此讳莫如深。由于近年在舟山岛上发现一个英军一个团死亡400多人的合葬墓的墓碑，足以证明英军在鸦片战争中牺牲最大的战役，不是镇江之战，是第二次定海之役，从而否定了以往的传统说法。

清军在鸦片战争中节节失败，有许多教训值得总结，其中，一贯"重陆轻海"的海防思想，应是一个不容忽视的根源。第二版专立一节，对此着重进行了分析研究，应该是一个具有重大现实意义的重要补充。

自从1517年葡萄牙人首次来华，至今整整过了500年。500年前，无论是西欧还是东亚，从社会发展角度衡量，当时都处于封建社会末期，差距很小。由于新航路和新大陆的发现，刺激了西方航海事业的大发展。早期殖民者依靠殖民掠夺了大量财富，成为西方资本原始积累的重要来源。正是依靠这些原始积累，西方资本主义才得到快速发展，横行全球几个世纪。可是，而今的西方，已由迅猛发展逐渐走向衰落，而东方和许多被殖民的国家，则纷纷走上了发展复兴之路。世事沧桑，鉴往知来，此中经验教训值得好好总结。本书的《结束语》，言简意赅地作了扼要的总结，给人启迪。总之，这是一部值得研读的力作。

（原载《中华读书报》2018年4月4日，第19版）

充满人文精神的“诗经”

——《问鹧鸪》读后

中国有“诗国”的美称，诗歌起源之早，数量之多，内容之丰富，艺术之精湛，对社会生活影响之大，在世界文化史上都是罕见的。早在先秦时代就有《诗经》的四言体和《楚辞》的骚体，尔后不断发展出各种体裁，到五四时期出现自由诗。诗歌是我国文化艺术的瑰宝，无论是山水诗、田园诗、边塞诗，还是言志诗、爱情诗、哲理诗，凡是具有人文精神的作品，便是很好的教科书，能培育人的认知能力和审美能力，提高人的精神素养，净化人的灵魂，给人以力量、智慧和愉悦。

青年诗人王孟群（笔名千黛）特别地爱诗，天天沉浸在诗的海洋里，不停地读诗、写诗、传播诗，一切入诗，是诗的思维，诗的生活，于是同学们送她一个雅号“诗经”，说她“因诗发神经，每根神经都是诗。”由于这份对诗的痴迷，她写了一本诗集，命名为《问鹧鸪》，由作家出版社于 2017 年出版。

千黛的诗歌创作是高产的，收入这本诗集的就有 300 多首。在笔者看来，千黛的诗，无论是古体诗还是现代诗，都有一大亮点，那就是继承弘扬了我国诗歌的优良传统，充满人文精神。表现在以下几点。

第一点，言志。

人贵有志，志贵高尚。千黛写诗追求的是什么？

她在“我的派”（代自序）中声明：“我的诗不是推门敲窗派，不是堆文砌墙派，不是规格矩律派，不是大乘小乘派，不是奥典学究派，不是炫技邀好派。”一连六个“不是”，划出了界线，而是“自然派”“生命派”“唯真派”。“我是烂柯人，我是捕蛇者，我是卖炭翁，我是行脚僧”，这四个“是”表明自己要做劳动者，做为民请命的思想家，做探求真理、传播真理的智者。接着又写道：“我是三山五岳，我是四海为家，我就是此时此刻的我，我的诗就是此时此刻的我，我的诗就是此时此刻的一切美好派。”追求美好，创造美好，自在自然，天性率真。诗人有了这样的追求，所以能够使自己的诗超凡脱俗，别具一格。

诗集中还有多处抒写诗人的追求，在《拜诗哥》中，一连拜了10个诗哥：王维、李白、白居易、蔡文姬、李清照、莎士比亚，等等，说明志在融合中西，兼收并蓄，向高标准看齐，身在尘埃，心在云端。在《种诗》中，诗人决心“把诗洒进心田，因为那里开出的花朵，才是最美的芬芳。我的心，又远又近，但只有一个方向——诗与美，美与诗”。

另一首现代诗《以博雅塔为圆心》，则表达了诗人与北大学子的远大志向。“我们北大人，追寻圆满，无论身在何方，白发青丝，每一个修行者，都渴望，以博雅塔为圆心，以不断变化的半径，展翅飞翔。”先是以未名湖为半径，接着以俄文楼、图书馆、三角地、北京为半径，一圈比一圈大，再接下来，以华盛顿、南北极、月亮为半径，放眼世界，极目宇宙。“画global的圆满，人类大同。去共襄可爱的家园，让自己的村民身份，在哪里都是主人的证明，做大树，一棵棵，尽吐绿氧，净化四方。”最后号召：“就让我们一起，以博雅塔为圆心，以各自的半径，努力画出我们一圈圈，一圈圈，大小不同的同心圆。”这是北大学子的理想之歌，也是千黛的理想之歌！如此豪迈，令人钦佩。全诗想象超拔，又在情在理，文字洗练，节奏铿锵，把读者的视线牵向远方，牵向无极。

第二点，言情。

多首诗写到了父女情、母女情（与母亲、与女儿）、夫妻情、师生情、朋友情、同学情，等等。诗人的情感世界很丰富，有一颗博爱的心。在写情中写出人物的特点，如写父亲，作为画家的父亲一生信奉“天命不可违，人事不可废”的准则，“70多年如一日，分秒必作，实实在在是感人的一本勤奋的活书。”父亲矢志“绘人所未绘”，“我不去画青藏谁去画”，犹似“我不入地狱谁入地狱”一样豪迈，坚持50多年的绘画创作。诗人以父亲为榜样，执着追求艺术高境界。千黛写情感，写得细腻逼真，活灵活现。如《思父母》中写道：“我思父母寒，父母思我温；两地虽百里，情生一脉根”，“小手成大手，相携一路温；比肩昆仑上，共入梅林深；冷暖在一处，你身是我身。”这后面几句，颇像孟郊的《游子吟》，堪称佳句。

除了描写亲情外，还有不少诗篇抒发了对历史杰出人物的敬佩之情。无论是“路漫漫其修远兮，吾将上下而求索”的第一位爱国主义诗人屈原，“社稷为重君为轻”“留取丹心照汗青”的民族英雄文天祥，“封侯非我意，但愿海波平”的抗倭英雄戚继光，还是近代的教育家、思想家，北大的首任校长孙家鼐、第二任校长严复，在诗人的笔下都得到了讴歌。在《夜读辛弃疾》诗中，表明作者最喜爱稼轩词。

第三点，言理。

诗中言理，不是说教，而是艺术地表现哲理。如《站立》一诗写道：“人不会飞，用脚行走站立；鸟儿会飞，为何还要脚？无论会不会飞，都必须先站立。”抓住了人的特征、人的精神、人的品质，富有启迪。另一首诗人与女儿楚颜合写的《人的异体字》，也是有独到的见解：“一撇一捺，是人，一个人生动地行走，一臂前，一臂后，前腿跨出去，后腿蹬起来。一横一竖也是人，是人的异体字，晚上躺下，白天站立”，“十字是每个人的使命，一个人的站立比躺下更重要，索性让我们自己直接将这一竖写得更明显，伸得更颀长”。该诗通过揭示“人”字构造的哲理，起到励志作用。

在《树心·我心》一诗中写道：“一个圈，一个赞许，一份积极，一份勉励。自我肯定，生命有了原动力，肯定他人，世界有了助动力”；“你的世界，绿色参天，我的世界，生机盎然”。这表现了诗人“己欲立而立人，己欲达而达人”的善心，表现了“各美其美，美人之美，美美与共，天下大同”的高尚境界。

千黛的诗除了充满人文精神之外，还有其他一些亮点，例如，古文功底好，炼字炼句炼意，惜墨如金，没有赘字。即便是写现代自由诗，作者也写得不松散、不拖沓、不铺陈，也像古诗一样凝练。做到这一点不容易，没有深厚的功底，没有对高境界的追求，没有对读者负责的责任心，是达不到的，“看似寻常最奇崛，成如容易却艰辛”。另外，诗集格调积极向上，不见一丝悲观消沉之气。

（原载《中华读书报》2017 年 6 月 28 日，第 13 版）

不忘初心，增强党性，淬炼升华
——《我在中央党校学习的作业》评介

《我在中央党校学习的作业》是一本别具一格的书，中央党校出版社2014年出版以来，颇受欢迎，反响良好。品读该书，颇受感染和教益。

该书作者陈庆立曾经是中央党校培训部2009年2月—2010年1月一年制中青班学员，他十分珍惜党组织提供的宝贵学习机会，好学深思，扎扎实实地完成了几十次作业，用心写了近30篇文章。本书即是这些文章的汇集，内容涵盖在中央党校学习期间完成的各科作业、学习体会、调研报告、感悟随笔等。该书从几个侧面客观地反映了中央党校学员的学习情况和学习收获，也可以看出中央党校作为轮训培训党的中高级干部和马克思主义理论骨干的最高学府，是如何发挥政治理论重要阵地和党性锻炼重要熔炉作用的。

中央党校中青班学员是担任一定职务的领导骨干，一般具有高学历和实际工作以及领导工作经验。那么，党员领导干部进党校学习什么？最重要的学习内容是什么？对此，习近平总书记明确指出：领导干部到党校学习，主要任务是学习党的理论、接受党性教育；如果党校把党的理论教育和党性教育这个主业主课放松了、甚至荒废了，搞了很多其他方面知识、技能、兴趣的东西，那就会喧宾夺主，甚至会在政治方向上发生偏差。在主持起草党的十八大报告时，习近平总书记曾专门要求写了这样一段话：“对马克思主义的信仰，对社会主义和共产主义的信念，是共产党人的政治灵魂，是共产党人经受住任何考验的精神支柱。”通过集中精力学习马克思主义基本原理、毛泽东思想基本原理、邓小平理论基本原理、中国特色社会主义理论体系，学习党的十八大以来党中央治国理政新理念新思想新战略，学好习近平总书记的系列重要论述，不忘初心，增强党性，这是最重要的事。同时，通过学习当代世界经济、当代世界科技、当代世界法制、当代世界军事、当代世界思潮、当代世界民族宗教等课程，增长知识、增加智慧、增强本领。在《读书学习要把握好“为谁学、学什么、怎样学”》一文中，作者认识到：中国共产党是一个重视学习、善于学习的政党，是为人民而学，为了“中华崛起”而学。“老百姓是地，老百姓是天，老百姓永远是共产党的挂念。老百姓是山，老百姓是海，老百姓是共产党生命的源泉。”学习，就是要提高执政为民的觉悟，提高执政为民的能力。

对马克思主义理论，真学了才能真懂，真懂了才能真信，真信了才能自觉用好，才能保持对远大革命理想的清醒认知，对崇高奋斗目标的执着追求。在建设中国特色社会主义的伟大事业中，共产党人劳碌一生，其最高奖赏不在于从中为个人获得多少私利，而在于借此成为一个什么样的人，做一个什么样的人，勇于担当，充满激情地干好本职工作，没有辜负党和人民的信任和期待。（参见该书《领导干部要树立“干一行、爱一行、干好一行”的事业观》）

古语云：“靡不有初，鲜克有终。”为了开创大业，许多人开始很有信心，但是坚持到底却不易。在全面深化改革、改革涉及深水区的背景下，的确有少数党员干部存在看摊子、守位子，遇见问题躲着走、产生矛盾绕着走的现象；实际工作中热情不高，缺乏进取意识，当和尚不撞钟，不作为、慢作为；有的不深入基层、不研究具体工作、不解决具体问题，谋事不实、创业不实、做人不实，等等，这些现象说明某些人忘了共产党人的“初心”，忘了党员领导干部的责任。习近平同志曾指出：“敢于担当是领导干部应当具备的基本素质，体现着领导干部的胸怀、勇气、格调。”作为党的干部，是人民的公仆，在其位谋其政是本分，为官一任不担当，为官不易而不作为都不是对党和人民的忠诚。作者认为，当领导干部把责任当成一种工作习惯、一种生活态度，认真负责就成为自然而然的工作方式。责任感会带来积极主动的工作态度和一丝不苟的敬业精神，而工作上的懈怠和麻痹究其根源是因为责任感不强，不能诚心地爱一行。党员干部只有立足本职工作，树立为基层负责而不是单纯地为上级负责的精神，才能在各个层面巩固党的执政基础。立足本职工作还要重视还权力于人民群众，回责任于自身岗位，从根子上杜绝那种“好话说给领导听、工作做给领导看”的庸俗作风和形式主义。事实上，也只有那些不害怕困难、不躲避困难，勇于迎接困难、克服困难的干部，才能真正干好本职工作，做一名合格领导。

新时期的党员领导干部，要时刻注意自身的形象，干干净净地做人，踏踏实实地做事，才能真正做到为民、务实、清廉。党员领导干部要牢固树立纪律意识、规矩意识，严格遵守党章、党的纪律、国家法律，也要遵守党在长期实践中形成的优良传统和工作惯例，同时也要保持清醒的头脑，注意自重、自省、自警、自励。

作者在关于事业观的认识上谈到：作为领导干部，“知人”固然重要，“知己”更为关键。领导干部要学会将不断地总结反思作为一种工作态度、一种行为方式。经过总结反思、凝练升华，我们对工作和事物的理解就会更加深刻，对外来工作的思路和安排就会更加清晰，内心也会从时常的紧张和焦虑中放松下来，满怀信心地去迎接新工作、新挑战。要在工作中检点自己，警醒自己，拷问自己，摒弃非分之想，不堕清廉之志，不失进取之心。要把自己置于组织和群众的监督之下，又要见贤思齐，从善如流。只有这样，才能真正成为一个政治上的“明白人”，经济上的“清白人”，作风上的“正派人”，业务上的“内行人”。

强化党性锻炼既是党建设的基础工程，也是党员干部应有的政治品格，体现的是发自内心的政治自觉。作为一个在国家机关工作多年的党校学员，接受组织培训和学习是为了更好地干事业，用好手中的权力。在《不是为做官而做官，才能跑好人生马拉松》中谈到：我们共产党员当官为了什么？不是为做官而做官，而是为做事而做官，为服务人民而做官，只有这样坚持下来，执着到底，才能跑好人生马拉松。在短暂而又系统的党校学习期间，作者认识到：通过不断学习，提高思想素质，完善知识结构，获取先进理念，增强创新能力，才能做一个“能干事，干好事”的领导干部。人民创造了历史，养育着我们。领导干部要像仆人对待主人那样，贴民心，察民情，顺民意，重民生，惠民事，只有这样，工作才有创新、有特色、有活力、有发展，才能出现心齐气顺，风正劲足的良好局面。

“学而不思则殆”，理论的沉淀来自对现实的思考，这样充满含金量的作业当然是珍贵的。长期关注农村、农业、农民问题的积淀，加上系统的马克思主义理论学习，综合提升了作者对一些问题的认识，并提供了新的分析视角。《毛泽东同志的农民观》认为毛泽东的农民观体现出马克思主义的世界观和方法论、反映出中国农民问题的全局性和战略性、包含了中国革命和建设的动力观等；《正确认识当前农村经济和社会发展的几个关系》《把农民的这碗“糊涂”做得量大质好》等文章，体现了作者对“三农”问题的关注；《增强马克思主义现实针对性》深入思考，针对新形势下当今中国马克思主义教育与普通群众存在一定隔阂的现实，认为马克思主义理论要永葆生机和活力，就必须民族化、大众化、现代化，要针对不同群体、不同需求，把宣传与时代关注点、兴趣点结合起来，融入丰富多彩的形式，才能释放出强大的生命力和能量。这些内容都反映出一个党校学员的理论思考。

总之，该书是一份沉甸甸的思考录，是一个党校学员的成绩单，体现了厚重的担当和忠诚的情怀。

（原载《中华读书报》2017 年 3 月 22 日，第 19 版）

马克思主义是治史的科学指针与利器
——兼评《张海鹏论近代中国历史》

在著名历史学家张海鹏先生八十寿辰之际，社会科学文献出版社为其立项编辑出版7卷本《张海鹏文集》，去年底今年初，人民教育出版社则隆重推出了《张海鹏论近代中国历史》。后者66万字，分7个部分。张海鹏先生著述等身，建树之多，见解之深，贡献之丰，影响之大，史学界大多知晓。他为何能达到这层境界呢？除了天赋、勤劳、追求，几十年如一日地在治史山路上奋勇攀行之外，一个重要原因是他熟悉马克思主义，信奉马克思主义，熟练运用马克思主义作为治史的科学指针与利器。他用马克思主义科学指导自己治史取得丰硕成果，又用自己的丰硕成果证明了马克思主义的科学性。

近代著名学者梁启超说："中国于各种学问中，唯史学最为发达，史学在世界各国中，唯中国最为发达。"此言不虚。在中国，既有官修史籍，也有民修史书，从官方最高领导者到民间布衣之士，都爱好历史，几千年传承不断。那么，什么是历史呢？怎样研究历史呢？怎样从历史中获得真知、启迪、借鉴呢？此问题则仁者见仁，智者见智。有几个流行的说法：司马迁认为历史是"究天人之际，通古今之变"的学问；宋神宗认为史学"有鉴于往事，有资于治道"，他为司马光主撰的史书题写书名《资治通鉴》；近代史学家傅斯年认为"史学只是史料学"，强调史料的基础性作用，论从史出；传言著名学者胡适说"历史是个任由人打扮的小姑娘"，言下之意为不同的人对历史有不同的理解，强调了主观性，忽视了客观性；意大利哲学家、史学家克罗齐说“一切历史都是当代史”；英国哲学家、史学家柯林伍德说“历史就是思想史”；英国著名学者培根认为“读史使人明智”，史学就是聪明学，等等。而在马克思、恩格斯看来，“有文字记载以来的历史都是阶级斗争的历史”，历史是有规律的，社会形态是循序渐进的，未来的社会是自由人的联合体。马克思主义认为在阶级社会阶级斗争是推动历史前进的动力，人民群众是历史的创造者，英雄人物具有重要作用，生产力决定生产关系，经济基础决定上层建筑，上层建筑反作用于经济基础，存在决定意识，理论指导实践，合力推动社会变革，社会是波浪式发展、螺旋式上升，分析事物必须透过现象看本质、分清主要矛盾与次要矛盾、区别主流与支流，判断问题不能脱离当时的历史环境，具体问题具体分析，等等。这就把历史学科变成了历史科学，成为工人阶级及进步人士认识历史、研究历史、以史为鉴的科学指针与利器。没有马克思主义的指导，史学研究也能出一些成果，得到一些见识与启迪，帮助人民前进。但是，只有引进马克思主义以后，历史学科才成为真正的科学，才发挥出指导人民群众改变命运的重大作用。

有人以人类社会并非都经过了四个社会形态为由，认为共产主义社会是乌托邦，断言资本主义是历史的终结，进而否认马克思主义是科学。其实马克思是就整个人类发展的普遍规律而言，并非说每个民族都一定要经过四个社会形态，有普遍性与特殊性之分。只要人们抱着客观坦诚的态度面对事实，就会看到社会上已经出现了马克思、恩格斯预言的若干共产主义因素，不论是发达国家还是欠发达国家，都有这类因素，而且这类因素与日俱增。有人说马克思主义讲阶级斗争不好，其实阶级斗争是一个客观存在，不过是承认现实而已。马克思主义认为阶级斗争导致无产阶级专政是一个必经的阶段，通过无产阶级专政最后达到自由人的联合体，明确指出无产阶级如不能解放全人类，也就不能最后解放自己。有人说马克思主义主张的计划经济道路是通向奴役之路，从而否认马克思主义是科学。然而，在封建主义自然经济、资本主义市场经济调节下，人民大众在相当长的时期一无所有，饥寒交迫，哪一天不是受着奴役呵！不组织起来，不团结奋斗，如何改变命运呢？新型的社会主义国家在发展初期展示出蓬勃的生产力，远远超过资本主义，人民当家作主，意气风发，对此怎么视而不见呢？当然社会主义作为新生制度，是在旧社会基础上建立的，本身带有旧社会的一些痕迹，在其初期肯定有缺陷，也有一个不断完善的过程，历史传统的惯性作用也会腐蚀它，使它滋生各种毛病。作为社会主义事业的继往开来者，有责任与时俱进，不断发展、改进、完善社会主义制度，不能一劳永逸，教条僵化。中国特色社会主义就是把计划经济与市场经济相结合，合理运用“看得见的一只手”和“看不见的另一只手”，使中国特色社会主义发展迅速，成效显著，有目共睹。社会主义运动有凯歌行进，也有失误挫折，只要共产党人坚定信仰，信念不移，善于总结改进，艰苦奋斗，就能攻坚克难，实现初衷。

马克思、恩格斯深切同情无产阶级，站在大多数人的立场说话，对世界资本主义做了深刻分析，对人类社会发展规律做了科学揭示，对人类的未来做了乐观展望，对中国革命和建设的胜利成功发挥了科学指导作用，对世界的进步继续发挥着广泛影响。1999 年英国广播公司（BBC）在全球范围举办“千年思想家”网上评选活动，其结果马克思名列第一。这是其理论诞生 150 年后人们的评价，经过了历史实践与民众检验得出的结论。对于这样的科学理论，我们有什么理由不信奉呢？有什么理由没有读懂原著就盲目指责呢？我们治史，除了运用马克思主义指导外，还有什么更好的理论来指导从而得出更科学的结论呢？

《张海鹏论近代中国历史》一书内容厚实，亮点纷呈，反映出张海鹏对中国历史尤其是中国近代史进行了全面系统、立体深入的研究，对诸多重大问题均有论述和自己的见解，既有宏大叙事文章，又有微观论证之作，书中体现了马克思主义的精神、智慧和对唯物史观的运用。全书 7 个部分 40 多篇文章，篇篇有分量。如果全面点评则需要较长篇幅，这里仅就几个要点略陈管见，供读者参考。

第一点，站在人民立场，客观公正研究。

选用什么史料，怎样进行论证，得出什么结论，为什么人说话，与研究者的立场密切关联。马克思主义的首要要求就是站在人民立场，客观公正地研究。该书内容充分体现了人民的立场。例如，2009 年为庆祝中华人民共和国成立 60 周年，张海鹏以中国史学会的名义在《人民日报》发表了《中华人民共和国成立的伟大历史意义》的大块文章。该文回顾了“近代中国：列强侵略下的半殖民地半封建社会”的悲惨场景，中国共产党人的开拓奋进，中国人民的浴血奋战，论证了“走社会主义道路是近代中国历史发展的必然结果”，也是中国人民的正确选择，阐释了“开启中华民族伟大复兴的历史新纪元”，展望了新中国的锦绣前程。全文激情洋溢，逻辑严密，文采斐然。

再如对毛泽东的评价，多年来有争议，近年尤甚。对于全国人民衷心爱戴的伟大领袖，作者站在人民立场上对毛泽东作了客观公正的评价，认为毛泽东为解决近代中国的两大问题（民族独立、人民解放和走向现代化）作出了巨大贡献。毛泽东跳出俄国模式，开创了以农村包围城市、最后夺取城市的中国革命道路，赢得了革命的成功。毛泽东提出了新民主主义革命的系列理论，提出了中国革命分两步走，以社会主义为目标，以共产主义为指引，他的努力获得了成功。毛泽东正确处理了工人农民与民族资产阶级的关系，扩大了团结面，减少了敌对面，中国的社会主义革命用和平的方式取得了成功。他发表了《论十大关系》，正确解决了农、轻、重的顺序安排，符合中国实际，避免了苏联模式的弊病。他一生深思熟虑的是如何把马克思主义理论与中国实际结合起来，夺取人民革命的胜利和社会主义建设的成功。他的文章是对实践经验的科学总结，又对新的实践发挥指导作用。他的理论形成了马克思主义中国化的成果——毛泽东思想。同时，作者也指出了“毛泽东晚年的认识出现偏颇，这是历史的局限，也是时代的局限。不管多么伟大的历史人物，都难免受到历史和时代的局限”，“人类就是在不断克服历史和时代局限的过程中前行的”。

第二点，以史料为依据，维护民族权益。

中国青年报冰点周刊在2006年1月11日发表了某学者《现代化与历史教科书》一文，该文否定近代中国反帝反封建斗争的历史主题，批评义和团犯了反文明、反人类的错误，“这些罪恶行径给国家和人民带来莫大的灾难”，“将这个组织定性为拳匪是有足够根据的”，“义和团烧杀抢掠、敌视和肆意摧毁现代文明在前，八国联军进军在后，这个次序是历史事实，无法也不应修改”。张海鹏不同意该文观点，奋笔疾书，撰写了《反帝反封建是近代中国历史的主题》的1.2万字长文，于3月1日在《中国青年报》发表，用大量史料论证“义和团发生的长期原因，则与鸦片战争以来西方列强对中国的侵略有关，特别是《马关条约》以后帝国主义各国在中国掀起瓜分狂潮有关，与外国传教士长期以来在中国传教过程中的为非作歹有关。大量历史材料证明，义和团仇视洋人、洋教、洋物，都与仇视帝国主义瓜分中国的图谋有关”。至于义和团破坏铁路，是作战手段，是为反抗西摩尔联军乘火车进京。如果抽象地讲什么“程序正义优先原则”，“以此攻击义和团摧毁现代文明，是什么反人类、反文明”，这样的观点中国人民难以接受。

该文发表后，在国内外产生了广泛影响，坚持了历史的正义，捍卫了民族的正当权益。作者在文中还引用了列宁在1900年写下的愤激之词：“那些到中国来只是为了大发横财的人，那些利用自己的所谓文明来进行欺骗、掠夺和镇压的人，那些为了取得毒害人民的鸦片的权利而同中国作战（1856年英法对华战争）的人，那些用传教的鬼话来掩盖掠夺政策的人，中国人难道不痛恨他们吗？欧洲各国资产阶级政府早就对中国政府实行这种掠夺政策了。”列宁的话一针见血，何其鲜明有力！

第三点，批驳“台独”错误，维护国家统一。

中国近代史上有个重大问题无法回避，即国家的统一，此事牵涉国共关系、大陆与台湾的关系。随着近年来“台独”舆论的发展，这个问题愈显突出。这个问题也比一般问题复杂、尖锐，迷惑色彩较浓，但张海鹏花了大量研究功夫，运用马克思主义科学，一一破解。

其一，明确台湾是中国不可分割的部分。在远古时期，台湾岛曾经几次与大陆相连接，台湾属于中国的文献记载，可以追溯到《尚书·禹贡》《三国志》。台湾考古发掘早已证明，生活在台湾的早期人大多是从中国大陆过去的。元代中央政府正式在台湾岛建立管理机构。明代遵循元代惯例管辖。清朝初年郑成功从荷兰东印度公司收复了台湾。清朝中央政府于1885年宣布台湾建省，1888年完成了与福建省的分治。作者运用这些史实驳斥了"台独"学者史明"台湾人四百年史""台湾不是中国的一部分"的荒谬观点，论证了台湾自古属于中国的传统结论的不可动摇。

其二，驳斥了"台湾地位未定论"。甲午战败，《马关条约》签订，台湾割让给日本。但"二战"完全胜利前夕共同通过的《开罗宣言》和《波茨坦公告》，作出了明确规定，战后台湾及澎湖列岛归还中国。后来美、英等国代表于1951年9月8日在旧金山签署《对日和约》，制造出所谓"台湾地位未定论"。由于该和约既没有邀请中华人民共和国代表参加，也没有邀请台湾国民党当局参加，故国共双方都发表声明该和约无效。张海鹏得出结论："由于1972年以后中美之间三个联合公报的签订，由于1972年中日复交的联合声明中日方表示坚持遵循《波茨坦公告》第八条的立场，所谓'台湾地位未定论'的谣传，早已灰飞烟灭了。"

其三，关于"台湾独立论"。最早闹"台独"的是郑经，被康熙大帝严词拒绝，并派施琅率两万大军征台，一举粉碎了"台独"的幻想。中国人民维护祖国统一的意志坚定不移，祖国统一的潮流不可阻挡。今天有人闹"台独"，挟洋自重，不惜用重金讨好外人，乞求保护，到头来也不过是南柯一梦。

其四，关于"中华民国"名号问题。中华人民共和国政府是代表中国的唯一合法政府，"中华民国政府"已不复存在，这是国内发生革命和战争后掌握主动权的一方通常的做法，符合国际惯例。中华人民共和国政府继承了中华民国政府管理的中国全部领土、人民和财产，包括台、澎、金、马在内。这在法理上，与1912年中华民国继承清朝政府管辖的中国全部领土、人民和财产是一样的。如果不是外国的干涉，统一台湾早已实现。目前窃据台湾的"中华民国”是伪政府，快要进历史博物馆了。

其五，关于台湾的未来。张海鹏指出，中国的主体在大陆，大陆人口是台湾的54倍，面积是台湾的247倍，全国统一是中国的历史传统，正义昭然。或者武统，或者和统。中国共产党真诚希望用“一国两制”方式和统，因为这对台湾人民最有利。本是同根生，何必动干戈？但是，由于“台独”分子企图绑架台湾同胞，执意闹独立，大陆只能声明不放弃使用武力。

第四点，以古鉴今，关照现实。

历史学是研究过去的史实，古代史、考古学、古文献研究大多需要埋首故纸堆，而近代史则与现实息息相关，有着千丝万缕的联系。张海鹏作为研究近代中国历史的专家，不忘走出“象牙塔”，使自己的学问关照现实，为社会进步、民族复兴、人民福祉而建言献策。张海鹏既是学者，也是战士，还担任过全国人大代表。作为历史学家，张海鹏研究了近代中国历史上几乎所有重要问题，诸如中国近代史的分期及“沉沦”与“上升”，近代史的发展线索与七个高潮，多次中外战争的原因及后果，关于孙中山与毛泽东的功绩评价，从旧民主主义革命的失败到新民主主义革命的成功，中国走上社会主义道路的必然性，等等，他都有扎实的研究与深刻的论述；作为战士，他批评了历史虚无主义思潮，批判了“台独”谬论，批评了对义和团运动的错误判断，论析了日中关系之间日本方面“搁置历史”说法的似是而非，希望日本放弃在历史问题上的固执态度，等等；作为人大代表，他积极建言献策，并从宏观上思考中国的发展机遇与民族复兴。他在《大国兴衰给中国提供什么样的历史教训》这篇近3万字的长文中，分析了近600年来中国、葡萄牙、西班牙、荷兰、英国、法国、德国、日本、苏联、美国等10个国家兴衰的规律、经验、教训，鲜明地发问：“中国将成为一个什么样的大国？”作者自答：“中国永远不要做称霸世界的大国”；“中国要对人类作贡献，不能用损人利己的方式，不能用侵略、掠夺、压榨别国的方式，不需要用战争的方式”；“中国要富，要带动世界一起富”；“中国是一个960万平方公里的世界大国，中国获得了和平发展的环境，中国国内稳定，就是对和谐世界的巨大影响，就是对世界的贡献。”

在张海鹏看来，中国的发展需要从大国的兴衰中学到的历史教训是：第一，反对外国侵略，争取民族独立，创造走向工业化现代化的前提；第二，在发展经济的过程中，用法律和制度努力保证国家和社会的稳定；第三，抓住机遇，实现工业革命；第四，注重教育和科技的投入，给经济发展不断注入新的动力。

总之，“我们自己建设好了，就是一个榜样，就会吸引世界各国人民走向社会主义、共产主义的方向。”世界好，中国好；中国好，世界更好！

（原载《中国社会科学报》2020 年 11 月 4 日，刊载时有压缩）

理性的深思　使命的担当

——《飞龙在天》读后

众所周知，当今世界有两个大国处于竞合状态，一个是西方的美国，一个是东方的中国。美国代表资本主义制度文明，中国代表社会主义制度文明。美国是最发达的资本主义国家，雄视寰宇，称霸世界；中国是最大的发展中国家，埋头苦干，和平崛起。两者既竞争，又合作。竞合的前景如何呢？这是许多人关心的问题，又是一个见仁见智的话题。

2016 年下半年，红旗出版社出版了一本亮丽的学术理论著作——《飞龙在天》，该书响亮地回答了这个问题：中国最终超越美国。这个结论可信吗？不少人可能不信，然而，只要认真读完这本书后，看法就会有所改变。该书作者王天玺，是具有丰富实践经验的哲学家、理论家和民族学家，曾任中共中央党刊《求是》杂志总编辑和中共云南省委副书记等职。在担任中央部委和地方党政领导职务期间，曾参与研究、起草党和国家重要法律和政策文件，出版了许多有重大影响的论著，如《中国模式论》《文化经济学》《中美关系论》《东方之光》《社会主义文明的曙光》等。作者在长期的社会实践和理论探索中，始终坚持马克思主义中国化和中国经验马克思主义化的创新理念，十分注重以东方智慧和中国气派来阐述人类社会发展规律和中国人民的伟大创造，努力构建崭新的社会主义文明理论体系。《飞龙在天》这本书也体现了作者的一贯风格：立论新颖深刻，材料丰富翔实，逻辑严密，论述晓畅，如行云流水，似散文般亮丽，既有理论上的启发，又有文字上的审美。

中美两国的竞合，从20世纪80年代以后开始了新的阶段。发展到21世纪，成为世界最热闹的看点，影响着世界的格局与走向。作者得出“中国最终超越美国”的结论，是基于激情与理性的思考、历史规律与中华民族的使命担当。

该书从11个方面对中美两国进行了比较：经济力、金融力、政治力、军事力、科技力、文化力、人才力、民族凝聚力、社会创造力、国际影响力、国家统合力。作者掌握了大量可靠的材料与数据，并运用它们进行逻辑分析，层层递进。这些文献资料，大量源自西方，有西方政要的言论，如美国前总统艾森豪威尔、卡特，澳大利亚前外长埃文斯、美国著名学者福山等；也有西方媒体的报道和评论，如美国的《财富》《大西洋》《国家利益》《外交政策》《福布斯》《公正观察家》等杂志，《纽约时报》《星条旗报》《华尔街日报》《华盛顿邮报》等报纸，有德国的《商报》《南德意志报》，有英国的《卫报》《金融时报》《泰晤士报》《每日电讯报》，有西班牙的《世界报》，有奥地利的《标准报》，还有新加坡的《今日报》，等等。这些政要和媒体，有些是亲美的，有些是中立的，有些是对华有偏见的。就是在这些政要和媒体的言论或报道中，揭露、批评了美国的大量落后衰败现象，承认、肯定了中国的大量进步和光明现象。

毫无疑问，作者对中国的成就、中国人民的创造力、中国共产党的治国理政能力，是自信的，因而论述充满激情。作者在《序言》中指出：“当今世界，存在着塑造全球格局的三大进步潮流，这就是中华民族伟大复兴的潮流，社会主义胜利进步的潮流，科技革命蓬勃发展的潮流，凝聚成排山倒海的力量，推动中国人民创造令世界惊叹的奇迹。”“中华民族伟大复兴，是在全世界被压迫人民普遍觉醒和争取解放的大背景下展开的，是在社会主义从理想变为现实的大革命中实现的。它铭刻着中华儿女全部的奋斗和牺牲，凝结着世界人民宝贵的同情和支持，寄托着人类文明进步的成就和希望。”

有人认为，“美国经济总量是世界第一，而且远超过其他国家，美元是世界基础货币，世界上大部分黄金也在美国，美国的金融业也是世界上最强的，华尔街是世界金融中心。美国在几乎所有科研上都处于领先地位，Intel和AMD是美国的，微软和苹果是美国的，国际互联网9个根服务器8个在美国，我们每天使用的GPS也是美国的。美国有11艘核动力航母，海空军实力超越其他所有国家之总和。美国还有优良的政策和生活条件来招揽全世界的人才，短期内看不到任何其他国家有超越美国的可能性”。

不否认上述言论的若干真实性，但是，进入金融资本主义时代之后，一切都发生了变化，最大的变化是美国的国民经济空心化，实体经济虚拟化，虚拟经济泡沫化。美国债台高筑，借债度日，许多基础设施年久失修，破旧不堪。与此同时，中国却在大踏步前进。

早在2010年，中国经济就超过了日本。到2015年，中国经济规模已是日本的两倍还多。

2012年，中国超越美国，成为世界第一贸易大国。

中国超级计算机六次蝉联世界第一，中国“神威”号的运算速度比美国最强的“泰坦”号快5倍。而且在全球最强500台计算机中，中国占了167台，居世界第一位。

中国量子通信技术获得突破，不仅首发量子通信卫星，而且正在构建强大的量子通信网络，而美国还在艰难的研制过程中。

中国已经建设起全球最大的高速铁路网，美国至今还没有一条高速铁路。以建筑业为例，仅2011年到2013年，中国建筑业消耗的钢筋水泥就相当于美国过去100年的消耗总和。数不清的现代化港口、机场、高速铁路、高速公路在中国蓬勃涌现，光是地上和水下的隧道就超过3万公里，几乎可以绕地球赤道一周。

人们喜欢谈论的是科技创新力。毫无疑问，美国现在是一个创新能力超强的大国，有两点很突出：一是美国摘取诺贝尔奖的人数高居各国榜首，说明美国基础科学研究扎实；二是电灯、飞机、互联网等重要发明，诞生在美国，表明美国应用研究领先。

然而，中国也有自己的优势，首先中国有最深厚的文明积累，有“自强不息、厚德载物”的民族精神，其次有最宏大的科技队伍。中国13.8亿人口中，90%以上的人都有一定的文化，其中，1.14亿人是各个领域的专业人才，7100万人从事科技开发，有1400多名两院院士，有5200多名贡献突出的青年科学家。这是美国和其他国家都比不了的。中国共产党和中国政府越来越尊重知识、尊重人才，提倡“大众创业、万众创新”，不断清理、废除过时的束缚创新的文件，不断激发各类人才的创新活力，集中力量攻关，国家近期、中期、长期的科学发展规划不断完善，认真实施；调动个人、企业、社会各方面力量的创新机制已经形成；研发经费十分庞大，快速增长；各类科技创新园区竞相开花，蓬勃发展；我国设立了“万千百人才工程”计划，既培养自己的领军人才，也吸引国际上的高端人才。中国的人才优势将日益显现出来。

从民族凝聚力来看，中美有差距。美国是世界上最大的移民国家，但没有形成稳定的民族共同体，矛盾很多，有美国媒体报道：“平均来说，美国白人家庭财产大约是黑人家庭财产的18倍。目前，黑人与白人的收入差距比1967年时还高出40%。”社会不公正和种族鸿沟相互作用，使种族冲突和社会震荡成为美国的社会常态。而中国是世界上最大的多民族国家，也是民族凝聚力最强的国家。进入21世纪以来，社会主义中国在世界的东方迅速崛起，中华大地上呈现出政通人和、社会稳定、经济腾飞、文化繁荣的喜人景象。个人有理想、民族有信仰、国家有目标，展示出强大的民族凝聚力。

还有一个现象很奇特，美国是最富有的国家，又是一个负债最高的国家。早在2009年，美国债务总量已达57万亿美元，按年均增6%计算，2020年，债务总额将达到102万亿美元。如果加上美国政府必须承担的社保和医保基金等隐性负债，届时，美国总负债将超过300万亿美元。而美国GDP即使以年均3%的可持续增长计算，2020年将仅为18.8万亿美元。也就是说，债务总额将达到国民生产总值的17倍。美国公民现在人均负债4.4万美元。有21%的美国人说，他们的一生都会处在债务的压力之下，直到生命结束。在经合组织国家中，美国是唯一不向所有家庭提供儿童抚养资助的国家，也是唯一没有妇女带薪产假的国家。美国甚至长期没有政府支持的医保体系。奥巴马政府虽然搞了个医保方案，但遭到资本集团的强烈反对，根本行不通。而中国的医疗改革几乎与美国同时起步，3 年内就基本完成，建立起世界上最大的基本医疗保障网，全国参保人员超过 95%，“看病贵”“看病难”的现象在逐步改善，而且医改还在深化、完善。

在国际影响方面，人们看到美国打着“自由、民主”的旗号，企图改造世界，到处挑起冲突战争，它的手伸到哪里，哪里就出现动乱。而中国政府则奉行和平共处五项基本原则，以和为贵。习近平主席提出构建人类命运共同体的思想，提出了“一带一路”和亚投行计划，极大地推动着世界的发展。“一带一路”发端于中国，贯通中亚、东南亚、西亚乃至欧洲部分区域，覆盖人口约 44 亿，经济总量约 21 亿美元，分别占全球人口的 63% 和经济总量的 29%。“一带一路”不是中国一家的“独奏曲”，而是各国合作的“交响曲”。它的宗旨是合作共赢。中国提出的方案细致周密，照顾各方利益。“一带一路”最终通达之时，亚洲、非洲、欧洲将形成一个互联互通的经济共同体，全球发展将揭开新的篇章。

当然，也有人担心中国共产党和政府的腐败现象会影响中国的发展。该书没有回避这个问题，明确指出：中国共产党和中国人民从来都不能容忍腐败之风猖獗，但在过去的岁月中，也曾有惩处不力、打击不够的时候。中国共产党第十八次全国代表大会之后，以习近平同志为核心的党中央从严治党，毅然开展史无前例的反腐败斗争，提出“腐败没有特区，反腐败没有禁区”，以“刮骨疗毒、壮士断腕”的决心和勇气，“老虎”“苍蝇”一起打，已经取得了举世瞩目的成就。随着全面从严治党、全面依法治国战略的深入推进，相信党风、政风、民风会逐渐好起来，开创良法善治、长治久安的新局面。

作者认为，对那些不认为中国正在超越美国甚至不认为中国今后能够超越美国的人，可以尊重他们的观点，无须辩论，时间将作出回答。该书已经用确凿的事实证明，在构成综合国力的 11 种基本力量中，美国在金融力、科技力和国际影响力上，与中国相比占有优势，但双方的差距已经在缩小，而且缩小的速度比人们想象的要快。军事力上两国各有千秋。在经济力、政治力、文化力、人才力、民族凝聚力、社会创造力和国家统合力等七大领域中，中国与美国相比，有明显的优势地位。总之，基本事实摆在这里：中国人口是美国的 4 倍多，在中国共产党的领导下，13 亿 8 千万中国人再也不像旧中国那样一盘散沙，大多是文盲，而是普遍受过基础教育、半数以上受过中等或高等教育，是团结一心建设社会主义的劳动大军，因而中国比美国力量大；中国有 5000 多年的文明史，美国不到 300 年，因而中国文化底蕴比美国厚；中国只用几十年时间就走完了发达国家历经几百年的现代化之路，因而中国的发展比美国快；中国占据世界最强国家地位有 2000 多年，美国只有 100 多年；该书第六章列出了中国 50 多项世界第一，因而中国超越美国具有底气和信心。

“美国还有资本主义的落日余晖，中国则是社会主义初升的太阳。落日必定换成朝阳，社会主义文明也必然代替资本主义文明。”中国最终超越美国，这既是社会发展的必然规律，也是中国共产党和中国人民的使命担当！

这是该书的结论，也是笔者读后油然而生的信念。

世界好，中国会好；中国好，世界更好！

（原载《中华读书报》2017 年 7 月 19 日，第 16 版）

守住不发生系统性金融风险的底线

——读《李慎明论金融危机》

2007 年发生在美国的次贷危机引发的国际金融危机，到 2017 年已经 10 个年头了。2017 年 7 月 13 日，思想火炬微信公众号头条推出了“李慎明论金融危机”系列文章的第一篇，随后每天推出一篇，前后共推出 16 篇。这个系列文章由中国社科院研究生院的博士、博士生整理而成。系列文章推出后，在读者中引起强烈反响：不少网站、微信公众号、微博纷纷转载；有的读者纷纷跟帖、来电、来信并撰写体会。新年伊始，社会科学文献出版社推出了新书《李慎明论金融危机》（30 万字，2018 年 1 月版）。该书汇集了作者 1999—2017 年关于金融危机的主要研究成果。近 20 年间，作者对美国、国际金融危机以及世界政治经济形势有过一些重要研判，如在 2000 年前成功预言美国股市泡沫的破灭和后来爆发的美国与国际金融危机；在 2007 年美国次贷危机爆发之前就曾经预言它的发生。李慎明是较早指出美国会发生金融危机的学者，20 年来持续研究，该书中的精准分析和深刻见解，体现了学习与运用马克思主义政治经济学知识所带来的智慧与眼光。

习近平总书记高度重视金融工作。2017 年 4 月 25 日，他在中央政治局第四十次集体学习时强调：“金融安全是国家安全的重要组成部分，是经济平稳健康发展的重要基础。维护金融安全，是关系我国经济社会发展全局的一件带有战略性、根本性的大事。金融活，经济活；金融稳，经济稳。必须充分认识金融在经济发展和社会生活中的重要地位和作用，切实把维护金融安全作为治国理政的一件大事，扎扎实实把金融工作做好。”在党的十九大报告中，习总书记要求我们“守住不发生系统性金融风险的底线”。该书的出版，是对习总书记号召的积极响应，是对国家大事的热情关切，兼具学术价值和实用价值。读罢该书，深深感到为守住不发生系统性金融风险的底线，李慎明同志一直在尽自己的全力。

1999年4月，在社科院召开的一个国际问题研讨会上，李慎明第一次提出了美国经济潜伏着严重危机的观点。但是，与会的100多位专家学者中没有一人赞同他的这个预言。李慎明继续深入研究，不断发表文章，1999—2000年，他从8个方面判断“美国经济潜伏着严重的危机”，明确预言：“美国经济的大衰落是极有可能的，只是不知其确切的时间。10年内会不会？10年不会，15年至20年呢？”2007年爆发了国际金融危机，正好在10年之内。他还从美国经济潜伏的危机判断：“世界格局正在发生重大变化，21世纪前二三十年乃至上半个世纪，整个世界将极不平静，我国周边安全形势有可能出现较为严峻的局面。”国际金融危机爆发后的2011年8月，他又说：“这场国际金融危机是生产社会化甚至生产全球化与生产资料私人占有之间的矛盾、生产无限扩张与社会有限需求之间的矛盾在经济全球化条件下深入发展的必然结果”；“这是推迟多年、推迟多次不得不爆发的金融危机。尽管中间可能会出现一次又一次小的复苏，但整个危机极可能延续十余年甚至更长”。国际金融危机爆发至今已经十年了，目前仍深不见底。

李慎明还有个重要判断：“当今世界仍然处于金融帝国主义时代。”卢麒元，香港沃德国际资产管理顾问公司董事局主席，在为该书写的《序言》中高度赞同这个判断，指出“这是一个非常精准而重要的判断”。在“金融帝国主义时代”，中国应该如何处理内政和外交，如何应对世界格局的深刻变化，如何引领世界未来的走向，李慎明提出了一系列的见解。严麒元先生写道：我必须说，李慎明已经看到后国际金融危机时代的曙光了，“金融帝国主义”必然将社会主义推向一个新的高度，我们将迎来一个社会主义发展的新时代。

李慎明同志多年来一直强调一个观点："学者今天的所言所著，如同领导干部今天的所作所为，必将接受人民和历史明天的评说。"事实正是这样。该书收录了近50位大学本科生、硕士、博士读李慎明研究金融危机文章的体会文章，这些文章就是对李慎明同志研究成果的评说。这些肯定语气的评说充满激情，淳朴真挚。今天的实践检验昨天的理论，新的实践又呼唤新的理论。让我们在习近平新时代中国特色社会主义思想指导下，加强理论创新、学术创新，繁荣社会主义先进文化，努力实现中华民族的伟大复兴。

（原载《中国社会科学报》2018年2月1日，第7版）

底蕴丰厚、韵味绵长的中华茶文化

——《中华茶文化概论》评介

茶是“中国名片”，中国人酷爱饮茶。从宋代开始，茶已经成为中国人的“开门七件事”之一，即“柴米油盐酱醋茶”，是人们日常生活必需品的代称。如今在网络上年轻人另有高论：“生活，不只有柴米油盐酱醋茶，还有琴棋书画诗酒茶。”把茶从物质生活必需品层面提升到精神生活必需品层面。有专家说：茶是个和气性子，与谁都合得来。柴门也进得，侯门也进得，和柴米油盐酱醋过日子的同时，也能与琴棋书画诗酒共发雅兴。诚哉斯言！茶早已深深融入中华文明的血液之中，恒久不断地滋养中国人的体魄和精神。在我国，茶文化底蕴丰厚，韵味绵长。宣传、介绍茶文化的教材和普及读物均有多个版本流行，而新近出版的刘礼堂、吴远之主编的《中华茶文化概论》（北京大学出版社，2020年12月版，34万字），笔者读后，感觉亮点纷呈，有独到之处。该书对中华茶文化作了清晰的梳理、精彩的介绍和传神的鉴赏，既是一本专业的茶文化教材，也是一本大众喜闻乐见、可读性强的普及读物。

该书介绍了茶文化的渊源和脉络。“中国是世界茶树的原产地，是世界上最早发现并利用茶叶的国家。中国人以自己对茶叶与生活的独特理解，创造出丰富的茶文化。茶在为人类提供物质消费与享受的同时，又在人类精神文化领域触发了一系列的活动，在人类社会历史文化的发展轨迹中留下了自己的痕迹，与人类社会历史的诸多方面发生了密切的关联，它与政治、经济、思想、文化、民俗、艺术之间的关系至为深切，成为人类社会生活一个重要的组成部分。”“茶圣”唐朝陆羽在《茶经》中说，茶作为饮料是从神农时代开始的。此论断虽有争议，但中国茶叶的开发利用历史很早，则是不争的事实。根据地下文物的发现和文献记载，目前可追溯到西汉，这样中华茶文化就有 2000 年以上的历史。日本、韩国等较早饮茶的东亚国家，其饮茶史和成熟的茶文化史，比中国晚了近 1000 年，而英国、俄罗斯等欧洲国家饮茶是近 300 年的事情，更多国家饮茶是近一两百年的事情。

茶作为一种取之自然、健康安全的饮料，受到各个国家的欢迎。在唐代以前，我国就有向西南地区传播茶叶的记载。在唐代，茶叶传入吐蕃，主要得益于与中原的交流与往来。宋朝在川、陕等地设置茶马司，与吐蕃等少数民族开展大规模的茶马贸易，互通有无，内地的茶叶、布匹、丝绸、糖盐，藏区的虫草、麝香、贝母、羊毛、黄金等是彼此交换的货品。在贸易过程中，无数的商旅、驼队、马帮、背夫为了运送货物，披荆斩棘，开拓出了一组青藏高原和内地交通的道路，这条道路被后代学者统称为“茶马古道”。在明代，形成了三条茶马古道，一是陕甘路线，二是康藏路线，三是滇藏路线。除了这三条核心线路外，茶马古道还有很多支线和辅线。可以说，茶马古道在促进民族融合、巩固国防安全、促进中华文明的传播等方面都发挥了重要作用。茶是中国对世界的一大贡献。茶与各个国家的文化特色相适应，融入异国的文化之中，形成了各具特色的茶文化。如日本的茶道、英国的下午茶、俄罗斯的茶炊、美国的冰茶、泰国的腌茶文化等等，这些交流互动，一方面扩大了中华茶文化的世界影响力，另一方面又丰富了茶文化的形式和样态，共同构成了世界茶文化的大观园。

该书作为大学教材有几个方面的创新：一是以脚注的形式，注出了一些必知的文献和出处，为学生深入研究提供了便捷的索引和指南；二是课后练习设置了全新的模块，激励学生走出课堂，在茶文化现场感受茶的魅力和生机；三是在遴选教材作者方面兼顾了基础研究的学者和从事茶文化实践的专家，二者相得益彰，避免了片面或不足；四是阐释了中华茶文化精神，即蕴含的精行俭德、致清导和、韵高致静、茶禅一味、诚敬以礼等方面的理念，挖掘了茶文化的丰富内涵，提升了茶文化的品位和境界，可以陶冶人的道德情操，以茶为题材，可以从事多种形式的文学艺术创作，茶可以入诗歌、入散文、入书法、入绘画、入舞蹈、入戏曲，等等，如唐代著名诗人李白、杜甫、白居易、刘禹锡、柳宗元、韦应物、孟郊、杜牧、李商隐等都写有茶诗，宋代大诗人陆游的涉茶诗篇有 300 多首；五是帮助学生和读者增强茶叶对外传播的认识，积极弘扬中华茶文化，我国的茶文化与陶瓷文化、丝绸文化一道，是中国古代文化的“三大件”，给人类提供美好的物质与精神享受。

1886 年以前，中国是世界上第一大茶叶出口国，各国消费的茶叶主要是中国供应的，后来印度、锡兰（今斯里兰卡）、日本、肯尼亚等新型产茶国相继崛起，分占了世界茶文化市场。我国改革开放后，茶产业得到加速度发展，目前中国已经是世界上茶叶种植面积最大的国家，也是产量最高的国家。我们要争取更多的茶叶出口，让中国茶文化助力人类文明的发展。20 世纪 90 年代以来，全国各地举办了大大小小、五彩缤纷的茶文化节，成为社会经济文化生活中的一个新亮点，为提倡茶饮，发展茶文化，促进茶经济发展，出力不少。2004 年，中国国际茶文化研究会刘枫会长在全国政协十届二次会议提交了“茶为国饮”提案。2007 年，骆少君委员再次在全国政协会议提交了相同的提案，并提议将茶文化列为中小学必修课内容。以茶为国饮，既是对中华几千年茶文化历史的尊重与继承，也是解决大众健康、茶业发展、“三农”问题等问题的一个新思路。

2018 年 9 月，联合国粮食及农业组织商品事务委员会第 72 届会议上，中国代表团提出的关于设立“国际饮茶日”的提案得到各成员国的支持，会议决定将提案提交联合国粮食及农业组织大会审理。2019 年 11 月 27 日，联合国大会宣布将每年 5 月 21 日设为“国际茶日”，以赞美茶叶的经济、文化和社会价值，促进全球农业的可持续发展。由此可见，中华茶文化的影响力已经扩展到全球范围。习近平曾对外国客人说：“茶字拆开，就是人在草木间。”这一妙解，道出了中华文化中“道法自然”的真谛。中国是茶的发源地，从古代丝绸之路、茶马古道、茶船古道，到今天的丝绸之路经济带、21 世纪海上丝绸之路，茶穿越历史，跨越国界，深受世界各国人民的喜爱。

该书还论述了茶饮的营养价值和保健作用。茶是理想的天然保健食品，既可以为人体提供营养和水分，又有很明确的保健功效，这正是茶之魅力所在。经现代科学技术化验分析，发现茶叶中含对人体有益的营养成分和矿物质元素 700 余种。饮茶能补充多种维生素、蛋白质和氨基酸、矿物质元素。茶的药理作用也为人们熟知，饮茶有助于延缓衰老、抑制心血管疾病、降血压降血糖、消炎杀菌、利尿通便、醒脑提神、护齿明目、防癌抗癌等。如何饮茶作为茶文化的内容，当然也有讲究，书中介绍了科学的饮茶方法以及如何品茶。

该书说得好：品茶可以让人释放性灵，寻得生命的美好体验，在“致清导和”“韵高致静”中放下思虑，放下纠结，走出喧哗，小憩灵魂，静心自悟，让袅袅茶烟和幽幽茶香将品茶者带入精神境界的精妙。总之，该书把一个人们日常所用的平凡之物“茶”，写得栩栩如生，多姿多彩，有滋有味，妙不可言，仿佛能从书中闻到茶香，尝到甘甜，醒目提神，乃至爱茶之情油然倍增，观茶眼界随之扩大……

（原载湖北省社会科学院《社会科学动态》2022 年第 1 期）

“中华思想通史”的灵魂和总纲

——《中华思想通史绪论》评介

最近中国社会科学出版社和南开大学出版社联合出版了《中华思想通史绪论》（75 万字，2020 年 11 月第一版），该书由王伟光主编。“中华思想通史”项目是中国社会科学院于 2014 年立项的重大创新工程，后来又被纳入国家社会科学基金重大委托项目。该项目由时任中国社会科学院院长、党组书记、学部主席团主席、学部委员王伟光任总主编，张海鹏、耿云志、方克立、李景源等学部委员为顾问，王震中、魏道儒、刘跃进等多名学部委员和多名学科带头人担纲，组成了一个以社科院专家为主的团队，旨在通过研究编撰《中华思想通史》，构建中华思想史当代中国马克思主义学派，全面揭示中华民族 5000 多年的思想变迁历程和丰富内容，展现支撑中华民族生生不息、奋发图强的思想源泉、精神动力和道德遵循，为中华民族伟大复兴作出无愧于历史和时代的思想贡献。

《中华思想通史绪论》是“中华思想通史”项目的灵魂和总纲，明确了编撰《中华思想通史》的任务和意义、指导思想和基本原则，阐明了中华思想史的学科定位和学术特色，对于中国社会形态演进历史与发展道路进行了概要论述，扼要梳理了中华思想形成、演变和发展的历史线索，提炼出中华优秀传统思想“一以贯之”的精神基因。

以党的十八大召开为标志，中国特色社会主义进入新时代。新时代呼唤中国历史、中华思想史的创新研究。中国共产党历来重视对中华民族优秀传统思想文化的传承和弘扬，从毛泽东到习近平，历代领导人都表达了鲜明的立场和原则。毛泽东说：“学习我们的历史遗产，用马克思主义的方法给以批判的总结，是我们学习的另一任务。我们这个民族有数千年的历史，有它的特点，有它的许多珍贵品。对于这些，我们还是小学生。今天的中国是历史的中国的一个发展；我们是马克思主义的历史主义者，我们不应当割断历史。从孔夫子到孙中山，我们应当给以总结，承继这一份珍贵的遗产。这对于指导当前的伟大的运动，是有重要的帮助的。”习近平指出：“要加强对中华民族优秀传统文化的发掘和阐发，使中华民族最基本的文化基因同当代中国文化相适应、同现代社会相协调，把跨越时空、超越国界、富有永恒魅力、具有当代价值的文化精神弘扬起来，激活其内在的强大生命力，让中华文化同各国人民创造的多彩文化一道，为人类提供正确精神指引。”毛主席和习近平总书记对中华优秀传统思想文化价值的充分肯定，为专家学者研究编撰中华思想史提供了理论指南。我们是在新时代背景下从事中华思想史的研究编撰工作，具有优越的条件，同时肩负时代与历史的使命。

《绪论》指出了编撰《中华思想通史》的任务：集成中华思想的丰富资源，辨析中华思想的精华与糟粕，探寻中华思想的进程与规律，弘扬中华思想的优良传统，促进中华思想的当代创新。最终成果主要是出版多卷本《中华思想通史》、多卷本《中华思想通史资料长编》和《中国社会形态史》等论著。而编撰《中华思想通史》的意义在于：厚植中华民族伟大复兴中国梦的理论滋养，发掘远大理想和共同理想的思想基因，凝聚中华民族发展进步的思想共识，筑牢中华民族的价值观基础，丰富中国化马克思主义的思想要素，扩大中华优秀思想的国内引领力和国际影响力。

从《绪论》中可看出，“中华思想通史”项目有很多创新点、亮点，值得介绍。

第一点，编撰《中华思想通史》的指导思想。站在人民的立场上，考察思想史，辨析精华与糟粕。运用唯物史观的基本原理和基本观点指导思想史研究，包括用社会存在决定社会意识的根本原理阐明思想变化的社会根源，用经济基础决定上层建筑的基本原理揭示思想背后的经济原因，用生产的观点考察思想与社会的互动关系，用群众的观点揭示思想形成及发展的社会基础，用阶级的观点考察阶级社会的思想观念。综合运用唯物史观的基本方法，做到经济分析法、阶级分析法和利益分析法相统一，从而保证该书的学术性、客观性和科学性。

第二点，编撰《中华思想通史》的基本原则。以社会史为基础研究思想史，以主流意识形态为思想史发展线索，注重挖掘和体现人民的思想史，以开阔的国际视野观察思想史，遵循历史与逻辑相统一的原则，追求史料研究与理论阐释相结合。该书强调思想史的研究应抓住时代主题所展开的思想内容作为主线。每一时代都有自己的主题，每一时代思想家及历史人物从他们所代表的阶级、阶层或政治集团的利益出发，围绕这一时代主题所提出的各种思想观念和主张以及由此引起的争论甚至斗争，就是我们思想史研究的主要对象。这样可以同政治史、哲学史、文化史等区别开来，体现思想史的本质和学科特色。

第三点，集成和会通。《中华思想通史》是新时代的思想史研究，无论从时间断限上还是从思想脉络上，都要做到贯通古今，上起远古，下迄当今，力图在承继各类中国思想史著作精华的基础上有所创新、有所超越。首先是集大成。以历史学方面的思想史成果为主，兼采哲学、经济学、文学、法学、宗教学等众多的思想史成果；以当代学界的思想史成果为主，兼采古代、近代思想史成果之精华；以本土思想史成果为主，兼采海外的思想史成果。其次是通古今。力争做到时间和空间上的贯通。时间上的贯通就是直通、纵通，空间上的贯通就是旁通。旁通就是既有汉族思想，也包括少数民族思想；既有中原核心区域的思想，也包括周边地区的思想；既有中国大陆的思想，也包括港澳台的思想。力争做到横通，即横向的贯通。就是将思想史与哲学史、政治史、经济史、宗教史、艺术史、科技史等专题思想史贯通起来。再次是会通。即揭示各时期思想文化之间的联系、各时期思想发展的内在规律，进而发掘中华思想创新发展的深层原因，找出中外优秀传统思想的交融性，认识各时代思想的上下层之间的贯通性。如宋代朱熹所撰《家礼》中的思想，向上提升为理学，成为官方意识形态，向下则变成了民众家族规范和百姓日常行为准则。最后是人民性。既重视学问家、思想家、理论家、政治家等重要历史人物的思想成果研究，又格外重视人民思想史研究，把二者结合好。注重搜集民间思想的原材料，分析其中的社会思潮、文化倾向、情感诉求和价值取向。站在人民的立场上，以人民为中心，把是否有利于社会历史进步、是否有利于社会生产力发展、是否有利于中华民族融合统一、是否有利于民众福祉作为判断标准。

第四点，提炼出中华民族传统思想“一以贯之”的精神基因。例如，“自强不息”的奋斗精神，“厚德载物”的道德修养，“天下兴亡，匹夫有责”的爱国主义，“苟日新、日日新、又日新”的创新精神，“小康”“大同”“天下为公”的社会理想，“和而不同”的处世之道，“民惟邦本、强国富民”的民本思想，“道法自然、天人合一”的自然生态理论，“四海一家、天下为一”的“大一统”政治理念，德法相辅的治国方略，“知行合一、躬行实践”的实干观，“实事求是”的求真精神和思想方法，等等。

第五点，目标高远，扎实推进。“中华思想通史”项目的学术目标，一是“出精品”，创作中华思想史研究的精品力作；二是“建队伍”，培养中华思想史研究的马克思主义学术理论队伍；三是“立学派”，梳理中华思想史研究的学术流派；四是“推发展”，推动中国特色哲学社会科学的繁荣发展。经过几年的努力，到目前已完成多卷本《中华思想通史资料长编》电子版的整理，已出版著作《中华思想通史绪论》（上、下册）、《中国社会形态史纲》，已完成《中华思想通史》各编各卷详细写作提纲的修订，作者们正在奋力笔耕，争取按期完成任务。

习近平总书记指出：“人类社会每一次重大跃进，人类文明每一次重大发展，都离不开哲学社会科学的知识变革和思想先导。”“这是一个需要理论而且一定能够产生理论的时代，这是一个需要思想而且一定能够产生思想的时代。”我们期待《中华思想通史》早日问世，把中华思想史中的精华梳理挖掘出来，做到创造性转化、创新性发展，服务当代，传之后世，为中华民族的伟大复兴，为人类文明的进步，作出新的贡献。

（原载《中华读书报》2021 年 3 月 3 日第 10 版，《新华文摘》2021 年第 11 期转载）

为大众而写，为大众所用

——读《新大众哲学（简明本）》

上个世纪 30 年代出版的《大众哲学》，影响之大，如雷贯耳，青史留名，可圈可点。据说，蒋介石退到台湾后，在理论总结方面多次提到，我不是败给中共的军队，而是败给艾思奇先生的《大众哲学》。他要求部下包括他的孩子好好研读《大众哲学》。蒋介石的话从一个侧面证明了马克思主义哲学的威力。2014 年 9 月，在《大众哲学》发表 80 周年之际，人民出版社、中国社会科学出版社联合出版了中国社会科学院王伟光院长主编的《新大众哲学》。该书为 7 卷本，80 多万字，以当年"大众哲学"的方式对现实作出世界观方法论的解答，契合了时代的新需要、人民的新期待、党和国家的新要求。该书出版 3 年来，深受欢迎，颇多好评。为进一步方便广大读者学习，2017 年 11 月，人民出版社推出了王伟光院长主编浓缩的《新大众哲学（简明本）》，全书 30 万字，简明扼要，亮点纷呈。

该书分总论、唯物论、辩证法、认识论、历史观等五篇，围绕时代问题展开哲学诠释，力求将重大理论与现实问题提升到马克思主义哲学世界观与方法论的高度加以分析与阐明，在回答重大理论与现实问题的过程中，努力推进马克思主义哲学的时代化、中国化和大众化。这是历史赋予哲学义不容辞的责任，也是《新大众哲学》自觉肩负的时代使命和奋力实现的目标。该书积极回应当代国内外流行的各种哲学社会思潮，剖析我们在新时期面临的新任务、新问题、新挑战，再次向世人证明马克思主义哲学今天仍然是人民群众解释世界、改造世界、追寻幸福的强有力的理论武器。

在表述方式上，该书避免纯粹的抽象思辨和老旧教科书式的照本宣科，力求适应大众的阅读心理，让马克思主义哲学“讲中国老百姓的话”，追求通俗易懂、生动活泼、简洁明快。该书有个特点，在大多章节的前面，往往有一个故事做引子，如“信息论”这一章里，有“情报拯救了以色列”“蜻蜓低飞与天要下雨”“没有驾照的人也可以开车了”等故事，在“照辩证法办事”一章里，有“怎样练就‘火眼金睛’？”“杂交水稻之父袁隆平的成功”“蝴蝶效应与彩票中奖”等故事。这些故事娓娓道来，引人入胜，使人从饶有趣味的故事里学习哲理，得到启发，受到熏陶，使文论表达贴近群众、贴近生活、贴近实际，使高深的学理返璞归真，为群众掌握，引导群众开拓前进，使我们中华民族尽快完成从“富起来”到“强起来”的历史转变，实现民族复兴的“中国梦”。

习近平总书记高度重视人民利益，“四个全面”战略布局要求到建党100周年时全面建成小康社会，要不断改善民生，使人民群众有较多的获得感、幸福感。习总书记为什么这样重视人民利益呢？该书在利益分析法这一章里表达了独到的见解，认为“一切从人民的利益出发，是马克思主义利益观的基本点”。民生就是人民的生存权、生活权、幸福权，是人民追求美好幸福生活的需求，是人民的根本利益之所在。“人民的利益高于一切，民生重于一切。如果顺应人民的利益，重视民生，那么便会推动历史的进步；如果与人民的利益背道而驰，无视民生，那么人民便会维护自己的利益，同违背人民利益的行为作斗争。”民生要求与历史发展的必然性相一致，能否代表人民的根本利益，得到人民的拥护，是国家兴衰成败的关键。要把人民的利益、愿望、要求作为党和国家制定路线、方针、政策的出发点和落脚点。我们的各级干部对此要有清醒的认识和自觉的行动。

关于历史的必然性与人的选择性，该书也有精彩的论析。指出：历史过程就是社会历史的客观规律的作用和人的主体活动的统一，是客观必然性与主体能动性、辩证决定与主体选择的统一。我们不仅要承认人类社会发展的历史决定性，还要看到人的历史选择性。既要尊重客观规律，顺应历史潮流，又要充分发挥人的认识、选择、创造能力，在多种多样的可能性空间，选择符合历史发展规律、符合人民根本利益的发展道路。明白了以上道理，就不难理解习总书记在党的十九大报告中的断言："历史只会眷顾坚定者、奋进者、搏击者，而不会等待犹豫者、懈怠者、畏难者。"中国的崛起是历史的必然，但我们不能坐等这个"必然"，我们需要选择走中国特色社会主义道路，团结在以习近平同志为核心的党中央周围，学好习近平新时代中国特色社会主义思想，学好马克思主义哲学，万众一心，勇于担当，积极作为，埋头苦干，方能把民族复兴的"中国梦"变成美丽的现实。这是《新大众哲学（简明本）》给读者的一个重要启示。

（原载中国社会科学院《社科党建》2014 年第 5 期）

民俗语言学研究的新进展

——《汉语历代隐语汇释》

古往今来，许多传统行业的技艺大都是口耳相传。由于这些技艺关系着世代的生计利害，人们甚至立下了“传男不传女”的不成文规矩，并且大都是用当行隐语行话传承。如粤剧、昆曲和相声等众多的传统戏剧曲艺群体的隐语行话，以及吉林采参业的隐语行话，湖北木瓦工的隐语行话，浙江龙泉、庆元等地“菇民”中流行的“菇山话”，福建永安豆腐行业的隐语行话，山西理发行业的隐语行话，河北乐亭皮影艺人的隐语行话，至今仍在应用的金华锡匠炼锡配方的隐秘“锡语”，吴桥杂技走踅卖艺的隐语行话，乃至当今各地古董古玩业的隐语行话，可谓五光十色，各有千秋。隐语行话是这些行业技艺乃至绝技传承的重要工具和基本的信息载体。例如，宋代蹴鞠兴盛，至今留有一部辑录了130多条当时蹴鞠行当隐语行话的《蹴鞠谱·圆社锦语》。至当代，宋代的这些蹴鞠隐语虽然已不在足球运动员和球迷中继续流行，但它业已成为一种重要的“语言化石”，是中国为世界足球运动发源地的有力佐证。

鉴于汉语隐语行话的称谓用语芜杂不雅，需要先使其摆脱社会偏见和误解，还其作为不可多得的民俗语言珍稀文化遗产的本原品性。曲彦斌先生通过系统研究，建议使用“锦语”作为“隐语行话”的别号雅称，以期有益于这种语言文化遗产的发掘、保护乃至科学地开发利用。

相对于地域方言，民间秘密语是一种社会语言变体。作为亚文化群体使用的一种语言代码，民间秘密语反映了非主流的文化现象，与特定的民俗现象关系密切，是一个值得探讨而又有趣的重要分支领域，可作为一个特殊的窗口观察多层面的社会历史文化。教育部、国家语委发布的《中国语言生活状况报告（2009）》第二部分“专题篇”的研究报告《社会生活中的民间隐语》显示，在现实社会生活中，隐语行话在众多社会群体的语言中仍然活跃，不可忽视。

作为民俗语言学领域的最新成果，研究出版社 2020 年 9 月出版的国家出版基金项目《汉语历代隐语汇释》（曲彦斌编著，165 万字）甫一问世，即荣登中国出版集团 2020 年第五期“中版好书榜”，随即又进入了“长安街读书会”推荐的新书单目录。该著作能获如此关注，至少有三个方面的原因。

第一，该书是本领域学术史上继《全国各界切口大词典》《中国隐语行话大辞典》《中国秘密语大辞典》等之后，首部以今存相关珍稀文献文本互释形式编纂的专门辞书兼文献汇辑，是这一学科迈向新里程的基石。该书从已知见的历代百余种汉语隐语行话文献中选辑约 30 种，分列 2 万多个条目，将所选文献的相关内容归集于各个条目之后，分条汇辑互释，使用方便。

第二，该书辑释的众多行业的隐语行话语料，是处于社会深层结构的“语言化石”，可资探析古今下层社会文化秘事，还原诸多社会生活历史记忆的现场情境，因此学者能以此探查社会文化史微观场景中的民俗语言景观。在此意义上，尤其显见本书选用文本的珍稀价值。作者提到，一部晚清坊间印行的《新刻江湖切要》，因存世甚少，就连几十年前的蓝晒本，在一些著名图书馆也早已被列入特藏。作为一部中国历史上稀见的、堪称汉语隐语行话典籍的著作，其命运犹且如此，那些后世陆续发掘出的一些行业内部隐语传抄本，其情况更加堪忧：因不识、误读等原因，这些珍贵资料正在陆续消亡。忽略这类反映历史文化深层结构的“语言化石”，探析、认知以往社会文化历程轨迹就会缺少有力的佐证，不能不说是一种遗憾。

第三，该书集学术性、知识性、资料性和工具性于一体，内容丰富、翔实，是阅读有关历史文献和宋元明清以来通俗文艺作品、解读有关词语的重要参考书，具有较高的学术价值和实用性。正如作者在书后小跋所言，该书具有“类义性专门工具书功能，是一部供汉语隐语行话学术研究参考的文献资料专题选集，一部供学术研究参考的比较冷僻的专题学术文献类编，一次对历史上有关文献的初步集中梳理与保存”，是迄今最为翔实、集大成的汉语隐语行话语料库，是一部至为独特厚重的社会记忆档案。该书还可为语言学、民俗学、文学艺术、社会学、文化学、历史学及公安司法等相关领域有关问题的析疑解惑，提供重要参考。

（原载《中国社会科学报》2021 年 1 月 5 日，第 3 版）

别致、补缺的《“商中之商”：中国经纪人史》

以牙商为中介，是中国传统商业制度的核心环节，也是颇具中国传统特色的社会经济制度。在中国商业史乃至经济发展史上，这是个具有重要作用的制度。从古老的集市贸易到现代集约化、规模化或专业化的商品大市场，都离不开经纪人这种中间商的经营活动。而且，社会越发达、市场经济越活跃，经纪人的作用就越重要。因此可以说，“无处不有市，凡市皆有牙”。

“经纪人”，在市场活动中属于以居间服务谋取利益的中间商。古今中外居间经纪人行业的发展轨迹显示，诸行百业的经营活动，几乎皆需经纪人居间服务，这是市场经济秩序不可或缺的一个中介环节，中间商人是一大商业行当，因而可谓之“商中之商”。曲彦斌新著《“商中之商”：中国经纪人史》（与曲哲合著）对经纪人的历史进行了梳理研究。

我国改革开放近40年来，各行各业各种门类的经纪人林林总总，十分活跃，成为各个行业繁荣发达的重要标志。但是，中国的经纪人并非“舶来品”，而是有着3000多年的悠久历史。在《“商中之商”：中国经纪人史》一书中，作者曲彦斌用五十几个字为读者概括了中国经纪人行业的历史发展轨迹，这就是：“周秦质人汉邸舍，晋侩黑白履市廛；隋唐牙郎本互郎，立行滥觞宋金元；明清两季新常态，买办兴自行十三；改革开放重登场，洗却铅华焕新颜。”通过对史料抉隐发微的爬梳、分析，认为中国居间经纪人行业发生发展的基本规律有三条。

第一，同是牙商，因行有别。也就是说，总体上居间经纪人同为牙商一行，但因所服务的行业对象不同而有别。第二，行业枯荣始终伴随市场经济发展曲线共进退。市场的需求，决定着其行业的生灭荣枯。以牛马为主要生产、交通工具乃至重要军事装备的时代，形成了以驵侩为代表的居间经纪人，并以“驵侩”约定俗成为行业和从业者的通用代称。唐宋以来，随着社会职事分工和商品经济繁荣所带来的行业分工的逐渐专业化，居间经纪人的行业分工也相应地分明细化，几乎各种商业行当都出现了专业的经纪人。清末民初，伴随着广州、上海等地的外贸逐渐发达，掮客、买办亦空前活跃乃至形成“官僚买办资产阶级”。第三、由于众多的行业差别，在经纪人行业文化史上没有形成大一统的牙商通用的行业共同习俗。

1990 年，曲彦斌一部不足 20 万字的小书《中国乞丐史》出版，即刻在海内外引起了较大关注，被誉为“一本补缺的书，一本别致的书，一本颇富价值的书……有益于对整个社会文化作全面而深入的把握”①。从《中国乞丐史》《中国典当史》直到《“商中之商”：中国经纪人史》，作者一直在探求社会史的研究方法，尝试如何做到既科学严肃坚守学术意义和本色，而又略有文采，不失于戏说，令读者爱读的路径、写法。该书是作者一次新的探求与实践。

不同于时下一些“戏说历史”著作的是，该书在坚守严肃学术本色的同时，讲究谋篇布局和文采。特别在书名和章节题名设计上，力求生动活泼。例如：《商业舞台上的二传手——经纪人概说》《滥觞与勃兴：中国经纪人行业流变轨迹踪痕例话》《中国历代曾经的著名牙商故实考略》《“雅市”之“雅侩”：中国古代书画市场的经纪人》《回看市井中，昂昂坐牙侩——中国经纪人史诗话》。在《中国历代曾经的著名牙商故实考略》一章中，记述了中国历史

① 江曾培：《开拓补缺，亦庄亦谐——读〈中国乞丐史〉》，《文汇读书周报》1990 年 7 月 21 日。

上 3 种类型 10 位与“驵侩”职业有关的人物。一是以驵侩为生计职业并因此而闻名于世的，如名垂青史的“相马”名家伯乐、九方皋，三国时长安的布衣市侩刘仲始；二是曾经出身于驵侩职业但并非因此职业而是因其他事迹而闻名于世的，如出身于“晋国之大驵”的著名政治家段干木，“种玉得妻拜大夫”的牙侩杨雍伯，“驵侩、无行、善盗”的乱世枭雄王君廓，曾经同为“互市牙郎”的逆臣安禄山与叛将史思明，元朝的掘墓人“盐场纲司牙侩”张士诚；三是由于变故或人生际遇失意后以驵侩职业为生计闻名于世的，如避世墙东“侩牛自隐”的王君公，“亡命至渔阳以贩马自业”的汉将军吴子颜，卓有建树的启蒙思想家唐甄晚年因生计而成了失败的牙商，等等。诸人何以如此？首先在于此乃一种谋生的古老社会职业，其次则是各位的人生际遇使然。他们或以自己的勤勉执着获得世人首肯而名垂青史，或是创造了令世人瞩目的事迹而闻名于世。因此，历代驵侩不乏高人奇士。作者还借鉴了“以诗证史”的诠释方法，亦即以诗为史料来补证史乘，将中国经纪人史从“正史”的视野扩展到“艺文”文本，同样也为这部专题史增添了几分轻松与别致。

作者在序言中对自己研究和书写实践的“套路”进行了总结，即：“抉隐发微，正本清源；俗事探雅，雅题俗做；点面交集，立体通观；关注现实，辨风正俗；民俗语言，别有天地。”这样做的结果，使曲彦斌取得了社会学研究的一系列成果，形成了自己的社会学研究风格。

（原载《中华读书报》2018 年 2 月 14 日，第 13 版）

高擎文化自信旗帜，做研究与传播优秀文化的尖兵

——对《文化学刊》的新年祝愿

《文化学刊》于2006年创刊，是辽宁省社会科学院主管主办、国内外公开发行的综合性文化学术期刊，是经原国家新闻出版广电总局认定的辽宁省首批A类学术期刊，也是全国唯一一份快节奏、大容量的文化期刊。开始时是双月刊，后来改为月刊。由于本人爱好文化研究，写过几篇研究文化的文章，加之在编辑战线工作，所以从该刊创刊伊始，我就成为赠阅的对象。每期刊物收到后，总要翻一翻，发现自己喜欢的好文章，就要剪裁下来留用。10年来，我从《文化学刊》上剪裁下来的文章已有厚厚一大摞了。

在我的印象中，《文化学刊》10年来，始终坚持正确的政治方向和舆论导向，严格遵守国家关于新闻出版的政策及规定，不断强化刊物的定位和特色，按期出版，没有出现缺期的现象，也很少有拖期的现象，陆续发表了一大批有分量有影响的文章，在广大读者和学界中，口碑甚佳，可以说是一份在全国有特色有影响的学术期刊。

我同该刊社长、总编及责任编辑常有联系，从编辑部了解到以下三个方面的信息。

一是短短几年就在海内外学界赢得了“文化学刊，出手不凡”之类的声誉。

该刊的海外电子版订户，已有 200 多户，在中国人民大学人大书报资料中心、《新华文摘》、《中国社会科学文摘》等杂志的转载量，以及在中国知网的点击下载量持续上升。

二是坚持积极办刊方针，通过主动策划重点选题、主办特色专题学术会议以及委托组稿等方式和路径，从办刊主旨、办刊理念和办刊方略三个方面，确立了积极办刊的“三个一”方针。具体地说，那就是：以“继承弘扬传统优秀文化，探索导引现代先进文化，构建和谐人文社会”为办刊主旨，以“创新、求是、争鸣、前沿”为办刊理念，以“瞩目学术前沿创新使学界瞩目，因关注重大理论问题让社会关注”为办刊方略。

记得 2008 年“5・12”四川汶川特大地震发生后，《文化学刊》的《文化视点》专栏，在全国同类学术刊物中率先组织了以“灾难文化与人文关怀”为专题的 5 篇学术文章，带头表达了“自然灾害研究的人文社会科学探索视点”和“人文社会科学应对自然灾害的学术职责”，在社会上产生了巨大反响，其中有的文章在中国知网被下载 300 多次。新华社及时予以报道并配发了本刊的头题论文，《辽宁日报》为此发表了专题访谈。

“马克思主义中国化”是新时期学术界的热门话题，《文化学刊》因势利导，积极策划了“马克思主义中国化”的系列文章，为在此领域颇有建树的学者开辟了专栏，如周树智教授等；2010 年第 6 期的《文化视点》专栏，专门为著名马克思主义哲学家黄楠森先生设置，发表了一组颇有深度的马克思主义中国化的讨论文章。2011 年，《文化学刊》先后策划、组织了诸如“世界一流大学建设的战略性思考”“区域性文化史如何写”“应加强马克思主义哲学之于文化的研究”“弘扬优秀典当文化，更新优化经营理念”等广受关注的焦点话题。2013 年第 4 期《文化视点》专栏就“学术与文采”专题开展讨论，集中发表了一组 8 篇论文，影响很大。我十分赞同该刊总编辑曲彦斌先生的观点：“现代科学规范框架下的学术论文、学术著作，尤其是人文社会科学著作，不仅要崇尚‘格式’，更要重视‘文采’。”

2010 年，《文化学刊》受辽宁省委宣传部委托组织了关于“社会主义核心价值观”的专题研究，并联名举办了“建设社会主义核心价值体系”学术研讨会。辽宁省有关专家都积极参与了此科研项目，阐述了各自的观点，推进了该项研究。

《文化学刊》作为发起人，相继主办或合办了典当业史上的“首届世界典当论坛——国际典当学术研讨会”、“语言与民俗”第三届国际学术研讨会、“中国现实语言生活中的隐语行话研究学术研讨会”，等等。这些学术活动，在积极推进该学术领域学术研究的同时，也有效地精选了一批批精品学术论文，给刊物带来了一定的品牌效应。

为著名学者开辟专栏也是一个成功的做法。例如从 2014 年起至今，每年都为著名的长寿文化学者、今年已届 111 岁的周有光先生开设庆生专题栏目，参与相关会议，同时向资深学者约稿。既扩大了重点作者的队伍，又开掘了重点选题的资源，还扩大了刊物的影响。《文化学刊》最近刊发的中国军事医学科学院前院长秦伯益的稿子，就是在他参与周有光先生祝寿学术活动中，总编辑得以结识秦院长并成功组来了稿件。

由于具有鲜明的个性特点和风格，《文化学刊》从创刊的第三年起就年年被邀请参加“全国综合性人文社会科学期刊高端论坛”，这个论坛最初仅有 40 多家影响较大的刊物参加，门槛蛮高的。在 2015 年举行的高端论坛上，会议材料印发了《文化学刊》编辑部提交的办刊经验体会文章，其中进一步完善《中国人文社会科学期刊综合评价指标体系》的建议引起了与会代表的重视。

在保持《文化视点》《大学文化》《学林人物》等品牌栏目的同时，该刊又开始试办《文化观察与批评》栏目，直接关注当下的社会文化问题。

三是在 2014 年国家采用“中国人文社会科学综合评价指标体系”的考评中，新刊物《文化学刊》从全国数十家同类老刊物中脱颖而出，被评定为“中国人文社会科学综合评价 AMI”的扩展期刊，获颁嘉奖证书。

该刊弘扬实事求是的学风，注重正本清源。例如《探索与争鸣》栏目刊发的《误释和以讹传讹酿就的一个中国新闻传播史伪命题——“消息子”与南宋小报“记者的职业化”风马牛不相及》等两篇专题论文，以翔实的考证纠正了中国新闻传播史上的一个长期流传的伪命题，新华社为此作了专题报道。

该刊弘扬主旋律，敢于批评错误思潮。针对学界和社会上新一波贬损、亵渎鲁迅的思潮动向，该刊《文化视点》栏目以“科学诠释鲁迅乃民族大义”为主题，集中编发了《贬损、亵渎鲁迅：中国当下某些“知识分子”的“新常态”》《卮议“五个鲁迅”》和《鲁迅：说不尽的话题》三篇长篇论文，主张“科学诠释鲁迅”，提出捍卫作为“旗帜和民族魂”的鲁迅就是捍卫民族大义。鲁迅可以评论，甚至可以批评，但不可放弃继承、弘扬鲁迅所代表的民族智慧、民族正义与民族精神；不可容忍把污损、诽谤“旗手与民族魂”当成一种“时尚”，必须驱散因妖魔化造成的“社会阴霾”。就此，《光明日报》采访了该刊总编辑，并在内参中予以报道，受到了上级有关方面的肯定与重视。

还有诸多重要的文章值得称道。例如，《文化关注》栏目刊发的《高校防范和抵御境外宗教渗透应处理好三个关系》《宗教对社会稳定的双重影响》《全球化与国家安全对话：爱国主义的当代语境》；围绕弘扬核心价值观刊发的《新乡贤在培育社会主义核心价值观中载体作用探究》；《马克思主义中国化》专栏刊发的《从动态的角度理解马克思主义中国化的历史起点》《协商民主的重点是在基层群众中开展协商——学习习近平总书记大力发展基层协商民主的思想》等一系列论文，都切实体现着创新、前沿、厚重、视点独特、独具匠心的原则和一以贯之的“以瞩目学术前沿创新使学界瞩目，因关注重大理论问题让社会关注”办刊方针，从而独树一帜，引领思潮。

由于上述原因，该刊几乎每年都受到新华社、《光明日报》、《中国社会科学报》等社会主流媒体的关注和报道，产生了良好的社会影响。

写作此文之际，我重新阅读了《文化学刊》创刊的发刊词，总体感觉该刊将近 10 年的办刊实践，是努力按照发刊词提出的“三个一”方针进行的。该刊以文史为主，古今并重；以自己的独特视点，关注社会，思考人生；努力追求创新、求是、争鸣、前沿，发表高品质学术成果，搭建自由、平等的交流平台，为发现和扶持学术新人创造机会、提供园地，积极参与到当代中国乃至世界的文化对话中去。

曹雪芹自述《红楼梦》的写作是：“字字看来皆是血，十年辛苦不寻常。”不长年呕心沥血，孜孜以求，是写不出经典的。同样的道理，没有崇高的追求，没有使命感，没有持之以恒的长期拼搏，刊物就办不出特色，就不能出类拔萃。一个刊物的水平，取决于编辑的水平；编辑的水平，取决于总编辑的水平与追求。我所认识的该刊掌门人曲彦斌先生，既是一个学者，著述等身，也是一个有使命感的总编辑。在笔者看来，这是《文化学刊》健康发展的首要原因。

昨天的成就为今天的发展奠定了基础，今天的成就要靠新的努力。诚愿全国关心文化建设的专家学者和《文化学刊》编辑部全体同仁，在以习近平同志为核心的党中央领导下，坚定道路自信、理论自信、制度自信、文化自信，尤其是《文化学刊》杂志，更要高擎文化自信的大旗，团结广大学者，继续“追求源流相续、命脉相承的特色文化，放眼世界、勇于借鉴的开放文化，以人为本、兼收并蓄的和谐文化”（参见《发刊词》），做研究与传播优秀文化的尖兵，增强软实力，为实现伟大的中国梦作出自己的贡献。

笔者祝愿该刊在新的岁月里，继续践行在发刊词中的期许：“《文化学刊》是文化科学的海洋中刚刚启航的一叶轻舟，一片新帆，但她会在千帆竞发中奋桨前行，簇拥着中华文化和文明走向世界，走向未来，走向人类心灵深处。”

（原载《文化学刊》2017 年第 1 期）

《鄂东历代名医传录》序

正当家乡湖北不断传来抗疫胜利信息之际，我收到了挚友南东求教授的新著《鄂东历代名医传录》清样，这不禁使我增添了新的快意。早在 2019 年 8 月他就告诉我即将完成初稿，当时我还在香港中国学术研究院工作。通过微信通话，他详细介绍了书稿内容和特点，邀请我为之作序。我是医学外行，怕写不好，但盛情难却，只好答应班门弄斧，表达我的贺忱。

回想起来，东求兄 10 多年前即与我谈到他有个愿望，要为鄂东历代名医立传。我是十分支持的，并多次鼓励。支持和鼓励的原由有以下几点。

第一，东求兄是研究医学的，自从医学专业毕业后，长期从事医古文、医学史和中医典籍教学，在医话医，是其本职。为家乡医学先贤立传，责无旁贷。功在当代，利在千秋。

第二，东求兄医古文功底深厚，学识广博，有能力驾驭这个课题。我与他高中相识成为学友后，几十年来一直保持密切往来，经常切磋文章，对我多有帮助，我熟知他无一天不看书，无一天不动笔。他既教书育人，又当学报主编和《东坡赤壁诗词》主编，治学严谨，文笔甚佳，发表了多篇（部）论文（著）和多篇文艺作品，在医学专业上是教授，在文学艺术上是省作协会员、黄冈市作协副主席，无疑有能力写好。

第三，东求兄青年时即志存高远，追求建功立业。他在高中时便自学针灸医术，先在自己身上试验，有效果后再帮同学治疗风湿疼和关节炎之类的常见病，蛮有效果。“文革”结束后他首批考取医学专业学校，如愿以偿，成天抱着那些医学古文献，一本本地啃，自得其乐。古话说“有志者事竟成”，在他身上再次得到验证。

第四，东求兄已做过这方面的课题研究，属于学校的重点项目，一个是《黄冈历代医药名人研究》，另一个是《黄冈中医药史研究》，均以“优秀”成绩结项，有所积累，为写作《鄂东历代名医传录》作了较好的准备。

第五，也是很重要的一点，社会上缺乏这类医学家传记书籍，而当今社会正需要这方面的读物。自从北宋名臣范仲淹首倡“不为良相，便为良医”之后，做良医便成为许多有志之士的理想。良相可为天下百姓谋利造福，但位置太高、太少，难以企及，而良医则可为天下百姓除病去疾，是高尚慈善的职业。近代有好几位名人，青年时也是学医的，例如孙中山、鲁迅、郭沫若等。现在人们的生活水平提高了，但大众健康还存在不少问题，亟待解决。还有许多疑难杂症未能攻克，还有不少人忍受着重病绝症的折磨，自然界还经常冒出一些新型病毒、新型传染病，难以抵御，造成人类众多伤亡与灾难。所以我们的时代需要培养大批医学专家，攻坚克难，也需要大批青少年从小树立这方面的志向。而要引导青少年树立这方面的志向，就需要这方面的读物，宣传历代医学名家的生平、事迹、成就、贡献和影响，发挥潜移默化的作用。

基于以上几点理由，这些年来我常向东求兄问及此事的进展，每次他都高兴地回答，最近又找到了一些新资料。在我印象中，他总是信心满满，我也有信心等待。

俗话说：“巧妇难为无米之炊。”写人物传记，最怕没有资料。搜集资料要占去大量功夫。中国史书历来注重记载政治家、军事家、谋略家、文学家的事迹，而对医学家的记录用墨不多。鄂东历代名医除了李时珍、庞安时、万密斋、杨际泰等几位特别有名的大家以外，其他人的资料不多，也不好找。多年来东求兄南下北上，东奔西走，凡有线索的图书馆、方志办、淘宝网，他都留意，尽可能去找。据他讲，有时打听到民间某人有本相关书籍，他便不惜高价求购。功夫不负有心人，多年积累下来，收获不小，为写书准备了必要的史料。当然，史料因人而异，多寡不均。多者固然可喜，少者也只好如此，有待将来有所增补。

最近利用宅家防疫的机会，通读《鄂东历代名医传录》清样，感觉该书有几个亮点值得重视。

第一点，该书对鄂东历代名医的事迹，收录比较齐全，上起魏晋，下至新中国成立之初，时间跨度近2000年，遴选名医279位。以黄冈市为主，扩至鄂州、大冶、阳新、黄陂、新洲等各市、县、区。

第二点，在内容排列上，按逻辑排序，影响大的居前，影响小的居后，还以影响大小，分列传、传略、录表三个部分；在同一档次里，又按生年排序，年长者居前，年次者居后，无年代者，居最后。全书分三部分，凡历史上有地位、成就杰出者，以“英杰列传”记之，计8位；凡有突出业绩且载于方志史书者，以“名医传略”记之，计70位；凡见于各志书或文人笔记中知名者，以“群医录表”记之，计201位。总计医家279位。可能还有遗漏者，作者表示继续努力，如有新发现，待将来补上。

第三点，鄂东名医甚多。享誉海内外的便有5位，如晋代王叔和，徙居黄冈麻城后，著有《脉经》，集脉学之大成；北宋庞安时，是张仲景伤寒学说研究的大家之一，有较多创见；明代临证医学大家万密斋，所著《万密斋医学全书》，涉及临证医学内外妇儿诸科，尤其专长于妇儿科，其著述大多收入《四库全书》；医药巨擘李时珍，其《本草纲目》享誉全球医学界，被誉为自然科学的百科全书；清代杨际泰，倾毕生之力，解中华生民惨遭鸦片毒害之苦，开戒毒治毒之先河。

鄂东，地处长江中下游，横跨大江南北，交通得天独厚，具有“承东启西、纵贯南北、得中独厚、通江达海”的区位优势。自然胜景与人文科学交相辉映。尤其是黄冈，依山带水，风光秀丽。大别山巍峨磅礴、巧夺天工，连绵境内数百里，其主峰天堂寨海拔1729米，集奇、险、幽于一体，堪与泰山、庐山媲美。龙感湖古称雷池，曾与鄱阳湖相连，现有水域面积2500平方公里，是全国重要的湿地保护区。长江流经该市189公里，境内六水并流，百库千湖星罗棋布。鄂东物华天宝，人民聪慧。

鄂东地区历史悠久，早在旧石器时代就有人类居住。上古帝尧时为“樊国”，夏朝时为“鄂都”，殷商时为“鄂国”，春秋战国时为楚鄂王封地，三国时孙权在此称帝，有2000多年的建制历史。这块土地孕育了中国佛教禅宗四祖道信、五祖弘忍、六祖慧能以及一大批人文科学家和自然科学家。前些年有个段子，戏说黄冈人才多，而且大多是领军人才：“说黄冈人不懂印刷，毕昇笑了；说黄冈人不懂医学，李时珍笑了；说黄冈人不懂国学，黄侃笑了；说黄冈人不懂诗词，闻一多笑了；说黄冈人不懂哲学，熊十力笑了；说黄冈人不懂评论，胡风笑了；说黄冈人不懂经济，王亚南笑了；说黄冈人不懂军事，林彪笑了；说黄冈人不懂地质，李四光笑了……”历代贤达纷至黄冈，李白、杜牧、王禹偁等先后到此吟咏出千古名篇，苏轼在此成就其文学巅峰。民众喜闻乐见的黄梅戏也是在这里发源。

正是有了历代名家的引领，治学精神的影响熏陶，鄂东大地传承了崇文重教的传统，以致恢复高考以后，黄冈中学的教育水平名列前茅，黄冈试卷成为各地高考辅导的首选教材，每年黄冈的高考成绩骄人，在国际各类中学生比赛中，斩获多枚奖牌。

第四点，该书文笔轻松活泼，许多医古文献的资料经作者转化为白话，通俗易懂，又不失原有的韵味。作者的笔端饱含情感，对名医先贤充满崇敬之情，将名医的成就与仁爱之心，传神地描绘出来，叙事流畅，娓娓道来，犹如清风拂面，令人神清气爽，怡人心智。

第五点，从鄂东医学名家的发展史来看，中医历史悠久，源远流长，为解除中国民众的痛苦、保护中国民众的健康发挥了巨大作用，中医是一门内容丰富、值得信赖的医学科学。但是，近些年来有人提出了质疑，说中医不是科学，西医才是科学。由此产生争论，双方各执一词，难分伯仲。然而，实践是检验真理的标准。就拿2019年末至2020年春的新型冠状病毒肺炎的治疗情况来看，中医发挥了重大作用。以武汉的方舱医院为例，一共收治

12000 多例轻症患者，无一人死亡，无一人转重症，全部安全出仓，做到了零死亡，原因之一就是广泛使用了中医药。据澎湃新闻报道，2020 年 3 月 14 日上午，中央指导组专家、国家中医药管理局专家组组长、中国中医科学院首席研究员、中国科学院院士仝小林向澎拜新闻介绍，截至 3 月 13 日，10 个省份 1261 例新冠肺炎患者服用中药“清肺排毒汤”后，1102 例得以治愈、29 例症状消失、71 例症状改善。其中，40 例重症患者已有 28 例出院，余下者在好转。仝小林说，服用“清肺排毒汤”的患者症状缓解都比较明显。3 月 23 日，国家中医药局党组书记余艳红表示，社会各界认为中医药发挥了重要作用，成为这次疫情防控的一大亮点。数据显示，全国新冠肺炎确诊病例中，有 74187 人使用了中医药，占 91.5%，总有效率达到了 90% 以上。现在中医药已传播到 183 个国家和地区治疗新冠肺炎，说明得到了世界的认可。毛主席曾经说过：中医药是中华民族的宝库，要认真地挖掘。这次对付新型冠状病毒肺炎疫情的实践证明了毛主席对中医药的评价。当前，我国中医药仍然存在人才不足、创新不足、发展不足，希望国家实施有力的政策，探索新道路，借助现代新科技，进一步科学化，使中医发扬光大，造福全人类。

总之，《鄂东医学名家传录》的成功撰写，凝聚了作者多年的心血和汗水，实现了一桩美好的愿望。功夫不负苦心人。相信该书的出版将丰富黄冈市地域文化，增强黄冈民众的自信心，增强黄冈青少年攀登高峰的勇气、信心和力量，同时为医学界高扬起学习的光辉榜样，为人们树立起亮丽的精神标杆。

是为序。

周溯源

2019 年 12 月构思于香港中国学术研究院

2020 年 3 月 20 日完稿于北京万寿路学思斋

“看似寻常最奇崛，成如容易却艰辛”

——品读《鄂东中医药文化系列丛书》

众所周知，身心健康是人们的幸福所系，也是责任所在。随着国民寿命的普遍延长，人们对身体保健的热情度不断增长，聚在一起的话题，常以保健养生居多，看手机时，也格外关注这方面的微信文章、音频、视频，特别受欢迎的是医学专家的讲座。这些知识和信息的传播，无疑有利于“健康中国”的建设。身心健康是广大民众的普遍追求，是人民生活幸福的重要内容，是促进人的全面发展的必然要求，是社会发展的基础条件，也是民族昌盛、国家富强的重要标志。为了帮助大家学习摄生保健知识，助力“健康中国”建设，学苑出版社最近推出了《鄂东中医药文化系列丛书》（2021 年 1 月第 1 版）。该《丛书》共七册，150 万字。笔者阅读后，觉得有几个亮点值得推介。

第一点，内容丰富，知识可信。该丛书所讲知识或来自经典文献，或来自专家的临床实践，或来自作者的研究心得，论述晓畅，通俗易懂，情理交融，给人启迪，可以说是很好的医学普及读物。例如，孔克俭著《帮你根治慢性病》，总结自己从事中医临床工作 40 余年的经验，提出根治慢性病的目标和原理，三级根治模式，将治疗慢性病的观念、行为及结果，娓娓道来，引人入胜。还有《张干庭骨伤科临证经验》，作者介绍了自己研究创造的多种新疗法，他在鄂东有“接骨神手”之誉。《李国星医话医案医论选》，讲了不少知心话，认为为医有“三要”：“一要技术精，二要收费少，三要服务好”；病家有“两要”：“一要选对医生，二要信任医生”。他的医案中既介绍成功的经验，也介绍失误的教训，体现了医学工作者坦诚负责的品格。《周子娄医案医话》，指出医案是中医学术的重要组成部分，它反映医生的学术思想及临证经验，能给其他医者和病人开拓思路，为有效治病提供借鉴与参考。历代中医名家，均有医案记录，它们是珍贵的遗产。韩进林著《鄂东五大历史名医大事年表》，搜集、整理了王叔和、庞安时、万密斋、李时珍、杨际泰等五位名医的不凡业绩、杰出医术、高尚医德，读来令人油然起敬。南东求编著的《鄂东历代名医传录》，整理了自魏晋至新中国成立之初，黄冈名医有史可查者320多位，颇为齐全、系统。作者按其医学造诣、学术贡献与历史地位，分为三个层次：英杰列传、名医传略、群医录表。可谓洋洋大观，群星璀璨。其中的列传部分，运用史料较多，每篇在3000字左右，扼要地反映了医学名家的风貌和特点。总编夏春明编著的《摄生心悟》，则别具一格。全书就如何摄生，分“典籍述录、顺天应时、饮食摄养、药物补养、情志调养、要诀名方、妙语箴言、诗歌民谚、别裁实录、野鹤杂谈”等10个章目述论，是其多年潜心学习、刻苦钻研的成果集成，读来让人饶有兴味，受益多多。例如，在“野鹤杂谈·论养说‘数’”这一节里，作者根据《内经》法则，结合古今一些名家的养生理论，将养生归纳为一组数字“一二三四五”。所谓“一”，即适应一个规律：自然规律。养生有道，这个“道”就是自然规律。讲“天人合一”，即人与自然界是一个统一的整体，天有所变，人有所应，以自然之道，养自然之身。所谓“二”，即要把握阴阳二者的平衡。人体虽然复杂，但主要在于阴阳两种能量的变化、运动，然后才有人的生、老、病、死。摄生，就是调节人体的阴与阳。《内经》提出的摄生法则，就是“法于阴阳，和于术数，饮食有节，起居有常，不妄劳作”“阴阳一调百病消”。所谓“三”，即要珍惜人生之“三宝”，就是“精、气、神”，摄生的重点在于“保精、裕气、养神”。明代医学家张景岳说：“善养生者，必保其精；精盈则气盛，气盛则神全，神全则身健，身健则病少；神气坚强，老当益壮，皆本乎精。”所谓“四”，即要顺应四季变化。一年有四季，一天也有“四季”，一天是一年的浓缩。人一天的生活节律，与一年“春、夏、秋、冬”的变化要符合，摄生要按照四时变化规律调养五脏，不可违逆。所谓“五”，即“五行”，指金、木、水、火、土五种物质及其运动规律。传统中医运用五行属性以取类比象，将五行对应人的五脏，形成一个既相生又相克的循环系统，摄生要根据五脏对应五行相生相克的关系，知其宜忌，定其取舍。这个“一二三四五”数字要诀，简明易记，便于运用。作者还主张要算好健康平衡账，注意加减平衡。人之寿限，百年之期，要让“减”的速度放慢些，就要牢记三个字“早、恒、节”。治病不如防病，防病要立足于“早”，防患于未然。保健要在“常”字上下功夫，贵在有恒。要把握好“节”字，凡事须有节制，以平常心，务实对待生活，切勿过奢、过求。

第二点，该丛书是认识了解中医的一个窗口。《丛书》总序指出：中医药作为国粹，已成为最具代表性的中国元素。它在造福人类的同时，逐渐被世界所认同。习近平主席曾指出：“中医药是中国古代科学的瑰宝，也是打开中华文明宝库的钥匙。”人们常说，中医学术和中医药是一座宝库。中医讲究系统医治、辨证施治；讲究“望闻问切”，观形察色；既治表，又治里，既治标，又治本；能治病根，能解决不少西医不能解决的难题，等等。这些论断来自事实，在人们心中形成了信念。2019 年到 2020 年，以至到现在，对席卷全球的新型冠状病毒肺炎，运用中医药成功救治的最新实践，也再次有力证明了中医药的优势。

近年来出现了一股前所未有的养生热，市面上关于养生的书刊，林林总总，让人眼花缭乱；养生方法，五花八门，使人莫衷一是。然而，我们要真正了解摄生内涵，认识摄生规律，掌握摄生要领，找到摄生途径，还是要从传统经典的中医学内寻找可信可行的答案。正如习近平总书记强调的那样：“充分发挥中医药独特优势，推进中医药现代化，推动中医药走向世界，切实把中医药这一祖先留给我们的宝贵财富继承好、发展好、利用好，在建设健康中国、实现中国梦的伟大征程中谱写新的篇章。”

这套丛书，从鄂东历代名医传录、五大历史名医大事年表、中医典籍名篇、要诀名方、妙语箴言、诗歌名谚、几位医生数十年临床医案等方面，介绍了中医的奥秘，“窥一斑而知全豹”。这样做无疑较好地宣传了中医，弘扬了中医之长，为中国人民服务，为推动中医走向世界、造福人类而尽其绵薄。

第三点，该丛书便于携带，便于捧读，便于利用零碎时间翻看。跟时下动辄大开本、大部头、又厚又重的时尚不一样，该丛书每本书 25 万字左右，32 开，体积小，重量轻，携带方便，翻看也方便。页面排版疏朗，阅读轻松。这些细节的考虑，体现了出版社为读者着想，特别是为老年读者着想的良好用心。在笔者看来，这也是该丛书的优点之一。

早在十多年前，夏春明在黄冈市卫生局负责人的位置上，就致力于学习家乡的世界名人李时珍的精神，研究和传播大众摄生保健知识，创办了《本草》杂志，推广普及中医药知识，探讨、介绍摄生知识和治病良方，憧憬编写系列丛书。这套丛书的出版，可谓“十年磨一剑”。

南东求从中年起即立志编写《鄂东历代名医传录》。他一方面在高校教书育人、做相关课题，一方面走千山万水、想千方百计、吃千辛万苦搜集资料，舍得投入，用顾炎武写《日知录》的方式，愚公移山，日积月累，久久为功。《鄂东历代名医传录》的出版，为医学界树立起了值得学习的楷模，为社会树立起了亮丽的人生标杆。

总之，《鄂东中医药文化系列丛书》的成功编写与问世，凝聚了总编和各位作者多年的心血汗水，实现了一桩美好的愿望，为治病、摄生、保健知识的园地奉献了一束鲜花，“看似寻常最奇崛，成如容易却艰辛”。祝愿该丛书充分发挥出它的社会效益！

（原载《中华读书报》2021 年 5 月 26 日，第 16 版）

民国社会生活变革的全景写照

——《民国社会生活史》评介

1912—1949 年的民国时期，是从传统社会到现代社会的过渡阶段，随着政治体制的变化、国门的开放，其社会生活呈现出新旧斗争、新旧交替、新旧并存的多样性特征，是中外学者研究的热点课题，但一直缺乏综合性的专著研究。中国社会科学院历史理论研究所左玉河研究员新近主编出版的《民国社会生活史》（上、下册）（广东人民出版社 2019 年 5 月出版，105 万字），首次全面系统地梳理了民众的社会生活，反映了民国社会生活的面貌与变革，是一部很好的专史著作。

该书内容丰富厚实，涵盖了民国社会生活史的方方面面，共分 12 章，涉及劳动生活、衣着与服饰、饮食生活、建筑与住房、交通与出行、婚姻习俗、丧葬礼俗、节日节庆、娱乐休闲、宗教生活、社会交往、疾病防治与公共卫生等，是民国社会生活的全景写照。

该书的导论高屋建瓴，纵论古今，指出了在漫长的古代社会，中华各族人民用劳动和智慧创造了光辉灿烂、绚丽多彩的中华古代文明，形成了具有独特形式和内容多样的物质生活、精神生活以及风俗习惯和制度文明。众多的文化遗存、浩瀚的历史典籍、瑰丽的艺术创造、流芳千古的文化巨匠、多样化的民俗礼仪，等等，构成了 5000 年文明宝库。鸦片战争以后，近代中国社会开始发生变革，这些变革与政治变革、经济发展、科技进步以及国门打开密切相关。辛亥革命给中国社会带来了剧烈变动。“皇帝倒了，辫子割了”，是显著特征。

1912 年 1 月，中华民国临时政府在南京成立，孙中山就任临时大总统。同年 2 月 12 日，清帝溥仪宣布退位，中国结束了 2000 多年的封建帝制。中华民国的建立为中国步入近代民主国家提供了良机。以孙中山为首的革命党深感紧迫，力图把握住政治转型的机会，在中国建立资产阶级民主共和政体。随着封建帝制的取消，附生于帝制的种种丑恶制度也被次第扫除，例如世袭制度、太监制度、包衣制度等。为了将中国引入近代资本主义的发展轨道，南京临时政府在其存在的短短 3 个多月中，颁布了一系列除旧布新的法令，推动政治、经济、教育、文化和社会生活等方面的变革。这些法令主要有：改革旧的官僚习气，废除繁文缛节，官阶无论大小，一律着制服，一律实行低薪，一律都是“人民公仆”，并非“特殊之阶级”；改革社会，禁止种植大烟和吸食鸦片，禁止赌博，劝禁缠足，限期剪辫；禁止刑讯、体罚，禁止贩卖人口，禁止蓄娼，改称谓，废跪拜，倡导婚姻自由，允许妇女参加政治活动；等等。“自由尽是新风尚”，成为一股新的时代潮流。

然而，民国时期社会生活的变革并非顺风顺水，而是趋新与守成并行，激进的变革与传统的惰性角力。旧式的传统礼俗尽管存在着许多弊端和陋习，但仍然占据着主导地位；新式社会礼俗尽管没有占据主导地位，但因为有着很多优点和长处，却显示了无限的发展生机。延续不变的传统生活方式与剧烈变动的近代生活方式同时并存，从而使民国时期的社会生活呈现出“新旧并呈、中西杂糅、多元发展”的复杂图景。

通过对社会生活本身复杂性的研究，作者看到了民国社会生活中的变与不变：基本不变是社会生活的底色，变动是社会生活的常态，社会生活正是在变与不变的冲突与调适中前进的。政治鼎革、经济发展和科技进步必然导致社会生活方式的变革，而社会生活方式的变革必然带来民众衣食住行、婚丧嫁娶、休闲娱乐、宗教信仰、节日节庆习俗等方面的变动。该书通过夹叙夹议的方式，真实地还原了民国社会生活中的部分实况。

民国时期地域广阔，各地有着不同的社会生活，甚至差别较大，正所谓“十里不同风，百里不同俗”。如各地的服饰、民居及日常饮食，该书分别介绍了东北、华北、西北、华东、中南及西南地区的不同特点。在婚丧习俗上，该书分别叙述了天津的旧式婚礼、河北蠡县的“三礼”、河南淮阳的“喝喜酒”、云南的旧式婚礼、广州的“骂哭”婚礼，介绍了东北地区的“礼殡”丧俗、山西沁县的繁琐丧俗、河南偃师及浙江金华的旧式丧俗等，娓娓道来，使人颇有“如临其境、如见其人、如闻其声”之感。

在中国民众社会生活变化方面，西方近代新科技发挥了较大影响，如电、自来水、电影、广播等，逐渐进入了中国民众的日常生活，进而推动中国民众思想观念和社会生活的变化。该书还具体论述了西式服装的流行，西方餐饮文化的推广，西洋建筑的发展，西方交通工具的引入，西式婚礼的引进，西方节日节庆的传播，西方基督教与天主教的传播，西洋戏剧、歌舞及电影的流行，西方社交礼俗的传入等，新旧交替，五光十色。

民国社会生活中部分习俗的变革，决非政府的强制手段所能完成。民众日常习惯势力是深厚强大的，民国时期在推行新式婚丧礼仪、采用阳历、废除中医等问题上，都产生了尖锐的矛盾并发生了激烈的冲突，这在本书第六、七、八及十二章中都进行了专门论述。该书揭示了一个规律，社会变革决不可能一蹴而就，它远比政治革命困难，也更具有渐进性和缓慢性。政府在推行带有移风易俗性质的社会变革时，必须采取和平渐进的方式；在剧烈的对峙与冲突之后，政府与民众必然要进行妥协与调适，寻求“渐衰渐胜之道”；新旧势力之间的妥协与调适，乃社会进步之正态。中国社会习俗的变革和演进，正是在这种上层与下层的对峙与调适、新势力与旧势力的冲突与妥协中进行的。在移风易俗过程中，对民众的传统陋习既不能一味地姑息迁就，也不能采取简单粗暴的行政命令手段，欲速则不达，只能因势利导，循循善诱。这种经验对当前中国的地方改革也有借鉴意义。

由于民国社会生活纷繁复杂，资料很多而且分散，为写好本书，作者们在资料搜集上用力颇深，运用的史料十分丰富。如在档案及资料汇编上，该书使用了《中国地方志民俗资料汇编》《中华民国史档案资料汇编》《中国近代史资料丛刊》《中国社会史料丛钞》《民国时期社会调查丛编》等。民国时期的名人日记、书信、文集中对当时的社会生活不乏记述，也为本书所重视，使用了《那桐日记》《退想斋日记》《邵元冲日记》《陈光甫日记》《汪康年师友书札》《饮冰室合集》《张文襄公全集》等。同时，该书还重视利用民国各地的报刊资料，这也构成了本书的主要资料来源，如《东方杂志》《妇女杂志》《少年中国》《国闻周报》《国民政府公报》《申报》《中央日报》《扫荡报》等。正是由于这些丰富资料的支撑，才确保了本书内容的扎实可信。当然，如果该书能使用一些在华外文报刊资料及在华外国人的亲历记述，就会多一个视角，增加读者对民国社会生活的了解。

该书全景式地展现了民国社会生活的历史画卷，在内容、观点上有较强的创新性，加上逻辑清晰，层次分明，文笔简洁，很有可读性，不仅能够帮助普通读者了解民国当时的生活原貌以及历史沿革，也可为专业的史学研究者提供路径和参考。如果篇幅允许，增加一些图像，就会更加生动形象了。总之，该书成功入选“十三五”国家重点出版物出版规划、国家出版基金项目及中国历史研究院“全国主要史学研究与教学机构年度重大成果（2019—2020）”，也说明了其重要价值。由于民国社会生活涉及面宽，区域辽阔，内容复杂，该书论述尚有未尽之处，后来者可以继续扩展深化。

（原载《中华读书报》2020 年 12 月 30 日，第 10 版）

《守望中国价值——中国传统文化理念二十六讲》评介

众所周知，中华民族有5000多年的文明史，而且不曾中断，从而形成了源远流长、博大精深的传统文化。传统文化是中国人的精神家园、精神支柱、文化基因、前进动力，是今天我们中国人民“文化自信”的底气。中国共产党人历来重视传统文化，从毛泽东、邓小平、江泽民、胡锦涛到习近平，历代领导人都提倡尊重历史，学习历史，研究历史，从历史中认识国情，熟悉传统，理解民意，汲取智慧，搞好治国理政，实现国家富强、人民幸福、民族复兴的中国梦。但是，传统文化良莠不齐，不能照搬照抄，全盘继承，而是要“取其精华，去其糟粕”，做到“创造性转化，创新性发展”，既不忘本来，又要吸收外来，更好面向未来。所以，历年来，许多学者对传统文化在做扬弃工作，成果不可谓不多，但由于作者们的立场和学识所限，见仁见智，未必尽善尽美。客观地说，时至今日，正确区分出精华与糟粕，仍是一项尚未完毕的重要工作。对于这项工作，学者们责无旁贷，需要不断推进，以适应时代的要求，满足读者的需要，推动社会的进步。

值得点赞的是，顾作义、钟永宁两位专家勇于担当，积极作为，领衔编著了《守望中国价值——中国传统文化理念二十六讲》。该书由广东人民出版社于今年年初推出，全书38万字，内容丰富，文字清新，体例新颖，是一部值得推荐的精粹之作。该书有以下几个亮点。

第一，从价值观着眼，抓住了传统文化中的精华。作者在《前言》中指出："传统文化的核心是价值观念。价值观高居人类道德和精神的制高点，反映的是人对人自身、人与自然、人与社会、人与国家等层面的基本理念。每个人都会有自己的价值观，一个企业、一个社会、一个民族、一个国家也会有它的价值观。"价值观是行动指南，是为人处世的准则。价值观的认同是团结的基础，是维系共同体精神的纽带，所以，"一个民族，一个国家必须具有共同的核心理念，否则将是行无依归，一盘散沙，失却民族凝聚力。而文化的力量在于使民族精神、民族智慧得以传承、凝聚、升华，永不衰竭"。值得珍视的是，中华民族在几千年的文明发展中，经过历史的积淀和时光的淘洗，代复一代的民众及政治家、思想家的丰富发展，形成了颇具特色的价值理念和价值体系，这些价值理念中的绝对真理颗粒闪耀着超越时空的光芒。该书编著者遴选了二十六个具有生命力的理念，诸如处理人与自然关系和人与自身关系的天人合一、和谐共生、自强不息、居安思危的理念，处理人与人关系的厚德载物、仁者爱人、孝老爱亲、见利思义、谦和好礼、讲信修睦、包容会通、中庸之道、扶危济困的理念，处理国与民关系的民为邦本、民富国强、隆礼重法、天下为公、公平正义、博施众利的理念，处理己与群关系的精忠报国、经世致用、求是务实、革故鼎新、清廉自守、勤俭节约、敬业乐群的理念，等等。可以说，这二十六个理念，是传统文化中的精华部分，是中华民族对世界文明的贡献，是值得弘扬践行的价值观。

第二，体例创新，层次分明，逻辑性强。该书分二十六讲，每讲阐释一个理念；每讲开头选取几句该理念的代表性古文，是为依据，接着有一段导语，然后分层介绍该理念的起源与发展、思想内涵、积极作用（少数理念存在的消极作用也客观指出）以及如何看待该理念、如何实现该理念追求的境界，等等；每讲中间插有典故短文，帮助读者理解理念的含义；每讲的结尾附录一篇名人文章，表达作者对该理念的见解与体会，阐扬要义，这些文章选自梁启超、蔡元培、严复、毛泽东、冯友兰、张岱年、季羡林、冰心等名家，各有风格，可读性强。该书有思想深度、理论高度、知识密度，现实感强，文字清新洗练，明白晓畅，只要具备中等文化程度，即可阅读欣赏。学历高者不觉浅，学历低者不觉深，做到了雅俗共赏。

第三，总结特征，切中肯綮。该书在对中国传统文化理念融会贯通的基础上，总结提炼出几个特征：重德性、包容性、人文性、和谐性、重民性、务实性。正如该书在《序言》中指出的那样，中国传统文化浸润了浓郁的人文精神。世界古代文明的文化传统都是以神为本，中华文明早期也崇拜神祇，但从西周开始，逐渐转向以人为本。中国传统文化凸显人的自我价值，“人能弘道”，强调人的道德主体性和文化自觉性。民为邦本、自强不息、革故鼎新等理念都在强调人的独立地位、人的作为、人的主观能动性。中华文化也很注重务实。在中国历史上，占主流的儒家文化是入世的学说，正是社会广泛存在的务实理念，儒家因而成为被广泛接受的学派。中国的实学传统源远流长，求是务实、经世致用、勤俭节约、居安思危、隆礼重法、革故鼎新等价值理念，形成较早。到了近代以后，中国文化中的务实传统，被一群知识精英发掘运用，成为号召民众维新变法进而革命的精神武器。

正因为我们中华民族有这样的价值理念和价值体系，所以我们能够做到“自强不息、厚德载物”，“周虽旧邦，其命维新”。在今天，我们能够做到坚持并不断扩大改革开放，提出建设“一带一路”的伟大战略蓝图、建设人类命运共同体的伟大战略构想。中国人民以自己的成就重新赢得了世界的尊重和信赖。1989 年，在孔子诞生 2540 周年纪念会上，联合国教科文组织干事泰勒博士致辞说：“如果人们思索一下孔子的思想对当今世界的意义和影响，人们很快便会发现，人类社会的基本需求，在过去的 2500 年里，其变化之小是令人惊奇的。不管我们取得了进步也好，还是缺乏进步也好，当今一个昌盛成功的社会，在很大程度上，仍立足于孔子所确立和阐述的很多价值观念中，这些价值观念属于中国，也属于世界，属于过去，也将影响今天和未来。”这是外国专家对孔子及中国传统文化的认识与评价。我们自己更要研究好、传播好、弘扬好优秀传统文化，剔除陈腐落后的文化观念，为人类文明的进步作出新的贡献。因此，顾作义、钟永宁等人编著的该作，价值与意义也就不言而喻了。

（原载《中华读书报》2019 年 10 月 28 日，第 10 版）

心里有束光，眼前有片海

——读《源道》

曹魏开国皇帝曹丕有句名言：“盖文章，经国之大业，不朽之盛事。”（《典论·论文》）可以说将文章的作用提到了极致。更早的《左传》有言：“太上有立德，其次有立功，其次有立言，虽久不废，此之谓不朽。”高度重视写文章。周发源先生向往和践行“耕读持家”的文化传统，勤于读写，把对读书、工作和生活的知行思感融于笔端，化成文章。最近湘潭大学出版社出版了周发源先生的《源道》一书，全书共四卷：第一卷包括理论文章 26 篇，第二卷包括调研报告 10 个，第三卷包括讲话发言 42 篇，第四卷包括随笔短文 72 篇。这是作者从 100 多篇已刊发的理论文章、近 30 个调研报告、200 多次讲话发言，以及 200 多篇各类随笔散文中遴选出来的。这套书凝聚了作者 30 多年的心血汗水，有许多独到之处。通读全书，笔者认为主要有以下特点。

一、怀揣梦想，激励后人

由于时代所限，作者接受的正规学校教育不系统，他曾经下农村、学手艺、闯社会、进工厂剧团，仅是凭借着从小对读书写作的分外喜爱和心中怀揣的梦想，坚持着各类作品的创作。截至目前，出版专著 2 部，主编著作 20 多部，在《求是》发表理论文章 5 篇，《新华文摘》全文转载 2 篇，中国人民大学书报资料中心全文转载13篇,15项研究成果获省部级以上级别的奖励，被多所高校聘为兼职教授，其学术业绩得到社会认可。从较低的起点出发，能够取得如此丰硕成果的学者并不多见，堪称草根底层成功逆袭的范例。在如今崇尚高学历和海外留学的时代，对于那些没有机会获得学历文凭或者继续深造的青年人来说，这种榜样值得学习。周发源的成功证明了一个道理：只要拥有梦想，始终坚持做自己最喜爱的事情，久久为功，终有所成。正如作者在前言中所述：“人是要有点精神的。不管岗位、年龄如何变化，只要一息尚存，就应有所追求、有所奉献、有所作为，为国家、为人民、为自己。”对困惑迷茫、信仰迷失、精神懈怠、及时行乐的部分当代年轻人来说，这些话宛如一副清醒剂。作者把对过去的“留恋”固化，把对未来的“希望”续起，记住历史，记住梦想，记住青春，记住激情，既激励自己，也启迪他人，是收获与奉献的双赢。《源道》第三卷的42篇讲话发言中，主题涉及青年的就有7篇，占1/6。这既说明了作者对青年寄托着希望，也体现了作者任职湖南省社科联党组书记期间对青年工作的重视。

二、贴近现实，情理兼容

乱世出英雄，盛世出华章。盛世是和谐、理性、科学的时代，盛世的人们自然会发现社会生活多方面的美好，容易创作出反映五彩缤纷的现实生活的作品。《源道》第四卷收入的散文、随感贴近现实，既有对自然与社会的歌颂与赞美，也有对人生的感悟与反思；既有对自己情感心声的抒怀，也有对青年同志关于工作、学习、生活的交心谈心，述说着励志故事，让人感到亲切真诚。收入的书评、书序既有对优秀作品的推介，也有对作者人格力量的品读。收入的短论既有弘扬传承中华优秀传统文化和中华民族精神的学理探讨，也有对特定社会现象、社会现实或社会问题的深刻剖析。这些作品涉及经济、政治、文化、社会、生态诸多领域，透过它们，读者能看到作者的生活与情感经历。阅读这些作品，能得到慰藉和启迪。

三、问题导向，唯真求实

俯古观今，“文章合为时而著”，文章与时代发展休戚相关，好文章必然是时代的产物，是事业的需要，是实践的结晶。一个人的思想，就是在对世界的观察感悟中产生的所思所想，是在对人类文明遗产继承借鉴与在改造现实世界的实践中逐步形成的。作者进入社会科学领域后所写的理论文章，大多是围绕着当时的大问题大事件展开的，留下了或深或浅的时代痕迹，如对邓小平决策思想的研究、对官僚主义的研究，都是着眼于当时的理论热点问题，走在学术前沿进行思考研究的。开展实地调研、解决现实问题是作者后期研究的主要方向。作者注重选择当时的热点难点问题，紧扣实际实践，深入探讨分析，然后提出政策建议，体现了责任感，具有一定的思想高度。当今互联网文化催生出的某些快餐文化，充斥着人们的眼球，信息量大，却鲜有思想价值，还有不少文字垃圾，让一些人成为名副其实的“知道分子”，而不是“知识分子”，大脑成了别人思想的“跑马场”。《源道》的名字与唐代文学家韩愈的代表作《原道》同音，大概也寄托着作者探究事物本原的热切希望吧。

四、以文辅政，经世致用

文章是领导者最常用的施政工具。邓小平说过，当干部就是用“笔杆子来领导”。这里的“笔杆子”指的就是讲话和写文章。无论古今中外，文章都被作为治国理政的大事摆在重要位置，帮助执政者延伸治理领域、提升治理能力，打造“纸上江山”。《源道》第三卷收入发言讲稿 42 篇，涉及中心组学习会、学会年会、学术年会、学术研讨会、学习座谈会、机关干部座谈会、机关全体干部大会、调研座谈会、经验交流会、协会成立大会、青年工作委员会成立大会、重大课题评审论证会、党建工作培训班、社科联系统骨干培训班、湖湘大学堂专题活动会、专题讲课、优秀成果奖评审会等各类会议。有的是学习贯彻上级精神，有的是谋划部署工作任务；有的是工作报告，有的是专题讲课，有的是座谈交流；有的侧重做事，有的注重为人。这些是作者担任湖南省社科联党组书记期间对全省社会科学工作的思考谋划，是出台政策举措的思想基础，是推进各项工作的思路方法。

《源道》第二卷收入调研报告10个，这些调研报告问题导向鲜明，具有较强的理论性、对策性和可操作性，有的得到了党和国家领导人，中共湖南省委、省人大、省政府领导人的肯定批示，为政府作出决策、制定政策提供了学理支撑和智力支持，较好地发挥了智库作用，产生了积极的社会影响。这些文章或者阐释政策、统一思想，或者分析矛盾、探究问题，或者弘扬精神、鼓舞士气，都是作者结合自己的心得体会形成的文稿，具有大局意识、前瞻性和针对性，兼具学术和实用价值。

读书是写作的基础，写作是读书的深化，写作能把零散的东西变成系统的，把孤立的东西变成联系的，把粗浅的东西变成精深的，把感性的东西变成理性的。正如作者所言：将以甲子轮回为新起点，学不止、思不怠、研不懈、写不停，开启自己的“第二春”。笔者衷心希望该书作者心中那束希望之光永远闪耀，眼前那片思想之海不断拓展，在治学路上不断推出精品力作！

（原载《中华读书报》2017年11月8日，第20版）

改革开放的壮丽画卷

——读新近出版的五本武汉改革开放口述史

提起武汉，人们皆知它是我国中部的最大城市，“九省通衢”；武汉长江大桥气势恢宏，桥头有座巍峨的黄鹤楼；武汉大学风景优美，樱花美丽动人……追溯既往，武汉在近代搞洋务运动成就突出，有汉阳铁厂、大冶铁矿、湖北枪炮厂等多个新式企业，“湖北新政”流誉中外，武汉被誉为“东方芝加哥”；推翻帝制的辛亥革命，就是湖北新军在武汉打响的第一枪。新中国成立以后，武汉经历了翻天覆地的变化，尤其是1978年改革开放以来，武汉进一步发生巨变，许多方面冲在了兄弟市的前面，可圈可点……总之，武汉，不简单！

近些年来，口述史在我国悄然兴起。当代人话当代史，显得亲切、细腻、入耳，因而深受欢迎。杨卫东、许甫林、郑水平等人主编了几部关于武汉当代发展史的口述作品：《武汉改革开放口述史》（一、二），武汉出版社2018年12月出版，95万字；《口述实录（1988—2018）：武汉经济技术开发区30年》，武汉出版社2019年5月出版，30万字；《武汉改革开放口述实录》（一、二），湖北人民出版社2019年12月出版，80万字。这几部口述史反映了武汉人民在党中央领导下，在湖北省委省政府、武汉市委市政府的率领下，投身大潮，劈波斩浪，攻坚克难，创造了一系列奇迹，将武汉建设成为明星城市的奋斗历程。作为主编之一的杨卫东，武汉大学研究生毕业后，历任武汉市政府研究室副主任，市国资办主任，市政府副秘书长，市国资委主任、党组书记，中共武汉市第十一届委员会委员，江汉大学校长等职务，参与了多项改革开放决策的调研、论证和制定，一路走来，熟悉全景。这几部口述史亮点纷呈，在此与读者分享二三。

第一，反映了武汉市40年改革开放的壮阔全景。

改革开放是中国历史发展中的一个奇迹，从1978年到2017年，中国的GDP从3679亿元增长到82.7万亿元，年均增长9.5%；武汉发展更快，从1978年的GDP只有39.91亿元，增长到2017年的1.34万亿元，年均增长率为11.7%，绝对额是改革开放前的335倍！

武汉是我国改革开放的先行地之一，多项举措创造了全国第一的纪录。例如，从时间看，开风气之先的汉正街，是全国小商品市场的先锋；武汉洗衣机厂首创外协件公开招标制度，率先打破了计划经济中的行政壁垒；江汉大学带头突破了传统高校的教育体制，开创收费、走读、不包分配的办学道路，帮助更多青年一圆大学梦，并相应弥补了本市发展人才的不足；武汉市政府政策咨询委员会是全国城市中最早成立的决策咨询机构，对政府的民主决策、科学决策产生了良好影响；改革之初，武汉确立了交通、流通“两通起飞”战略，冲破计划体制藩篱，打破按部就班熬日子、“一慢二看三通过”、没有紧迫感的局面，探索激发创造活力的市场经济，在全国起到了开路和示范作用。此外，还有全国第一家企业兼并市场，全国第一家农村综合产权交易所，全国第一家商业上市公司，武汉国有资产管理新模式，国有资本营运经验，“农村家园行动计划”，“三车”整顿管理，“电视问政”，武汉“四大资智聚汉工程”，等等，在全国有影响的改革举措总计不下百项。主编杨卫东激动地写道：“武汉在我国改革开放的历史进程中具有极其重要的地位。那是激情燃烧的岁月，那是思想放飞的年代，那是敢闯敢干的故事，那是奋发图强的历史。那是武汉人的精神财富，那是武汉人的光荣与梦想。如实记录武汉改革开放的足迹，认真总结40年不断探索的经验，坚定‘不坚持社会主义，不改革开放，不发展经济，不改善人民生活，只能是死路一条’的信念，对武汉的未来发展具有极其重要的意义。”

第二，反映了领导与民众积极改革、众志成城的场景，彰显出武汉“敢为人先、追求卓越”的精神。

从口述史中可见历届省市领导抢抓机遇改变武汉面貌的决心，抱定“功成不必在我”“功成必定有我”的担当与信念，“一张蓝图绘到底”，“咬定青山不放松”，运筹帷幄，上下奔波，精心设计，精准施策，一任接一任地往前赶。省市领导深入厂矿、企业、高校、科研院所、实务部门等单位，召开座谈会，摸清市情，集思广益，找好改革开放的着力点，斟酌改革创新的行动方案，抓好改善民生的诸多事项。例如，为了进一步改善三镇交通，决定兴建“万里长江第一隧”（位于武汉长江大桥与长江二桥之间）。为了确保建好“长江第一隧”，经反复论证，最后选定“宁好勿大”的方案。省市领导多次到江底施工现场检查，为施工中可能出现的险情出谋划策，排忧解难，制定预案，从不催促工程进度。

加入国家自由贸易试验区，是地方改革添加活力、提速增效的重要途径。武汉必须尽早进入。为此，省市领导颇费心思，另辟蹊径，坚持“申报和试行两条腿走路、以先行先试促早日获批”，在东湖高新区启动先行先试工作，为成功获批奠定了基础，创造了条件。2016 年 8 月 31 日，党中央、国务院调整方案，吸收武汉加入。2017 年 3 月 15 日，国务院印发《中国（湖北）自由贸易试验区总体方案》，4 月 1 日，中国（湖北）自由贸易试验区武汉片挂牌运行。自贸区武汉片在审批与服务、创新创业、科技金融、对外开放等方面较快形成了一批可以推广的经验。

从外观上看，武汉最大的变化是城市建设。在长江上修建大桥和隧道，曾是孙中山的梦想，其《建国方略》中有具体设计，也是千千万万武汉人多年的盼望。但是直到 1978 年，武汉在长江上还仅有一座桥，隧道一条也没有，三镇之间往来很费周折。如今，在长江武汉段已建、在建的长江大桥新增了 10 座，除地铁外，还有两条隧道穿过长江，一条穿过东湖。一座座形态各异的桥梁，加上几条隧道，连接两江四岸三镇。武汉桥梁建设以“技术先进”“数量多”“多样性”为中国桥梁史甚至世界桥梁史书写了新的篇章。其中天兴洲桥拥有 4 个世界第一：桥的负荷两万吨世界第一，跨度世界第一（主跨 504 米），铁路双向有四股（一般桥梁是两股），高铁在桥梁上通行的时速可达 250 公里。于是有了“21 世纪世界建桥看中国，中国建桥看武汉”的说法。

《垃圾场上的生态园——武汉园博园建设纪实》一文则讲述了武汉化腐朽为神奇的典范，通过市民互动参与，将亚洲最大的生活垃圾场改造为鸟语花香、绿树成荫的精品之作——世纪园博园。还有东湖风景区的成功改造、“城管革命”等，都有不少精彩故事。武汉过去在人们的印象中是“光灰的城市，堵城，管理脏、乱、差”。如今的武汉理顺了城建管理体制，高标准创建“国家卫生城市”“国家环保模范城市”和“全国文明城市”。几千个工地加班加点，相继完工，尘埃落定，城市发生了脱胎换骨的变化。

还有蔡甸区星光村的变化也值得称道。10 年前该村亏损严重，账面仅有 5000 元。在党支部书记朱少平的带领下，经过 10 年打拼，今天星光村积累了 26 亿元的固定资产，拥有 1.9 亿元现金，村民每户都有一套宽敞舒适的住房，每人有一份社会保障，每户村民有一份股份，每个劳力有一个就业岗位，教育、医疗、水、电、天然气全部免费，村民除按股分红外，女村民满 50 岁、男村民满 55 岁，每月可领 1500 元生活补贴。星光村闻名遐迩，成为令人向往的幸福村，成为武汉郊区村镇学习的榜样。

第三，改革创新，人才为纲。

武汉市的改革、开放、创新，紧紧抓住了人才这个“纲要”和“牛鼻子”。市委市政府首先建设一支公正、廉洁、高效的公务员队伍，使干部成为改革开放的骨干力量。同时建设一支勇于担当、乐于奉献、开拓创新的企业家队伍，推进各项人才管理体制改革，实施人才强市战略，把人才作为创新发展的第一资源，作为社会进步的基础性、战略性、先导性支撑，聚集了一大批海内外高端人才。《打造人才高地，培植武汉核心竞争力》一文，回顾了改革开放以来，武汉市在人才方面所做的改革和取得的成效。武汉成立了全国最早的人才中心，“3551 光谷人才计划”享誉全国，通过政府外引内培、高校招才引智等举措，为武汉的改革发展提供了人才支撑和智力保障。《武汉“四大资智”聚汉工程》和《治庸问责》，重点介绍了武汉市在人才队伍建设、公务员队伍建设方面所做的成功探索。如今武汉市在校大学生人数在全国位居前列，武汉・中国光谷已成为大学生创业的乐园。

据杨卫东回忆，武汉的地方人才工作是从江汉大学开始的。当时武汉市用人按计划分配，远远不能满足各方用人需求，于是市领导决定创办一所新的市属大学。1981 年 10 月，经湖北省政府批准，国家计委、教育部同意，正式成立江汉大学。刚开始江汉大学收费、走读、不包分配、毕业生不算干部身份。这几条尤其是后面一条限制了江大的发展。于是市人事局发了一个 17 号文件，规定地市和地市以上的人事系统，只要盖上录用干部章，就承认江大毕业生的干部身份，全国有效。江大毕业生无论是在武汉还是到外地工作，给他补一个录用干部章，放进档案，所到之处便承认其干部身份。这个变通，突破了当时的人事制度规定，江大一下子搞活了，发展也就越来越快了。

武汉人才工程还有一大亮点，那就是响应 2008 年中组部计划而出台的“3551”人才计划，即用 3 年时间、在 5 大领域、聚集 50 名顶尖世界级专家、招收 1000 名高层次人才。该计划选在东湖高新开发区启动。为落实好该计划，市政府提供创新的制度保障、高额的经费支持、浓厚的创业氛围、周到的多方服务。经过 10 年的努力，目前东湖高新区已聚集了 10 名诺奖得主、61 名中外院士、399 名国家级高层次人才、182 名湖北省级高层次人才、1699 名“3551”光谷人才入选者、6000 多个海内外人才团队、近 1 万名博士、6 万多名硕士、30 多万名本科生，可谓群贤毕至，人才济济。

武汉改革开放值得称道的地方还有很多，限于篇幅，就不一一列举了。

“潮平两岸阔，风正一帆悬。”对于从湖北省走出来的笔者，看到家乡省会城市发展迅速，成就巨大，感到非常振奋。笔者相信，在新时代，武汉人民将乘胜前进，再接再厉，让武汉这座城市变得更加繁荣发达、光辉美丽！

（原载《中华读书报》2021 年 1 月 27 日，第 10 版）

《杖国之年忆初中·班庆文集》序

听吴恒兴老师说，9 月份他从北京回故乡筹办他们红安一中 1954 级（一）班 60 周年班庆，活动取得了圆满成功。吴老师很是激动，邀请我为他们的《班庆文集》一书写篇序言。过后吴老师给我发来了《杖国之年忆初中·班庆文集》的文稿。

我和吴老师是上个世纪 90 年代在中央党校认识的，当时我在《求是》杂志哲史部任职，可以说是一见如故。吴老师从黄冈市委讲师团退休后，一直在北京给几所大学讲课，我们过从甚密，从时政到学术，从人生到世事，多有切磋，交谊日深。他盛情邀我作序，是对我的信任，但晚辈为长者文章作序，未免有点诚惶诚恐。几番推辞，吴老师却很执着，只好从命，勉强接受了这个嘱托。当我读毕他发来的 60 多篇文稿，很激动，很受教益，感觉《杖国之年忆初中》是一本颇有意义的书，该书除了文笔流畅、图文并茂外，有几个亮点引人关注。

一是创意新颖。1954 年，一群十三四岁的少年跨进初中，现在时光流淌过去 60 年了，当年这群英俊少年，已变成鬓发花白的老人，年龄都已 70 多岁了。民俗说“七十三，八十四，阎王不叫自己去”。但是，红安一中 1954 级（一）班的这一群人，居然在七老八十之际，饶有兴致地组织起一场 60 周年班庆活动。这个班级健在的 41 人，分散在天南海北，居然联系到 36 人，把 36 颗心都联结在班庆会上，连旅居美国旧金山的同学也以越洋电话形式参加班庆。组织者的想象力、号召力和组织能力，真不简单！听说过最高年限50周年的班庆，60周年班庆我首次耳闻，真是创意新颖！并且参加班庆的36人，人人动笔写回忆文章，难能可贵！

二是情真意切。60多篇文章，不论是班庆篇的19篇，还是回忆篇的42篇，字里行间充满着深厚的情感。文如心声，这些文章，表露着对母校和老师的感恩之情，充盈着同学的友爱之情，流淌着对祖国和共产党的热爱之情，展示着对自己所从事的工作的执着之情。这些文章，没有套话空话，没有口号式的语句，都是发自内心的炽热之言，是那样的质朴纯真，没有矫揉造作，没有虚浮夸张。其真知灼见、人生感悟，能唤起读者的共鸣，引起读者的深思，激发读者的热情。

1954级（一）班的同学，出生于抗日战争时期，儿童时期正值解放战争和新中国成立，恰逢抗美援朝、土地改革，进初中时，又碰上镇反肃反、社会主义改造、工商业公私合营、农村合作化运动、知识界“大鸣大放”以及“反右”等各种政治运动。他们的生活和成长、学习和工作都受到这些事件和运动的影响，留下了时代的烙印。进入改革开放年代后，他们的工作和生活发生了巨大变化，进入鼎盛期。故此，这群老同学的回忆文章，是当时社会历史的一个缩影，充满时代气息，值得研究历史的学者阅读和收藏，对一般读者也有启迪。

三是尊师重教。此书是一本感恩母校、感恩老师的谢恩之书。篇篇文章都写到母校和老师对自己的人生影响，60年之久，还如此记忆犹新，真是母校难忘、师恩难忘。“感谢母校为我们插上腾飞的翅膀”是他们发自内心的感悟。他们经历了人生的许多酸甜苦辣之后，悟出了“初中决定人生方向”的哲理。这个哲理告诉人们务必重视初中阶段这个人生大厦的基石，起好步。

四是红色后代。红安一中1954级（一）班的这些老同学，都是地地道道的红安县人，红安县是“将军之乡”，他们是正宗的“红安苕”，是出生于、成长于红色土地的红色后代，从读书到工作，直到退休后的生活，无不表现出“红安苕”的进取精神。这个初中班的同学，分布在祖国各地，工作在不同战线上，大多成为本行业的骨干或领军人物。他们中有 4 名大学教授和 7 名教授级的工程师、经济师、医师，10 多名中小学高级教师，还有 12 名是从中央到地方党政军机关的公务员，其中解放军总政治部和总参谋部各 1 名，省市的厅级、处级干部 6 名，县乡的科长、局长 6 名。这个班的同学干什么像什么，多人成为全国、全省的模范，尤其是那些受冤案牵连的同学更难能可贵，他们百折不挠，信念不移，平反后积极投身建设社会主义的实践之中。他们的身上体现出中华民族的优良传统、对社会主义核心价值观的信仰和践行。

“莫道桑榆晚，为霞尚满天。”衷心祝愿这一爱国、爱党、敬业、友善的老年群体，吉祥安康，老有所为，“满目青山夕照明”。

是为序。

2014 年 12 月 26 日敬书于北京万寿路学思斋

丹心照汗青　精神励后人

——《重读抗战家书》评介

今年是世界反法西斯战争和中国人民抗日战争胜利 70 周年的日子。为了战胜日本侵略者，打败法西斯，中国人民进行了艰苦卓绝的斗争，付出了巨大的牺牲，作出了卓越的贡献。中国为什么能做到这样呢？今年的纪念活动已从各个方面作了探讨。刚刚出版的《重读抗战家书》，则为我们提供了一个新的视角、新的窗口。

该书由中共中央宣传部宣教局编选、中华书局出版。全书选取了 32 封抗战英烈的家书，部头不大，分量却很重。每封家书的字里行间，都洋溢着一种精神，一种志气；展现出一种境界，一种豪迈。丹心照汗青，精神励后人。

首先是民族精神。中华民族自古以来有自立于世界民族之林的志气和能力，有同自己的敌人血战到底的英雄气概。共产党员孙晓梅，崇拜民族英雄岳飞，她在致姨母的信中写道："梅等虽非岳飞以及其他人可比拟，且亦无岳飞之时机、境遇，然古人之精神，堪为梅等学习。"张自忠将军战前致战友书："更相信，只要我等能本此决心，我们的国家及我五千年历史之民族，决不致亡于区区三岛倭奴之手。为国家民族死之决心，海不清，石不烂，决不半点改变！愿与诸弟共勉之。"共产党员吉鸿昌致妻书中说："夫今死矣！是为时代而牺牲。"面对敌人的迫害逼供，他大义凛然："我为抗日而死，死得光明正大！"共产党员高捷成在致叔父书中说："誓不求中华民族之解放，当不为中华民族黄帝子孙之一人！”新四军政治部主任袁国平在给侄子的信中写道：“中国抗战前途很好，最后定可战胜日本，只不过要经过一个长期的艰苦奋斗。”正是这种强烈的民族自尊心和自信心，凝聚起了全体中华儿女抵御外侮、救亡图存的共同意志，谱写出感天动地、气壮山河的壮丽诗篇。

其次是爱国主义精神。红军高级将领左权在致叔父信中说：“我牺牲了我的一切幸福，为我的事业奋斗。请你相信这一道路是光明的、伟大的。”这个道路是爱国主义的道路，是一个共产党人为民族独立、国家富强、人民幸福顽强奋斗的道路。到陕北去，是全民族抗战爆发后无数热血青年的人生选择，王传馥即是其中的一员。他在给父母的信中写道：“相信那里能够造就我，报效国家”，“也许再也没有见面的机会。爸妈不必伤心，我以爸妈之爱来爱大众，爸妈是喜欢的。我下最大的决心达到目的，尽力打破一切困难”。华侨沈尔七回国参加抗战，致母亲信中说：“儿为了革命——抗日救国，多年未寄分文到家，致母亲生活更苦，心殊不安。”向母亲表达歉意，紧接着阐明大义：“惟今如不抗日救国，民众将永无翻身之日。”然后表明自己的决心：“故儿愿牺牲一切奋斗到底。”这两封家书表现了先烈舍小家、为大家的人间大爱，表达了他们立志救国救民、抗战到底的坚定决心。符克在给父兄的信中写道：“我之自动参加救国工作，不惜牺牲自己生命，为的是尽自己之天职。尽其能力贡献于民族解放之前而已。”郝梦龄将军于1937年10月10日在忻口会战前线给妻子的信中写道：“此次抗战乃民族国家生存之最后关头。抱定牺牲决心，不能成功即成仁，为争最后胜利，使中华民族永存世上，故成功不必在我，我先牺牲。”戴安澜将军远征缅甸，在家书中写道：“现在孤军奋战，决以全部牺牲，以报国家养育！”并且认为：“为国战死，事极光荣。”短短几句话，字字千钧，表达了他“捐躯赴国难，视死忽如归”的民族气节。

在中华民族生死存亡之际，为抗击日寇，争取民族解放，无数革命先烈将生死置之度外，将“天下兴亡、匹夫有责”的爱国情怀，表达得淋漓尽致，将马革裹尸、精忠报国的追求和夙愿完美地践行，用实际行动书写了一曲悲壮的人生之歌。吉鸿昌等人的家书就生动地反映出了这一点。就义当天吉鸿昌写给妻子的诀别信中第一句“夫今死矣！是为时代而牺牲”，即表现了其为实现革命理想，捐躯赴难、视死如归的革命豪情。还有一封特殊的家书，是张自忠 1940 年 5 月 1 日在阵前写给部下兄弟们的信。高捷成“誓不求中华民族之解放，当不为中华民族黄帝子孙之一人！”的铮铮誓言，感天动地，反映出中华儿女誓死不当亡国奴的强烈民族自尊，代表了共产党人挺身而出、勇赴国难的崇高革命精神。

革命先烈既有慷慨赴难的抗日精神，又有英雄铁汉的侠骨柔情。他们爱国也爱家，但当国家民族处于生死存亡的危急之秋，他们毅然决然地舍小家、为大家，尽显抗战军人的血性本色。程雄在信中写道：“如果不能活着的话，双亲大人应保重玉体，抚育好弟妹”，“儿为伟大而生，光荣而死，是我做儿子最后的心意”。自古忠孝难两全，程雄与成千上万走向抗战前线的共产党人一样，抱着不能在父母膝下尽孝的遗憾，时刻准备着血染沙场、为国捐躯。潘涛在信中告诉妻子：“倭寇不除，国无宁日，谈何家全？”他以自己的实际行动，诠释了先国后家、誓死与日本侵略者血战到底的爱国情怀，为祖国解放，为民众彻底翻身，甘愿牺牲，奋斗到底的崇高革命精神。全民族抗战爆发后，到陕北去是无数热血青年的人生选择，王传馥就是其中一员。他给父母写道：“相信那里能够造就我，报效国家”，“也许再没有见面的机会。爸妈不必伤心，我以爸妈之爱来爱大众，爸妈是喜欢的”。字里行间，流露出对家庭的无比深爱和对亲人的恋恋不舍，但为了民族大义，他做好了随时牺牲的准备。孙晓梅致母亲的信称“国不保，家何能存”，誓言“勉力追随历史之轮”。蔡炳炎致妻书：“殊不知国难至此，已到最后关头，国将不保，家亦焉能存在？”这些无不体现了革命先烈对祖国、对民族的大爱。

在抗战英烈精神的感召下，有许多父子、兄弟，还有夫妻、姐妹携手踏上革命征程，走向抗日前线，直面艰险，无惧死亡。革命薪火生生不息，抗战精神代代相传。以“红枪白马女政委”形象声名远扬的赵一曼写给儿子的遗书：“母亲不用千言万语来教育你，就用实行来教育你。在你长大成人之后，希望不要忘记你的母亲是为国而牺牲的！”对儿子的殷切期望，对祖国和中华民族的热爱跃然纸上。王孝慈也以自己父子并肩抗战来激励五弟走上革命道路，成为“中华民族解放的英雄”。张文彬在信中教导侄儿，“在求不做亡国奴的艰难斗争中，你也必须尽你一份的责任”，要求侄儿鼓励当地孩子上学读书，以各种形式投身到抗日洪流中。少年强则国强，张文彬关心的不仅是时下的救亡图存，更希望革命事业后继有人。

《重读抗战家书》有原文，有注释，有评点，有解读，言简意赅，用一封封尘封的家书，追忆了筚路蓝缕的往事、缅怀了慷慨赴难的革命先烈、传播和弘扬了爱国主义精神。在抗日战争暨世界反法西斯战争胜利 70 周年这个富有特殊意义的日子里出版，具有重要的现实意义。自古以来，中华民族有无数仁人志士为了民族生存和发展英勇献身，吉鸿昌、左权、赵一曼、张自忠等人的家书只是无数抗日英烈的缩影。鲁迅先生说：“惟有民族魂是值得宝贵的，惟有发扬起来，中国才真正地进步。”如今，重读这些家书，启迪良多。只有铭记历史、缅怀先烈、珍爱和平，才能开创未来，才能凝聚起民族振兴之魂，实现中华民族伟大复兴的中国梦。

弘扬传统文化精华 重视人文精神教化

——《儒家教化论》读后

湖南师范大学马克思主义学院吴新颖教授好几年前就同我谈到，多年来他一直在潜心研究儒家教化问题。我感觉他的思路很新，就鼓励他研究下去，拿出大的成果来。终于在 2017 年，他获得了国家社科基金后期资助项目立项支持。他与杨定明教授等团队成员一道，在原有书稿基础上，反复斟酌、打磨，经过艰辛努力，最终成果《儒家教化论》（26 万字）于 2018 年 12 月由浙江大学出版社正式出版。通读该著作，感觉选题新、思路新、观点新，提出了一些独到见解，给人启迪。该书体现了著者对于传统文化的深思熟虑，对于儒家教化理论的深厚感情，立论公允，论从史出，史论结合，思路清晰，逻辑严密，语言流畅，很有可读性。该书的以下基本观点值得关注。

儒家教化的逻辑起点是人。认为若要引导人们，只能“按对人的方式”先理解人。这意味着人具有先天的本性。人的本性在于人类经过漫长岁月进化，通过人独特的大脑系统，随着文化产生而形成的。文化的最初形式是语言和文字。人就是文化化的人，人与文化结合才是一个完整的人，一个有人的基本本质的人。

儒家教化理论的基础是人性论。何为人性？即人有不同于动物的文化心理结构。人有了这种文化心理结构，才产生了区别于动物本能的意志和意识。人有其独特文化心理结构，这就是人性。中国古代社会关于人性有多种论述，如孟子性善论、荀子性恶论，等等。该书认为，人性可以经过教育在一定程度上发生改变。同时著者还认为人性有同质性，即有超越时代与阶层的共同性。另外，人性也有差别性，差别性形成个性。

儒家教化的核心观念是仁义。随着西周末年人本主义思潮的兴起与发展，孔子对“仁”的思想进行省察深思，把“仁”提升到哲学高度予以系统论证与阐述，构成了以“仁”为核心的哲学思想体系，将“仁义礼”组成一个系统，孟子在“仁义礼”之外加入“智”，董仲舒又加入“信”，并认为“仁义礼智信”是与天地共长久的经常法则，号“五常之道”，是教化的基本观念。而“孝”也很重要。“五常”“孝”等观念流传了几千年，今天依然是人们自觉践行的重要价值观念。

儒家教化的目标既有个体价值指向也有社会价值旨归。个体为重生、乐生，即对生命关爱、对生活热爱，提高生命价值；同时，个体自我追求善良，与人为善，与物为善，守善去恶，止于至善。另外，儒家力倡荣生，即“杀身成仁”“舍生取义”。这感召了代复一代的中华儿女为国家独立、富强而努力奋斗，为民众利益而献身！而儒家教化社会价值旨归则为秩序与和谐。

在中国古代社会，历代治世王朝重儒家教化且有其网状生态系统，其实施方式既有正式组织，也有非正式组织。正式组织有官方政府力推，学校教育广施，政府出台相关制度与政策。非正式组织则是通过家族家谱家训来实施，也包括民间宗教、民间社团组织及乡规民约共同发挥作用。在中国古代社会中文学艺术也发挥教化作用，例如，诗词、小说、散文等文学作品，还有曲艺、音乐、书法、绘画、建筑等都发挥作用。

在中国古代社会，儒家教化始终强调个体作用，重视个体的主动性，强调内化于心外显于行，并总结出了许多方法，如学思结合、格物致知、以理导欲、省察克治、慎独慎微，等等。

关于传统文化，习近平总书记高度重视优秀传统文化的作用，指出：“中国优秀传统文化的丰富哲学思想、人文精神、教化思想、道德理念等，可以为人们认识和改造世界提供有益启迪，可以为治国理政提供有益启示，也可以为道德建设提供有益启发。对传统文化中适合于调理社会关系和鼓励人们向上向善的内容，我们要结合时代条件加以继承和发扬，赋予其新的涵义。”（《在纪念孔子诞辰2565周年国际学术研讨会暨国际儒学联合会第五届会员大会开幕会上的讲话》，2014年9月24日）习近平总书记还就传统文化传承创新指出：“对历史文化特别是先人传承下来的价值理念和道德规范，要坚持古为今用、推陈出新，有鉴别地加以对待，有扬弃地予以继承，努力用中华民族创造的一切精神财富来以文化人、以文育人。”放眼世界，1988年7月1日法国《堪培拉日报》刊登了75位诺贝尔奖获得者的联名倡议：“如果人类要在二十一世纪生存下去，必须要回到2500年前，从中国孔子那里寻找智慧！”国外科学文化精英所言，富有远见，值得重视。

儒学是治世哲学，其核心功能为教化。董仲舒从国家层面提出：“教，政之本也；狱，政之末也。”自此以后，儒学所倡导的“教化”理念作为治国之策，全面渗透于国家管理之中，并成为历代为政者社会治理的手段。当代学者李景林先生认为：“从一定意义上说，中国哲学实质上是一种‘教化哲学’”。

当今社会，进步越来越快，可谓日新月异，在衣、食、住、行方面，相比古代，我们的确过上了相对富足、幸福的生活。然而，就其功能看，这只是人的自然生存部分，和动物的传宗接代、植物的新陈代谢并没太多差别。因此，在今天人们尽享丰富的物质财富的同时，人们并没有感到足够的幸福，相反，有时存在着焦虑、压力大，有时会出现迷茫。我们常常会听到或看到，人与人之间有矛盾，甚至青少年学生与教师、与家长也会产生矛盾，有的演变成尖锐矛盾，甚至酿成悲剧。这不能不让人深思，人是文化的人，人是观念的集合体，社会应当重视教育，尤其重视人文教育。这自然就回到如何充分利用传统文化、借鉴儒家教化并发挥作用的话题上。为此，应凸显人文理念、人文精神，当代社会教育除了注重政治素养、科学素养、艺术素养外，还要注重人文素养。在社会上倡导人生在世，应坚守做人底线，把人当人看，不欺诈、不害人，这正是儒家所谓“老吾老以及人之老，幼吾幼以及人之幼”“四海之内皆兄弟”。为此，我们的社会应努力打造成为有温度，“我爱人人，人人爱我”，富有人情味的美好社会，让关爱像阳光一样洒满人间。

总之，该书亮点颇多，不一一尽举。儒家教化是一个大题目，研究的深度和广度都有拓展的空间。在此，笔者期待吴新颖先生继续发力，在传统文化的传承与开新方面作出新的贡献。

（原载《中华读书报》2019 年 9 月 4 日，第 19 版）

历史学家视域中的“和平统一、一国两制”

——《张海鹏文集》《张海鹏论近代中国历史》研读札记

历史学家张海鹏先生于上个世纪60年代毕业于武汉大学历史系，毕业后即分配到中国科学院哲学社会科学部（后改名中国社会科学院）从事史学研究，毕生治史，曾长期担任中国社会科学院近代史研究所所长、中国史学会会长、中国孙中山研究会会长等多个职务，现任中国社会科学院学部委员、中国社会科学院台湾史研究中心主任、国台办海峡两岸关系研究中心学术顾问等职。主编有《中国近代通史》（十卷本）、《台湾史稿》（两卷本）以及“马工程”重点教材《中国近代史》等，发表史学论文数百篇。他对台湾史有着专深的研究。当前，台海风云激荡，“台独”势力挟洋自重，闹得挺欢。对此，如何看待和应对？结合这个问题，笔者研读了《张海鹏文集》和《张海鹏论近代中国历史》中的相关文章。这两本文集分别由社会科学文献出版社和人民教育出版社于近期出版，收录有张海鹏先生论述台湾问题的近30篇文章。从这些文章中可以看出一位严肃历史学家的公正立场、深刻见解和科学方法。

首先，明确了台湾是中国不可分割的部分。4500年前或1万年前，台湾海峡曾经几次与大陆相连接，台湾属于中国的文献记载，可以追溯到《尚书·禹贡》《三国志》。台湾考古发掘早已证明，生活在台湾的早期人类大多是从中国大陆过去的。元代中央政府正式在台湾岛建立管理机构。明代遵循元代惯例管辖台湾。清朝初年郑成功从荷兰东印度公司手中收复了台湾。清朝中央政府于1885年宣布台湾建省,1888年完成了与福建省的分治。这些,说明“台独”个别学者与政要宣传的“台湾人四百年史”“台湾不是中国的一部分”的说法，根本是无稽之谈。

其次，论证了“台湾地位未定论”不成立。甲午战争后，《马关条约》签订，台湾割让给日本。到了第二次世界大战结束前夕，1943年11月22日至26日，美、英、中三国首脑在开罗举行会议，签署了《开罗宣言》，其中明确宣示：“三国之宗旨在剥夺日本自1914年第一次世界大战开始以后在太平洋所夺得或占领之一切岛屿，在使日本所窃取于中国之领土，例如满洲、台湾、澎湖列岛等，归还中华民国。”两年后的1945年7月26日，美、英、中三国首脑在另一个重要文件即《波茨坦公告》中正式引用了开罗宣言，随后苏联首脑斯大林也在这个文件上签了字。这个文件的第八条明确指出：“开罗宣言之条件，必将实施；而日本之主权，必将限于本州、北海道、九州、四国及吾人所决定其他小岛之内。”这些条款，又在1945年9月2日的《日本投降条款》中再次得到确认。这个《日本投降条款》是由同盟国各国代表和日本国代表共同签署的。1972年9月29日签署的《中日联合声明》中，日本政府再次声明“坚持遵循《波茨坦公告》第八条的立场”。后来，美、英等国代表于1951年9月8日在旧金山签署《对日和约》，制造出所谓“台湾地位未定论”。因为既没有邀请中华人民共和国代表参加，也没有邀请台湾国民党当局参加，所以国共双方都发表声明，宣布该和约无效。综上所述，作者得出结论：“由于1972年以后中美之间三个联合公报的签订，由于1972年中日复交的联合声明中日方表示坚持遵循《波茨坦公告》第八条的立场，所谓‘台湾地位未定论’的谣传，早已灰飞烟灭了。”

再次，明确了“一个中国”的定义。台湾当局人士以中华民国1912年建国的法统说为依据，认为一个中国就是“中华民国”。这是把中华民国的法统凝固了。“须知，中国历史三千年，从来没有一个不变的法统或正统，从没有一个一以贯之的法统或正统。1644 年，清政府否认了明政府的法统，清政府就变成正统。1912 年，中华民国政府否认了清政府的法统，中华民国就变成了正统。1949 年，中华人民共和国政府否认了中华民国的法统，中华人民共和国就变成了正统。”中华人民共和国政府取代中华民国政府成为代表中国的唯一合法政府。这是国内发生革命和战争后掌握主动权的一方通常的做法，符合国际惯例。中华人民共和国继承了中华民国的全部遗产，包括土地和人民。这在法理上，与 1912 年中华民国继承清朝政府管辖的中国全部领土、人民和财产是一样的。

最后，指出“台湾独立论”必将破产。最早闹“台独”的是郑经，被康熙大帝严词拒绝，康熙派施琅率两万大军征台，一举粉碎了“台独”幻想。今天有人闹“台独”，不惜讨好外人，乞求保护，企图借助外部势力“谋独”，这是逆潮流而动。中国人民维护祖国统一的意志坚定不移，祖国统一的潮流不可阻挡。“台湾独立论”早晚会破产。19 世纪 60 年代初，美国制定了《反脱离联邦法》，旨在限制南方州奴隶主分裂联邦国家的行为，维护国家的统一。1861 年至 1865 年，发生了南北战争，以 60 多万人牺牲、40 多万人伤残为代价，最终维护了美国的统一，进而废除了奴隶制度。在华盛顿建有林肯纪念堂，纪念堂内关于林肯的塑像、题词、壁画、演说词等，都赞颂了林肯维护国家统一的功绩。

张海鹏先生认为，中央政府制订的《反分裂国家法》以国家专门法的形式，宣布“一个中国”的坚定原则，是对“台独”分裂势力的严正警告，是对台湾地区某些领导人“台独”活动的严正警告。以国家专门法的形式，把“一个中国”的原则、台湾是中国的一部分的原则明确下来，对活动在台湾政治舞台上的任何政党，特别是对主张“台独”的政党划出了底线。遵守这个底线，在这个底线范围内活动，两岸关系就是和平的；越出这个底线，出现了以任何名义、任何方式造成台湾从中国分裂出去的事实，或者发生将会导致台湾从中国分裂出去的重大事变，或者和平统一的可能性完全丧失，就会在两岸关系上出现非和平的局面。一旦出现非和平局面，“台独”势力、在台湾执政的政党，其主动权就丧失了。那时候，《反分裂国家法》规定的国家意志就要执行，任何人为的因素都阻挡不了中国共产党和人民统一祖国的正义行动。

第五，说明了“和平统一、一国两制”是解决中国统一问题的最佳选择。祖国统一是对中国历史传统的延续，正义昭然。中国共产党真诚希望用“一国两制”方式和平统一，因为这对海峡两岸同胞都有利，对台湾同胞最有利。两岸都是中国人，血浓于水，亲情所系，“渡尽劫波兄弟在，相逢一笑泯恩仇”。和平统一，体现了民族大义，国家至上，民本为怀。武力统一是到了万不得已时才使用的方式。如果“台独”势力超越底线，导致武统，“台独”势力必受惩罚，台湾同胞也会受连累。和平统一的好处，中央政府讲得很明白。早在1981年9月30日，全国人大常委会委员长叶剑英发表谈话，阐述台湾回归祖国、实现和平统一的九条方针政策，后来被称为“叶九条”。其中明确提出：“国家实现统一后，台湾可作为特别行政区，享有高度的自治权，并可保留军队”；“台湾现行社会、经济制度不变，生活方式不变，同外国的经济、文化关系不变，私人财产、房屋、土地、企业所有权、合法继承权和外国投资不受侵犯”；“台湾当局和各界代表人士，可担任全国性政治机构的领导职务，参与国家管理”。后来党和国家领导人多次讲过这些原则设想，国台办也多次公开表态，传达中央政府和人民的真诚愿望。张海鹏认为，和平统一后，台湾的“国际活动空间除了不能与外国建交外，不是缩小了而是更大了，台湾地区人民不仅能更好地与大陆做生意，也能更好地与世界各国做生意。台湾人民的生活水平将会更高。台湾地区人民和大陆人民将会挺起胸膛对世界说，我是独立的、统一的、民主的、富庶的中国公民。这将是自鸦片战争以后一百数十年来中国人最开心的一天”。“计利当计天下利，求名应求万世名。”台湾领导人如果促进祖国统一，则是历史的功臣，千古流芳，人民永远铭记他；如果阻碍祖国统一，则必然遭到历史和人民的唾弃。中华民族历史上前九次统一都是用武力实现的，希望第十次统一能够超迈前人，实现和统。张海鹏先生与台湾政要、高层领导、知名学者多有交往，多次参加两岸合办的重要论坛，多次应约在台湾有影响的报刊发表文章，是台湾政界和学界熟悉的老朋友。但愿他作为一个历史学家呼吁祖国和平统一的声音，台湾政界、学界和民众能够冷静听听，“慎思之，明辨之”，择善而从。

（原载《中华读书报》2021 年 12 月 22 日，第 10 版）

爱有源头　志如磐石

——记武汉大学许海兰教授

风景秀丽的珞珈山，古木参天，一棵棵枝繁叶茂，在明媚的春光里，显得生机盎然。就在山腰林荫掩映的一幢楼房里，一位 83 岁的导师正在用优美的声调、地道的英语给几个研究生上课。她就是武汉大学外文系英语教研室主任、归国华侨许海兰教授。

1978 年秋天，许海兰教授应邀去美国探亲访友，她到了密西西比河畔圣路易斯城的二女儿家。在充满暖气、宽敞明亮的客厅里，主人设下鸡尾酒宴。从加拿大、从美国各地赶到这里来的亲属有四代共 93 人，大家欢迎她来到美国安度晚年。置身于这杯盏交错、欢声笑语不绝的气氛中，许海兰教授望着她的曾受到周总理亲切接见的女婿、激光专家，环视着身为大学教授的儿子、媳妇和女儿，想起了出国前有关负责同志对她讲的“如果你觉得晚年住在美国合适，不回来也可以”的诚恳话语，她的心情无比激动。然而她却平静地告诉大家：“我住一段时间后还是要回去的。”众人都感到惊愕。他们按照自己的思维方式提出疑问：“这儿有小汽车、电视机、电冰箱、烘干机，有空调，有舒适的洗澡间，还有带花园和游泳池的别墅，有兴旺的许氏家族……，这样好的环境您不爱，还爱什么？”

“我爱祖国，我离不开祖国！……”她真挚的谈吐，感染着大家，渐渐地他们理解了她……

许海兰教授之所以到晚年还这样执拗地爱恋着社会主义祖国，那是因为她——

爱有源头情不绝

许海兰 1899 年出生在美国纽约。父亲是中国人，母亲是美国人，虽是两种血统的结合，但是他们格外恩爱，生养了 9 个儿女。许海兰排行第五，长得灵秀，聪明好学，深得父母喜爱。

一天小海兰学会了一个单词——“祖国”。放学回家的路上，她正高兴地念着这个单词，迎面遇到了一群白人孩子，他们一见海兰，便追着起哄：“What is motherland!You are a chinaman, a little chinaman!Ha ha……（什么祖国，你是一个中国佬，一个小中国佬！哈哈……）”说着还往她身上吐唾沫。这个侮辱称号和唾沫，强烈地刺伤了海兰幼小的心灵。她跑回家，向妈妈哭诉自己的委屈。妈妈是一个小学教员，理解孩子的心。她把海兰拉在怀里，给她揩去眼泪，严肃地说：“别哭，我的好孩子，别理他们。他们什么也不懂。你看，妈妈就爱中国人。中国人了不起，中国人是这个！”妈妈竖起大拇指，久久地竖在小海兰的眼前。接着，妈妈用饱含激情的语气给女儿讲爸爸许芹的故事。

许芹是广东台山人，由于在家乡无法生活，1870 年才 14 岁的许芹随着两个堂兄乘着木帆船在大海的波山浪谷中沉浮了60多个昼夜，到旧金山去“淘金”。到了这里后，并没有找到金子，他就在一个农场为农场主当农工，累死累活，还是吃不饱穿不暖。但他不悲观丧气，找不到金子就找知识。白天干完粗重的农活，夜晚就向好心的白人农工请教，读书识字。他每天坐到深夜，熬红了眼睛也不休息。经过几年的发奋努力，他考上了大学，最后终于成为一个学者。不但好多中国人找他帮忙做事，不少贫穷的白人也找他帮忙，他深得大家的尊敬。你看，中国人不是很有志气吗？

孩子最听妈妈的话，妈妈对中国人的赞扬和热爱，在小海兰的心田播下了“爱中国”的种子。

“中国人了不起，为什么又受人欺侮呢？”爱思考的小海兰默默地想，她决定到爸爸的房间问问爸爸。

面对女儿的提问，许芹这个硬汉子沉思了一会儿，然后捧起她的脸蛋庄重地说：“孩子，道理很简单，因为中国落后。你长大后有本事救中国吗？我们的祖国在太阳升起的那一边，那里有很大很大的地方，有很美很美的风景，有很多很多的宝藏。我们要使中国富强起来，将来是要回中国去的！”

父亲的话又在小海兰的心田里播下了“救中国，回中国”的种子。

父母亲的爱国言行对许海兰起到了潜移默化的作用，而许海兰的大学时代，又使她的爱国感情得到了升华。

她18岁时上了纽约康奈尔大学。在这里的中国学生有50多名，他们组织了“中国同学会”。许海兰是同学会中的活跃分子。他们经常碰头，思念着大洋彼岸的苦难深重的祖国。有的主张用实业救国，有的主张用教育救国。1919年五四运动时，康奈尔大学中国同学会举行了一次报告会，主讲者叫桂质廷，他是一位勤奋好学的留学生。他登上讲台，怒火满腔地痛斥了日本帝国主义和卖国贼，最后他含着热泪说：“我们这一代人决不能让中华民族继续沉沦，用科学救祖国，我们责无旁贷！”许海兰听了很受感动，默默地在心里埋下了爱的种子。

有一次，许海兰去实验室找桂质廷，正好桂质廷成功地做完了一个高难度的实验，一群人围着桂质廷祝贺，一个美国同学高兴地说：“朋友们，我们的桂了不起，真像白人一样白！”

“像白人一样白”，这句话在当时是对有色人种崇高的称贺。可是桂质廷却摆了摆手，认真地说：“谢谢，不过，你说得不对，我只是像黄人一样黄！”

桂质廷维护中国人尊严的言行引起了许海兰强烈的共鸣。她从桂质廷身上看到了中国人的志气和才华，坚信中华民族将在他们这一代儿女手上发生变化。她决定把爱桂质廷和爱中国结合起来，把珍贵的爱情和救中国的事业结合起来。

正是由于这崇高的爱，1921 年他们从康奈尔大学毕业后，怀着科学救国的抱负，毅然离开花花世界的美国，回到了千疮百孔的中国。新中国诞生了，桂质廷担任武汉大学理学院院长的重要职务，更加发奋搞科研，身为教授的许海兰培育着一批又一批的外语人才。当美帝侵略朝鲜的时候，身上同时流着中国人和美国人的血液的许海兰，亲自送三女儿参加志愿军，保家卫国……

许海兰教授在十年动乱后，晚年又放弃在美国可以拥有的舒适生活，执着地在中国大地上生活、工作，那是因为她——

信念如磐志不移

“在我们中国，共产党是实事求是的，人民是善良公正的，虽然有时会出现一丝风云，但风云总会过去，还是社会主义好！”这是许海兰在美国经常对亲友们讲的一段话。这段话是她从自己的生活经历中总结出来的，这也是她的信念所在。

1952 年，她的丈夫桂质廷因被人扣上莫须有的罪名而受到审查，她也一度感到委屈难过。可是不久事实就澄清了，她丈夫的名誉得到恢复。在十年动乱中，已在 1961 年病故的桂质廷被怀疑是美国特务，唯一的证据就是他参加过国家的一个重要科研项目，与国际学术界发生过联系。一些所谓的组织逼着许海兰写揭发材料，但她相信丈夫的问题总有一天会搞清楚。事实正是这样，几年后周总理在日理万机的繁忙工作之中，亲自在一个报告上作了批示，使得桂质廷和有关人员蒙受的不白之冤得以昭雪，公正的结论更坚定了许海兰对党对社会主义的信念。

在十年动乱中，许海兰被扣上了“资产阶级学术权威”的帽子，受到冲击，大字报铺天盖地，批斗会一次接一次，住过“牛棚”，扫过厕所。有一次她在路上受到一群小孩的围攻叫骂，他们还向她吐口水。回家后邻居有位老太婆见她满身是痰，深表同情，执意帮她洗了这件脏衣服。她想，孩子们是幼稚的，而邻居不怕牵连，帮助她，这不正表明群众是善良正直的吗？许海兰一度孤寂的心得到了安慰。

在知识分子被斥为“臭老九”的日子里，七十高龄的许海兰也陪着学生们一道下工厂干活。有一次，她正在吃力地用铁锹挖地基，一位老工人看到后，向旁边同志问明了她的情况，然后跑过来对她说：“你别干这重活。”说着一把将铁锹夺过去了。此后，凡是险活、重活，工人们都不让她干，只让她擦擦铁锈。一道下去的同志们也处处关照她，给她以温暖和力量。

许海兰教授桃李满天下，她从学生们的成长中看到了自己工作的价值，又从同学们对她表示尊敬的淳朴感情中获得了新的力量。记得1961年的一天，她下课回家看到桌子上放着一纸盒鸡蛋和一张没有署名的纸条，纸条上写着：“感谢您在我们身上耗费的心血，这是我母亲攒下的鸡蛋，送给您补养身体。”学生家也一样是在饥荒中啊，却把鸡蛋送给她，许海兰觉得有一股暖流流遍全身。

由于中美长期的隔阂，加上台湾宣传机构的造谣中伤，在美国生活的人对社会主义中国多少有一些误会之处。在美国探亲的那些日子里，许海兰教授随时随地现身说法，用生动的事实向他们讲解，帮他们正确认识祖国。一次有位亲友对她说：“在中国不自由，譬如大学生毕业后，要接受统一分配。”许海兰教授并不直接反驳他，而是用拉家常的方式对他讲了自己小儿子分配的事。

1960年，她的小儿子武汉医学院毕业，学校已决定让他留校工作。当他听说边疆缺少医生，党组织号召同学们自愿报名去边疆工作，他便积极要求到青海去，组织上认为他的家庭需要照顾，要他回家商量。他回家向母亲说明情况后，许海兰满心高兴地对儿子说：“我完全支持你的行动。祖国培养了你，你就应该好好地为人民服务。青海比内地更需要医生，你的打算很对。我的身体好，还有你姐姐在身边，不需要你照顾什么，你完全可以去。”小儿子终于得到了组织的批准，到了青海，为藏民医病治患，救死扶伤。在青海17年，他同藏民建立了深厚感情。

那位亲友听了这个故事，很受感动地说：“啊，原来在中国工作也是挺自由的，尊重个人意见。中国政府关心群众疾苦，号召为人民服务，人与人之间讲互助，这样好的社会风尚在美国是很难见到的。”

1979年的夏天，银湾的乔治湖畔，鸟语花香，杜鹃花、紫玫瑰和郁金香竞相开放，湖面上波光粼粼，这是纽约人度假的好处所。一天，二女儿特地开车带妈妈到这里游玩。女儿赞美着面前的旖旎风景，弦外之音还是想留住妈妈，而妈妈接过话头：“这儿是美的，但我的武汉大学珞珈山，春天有樱花，夏天有荷花，秋天有桂花，冬天有梅花，在我心目中是最美的了。我在武大工作了40多年，十年动乱中我不曾想到离开她，如今国泰民安，大干‘四化’，这时我更是舍不得离开她了。”妈妈在女儿前面走着，是那样诚挚坚定。

啊！祖国，暂时也有不少落后的地方，但中国人民正在大踏步地前进。许海兰毅然回到了祖国，要为“四化”再贡献一份力量。她早已年逾古稀，满头银丝，但是许海兰教授——

青春长驻永不衰

许海兰教授自新中国成立以来一直担任英语教研室主任，她对工作主动、热情、负责。每年新生到校，她总要去讲一番话，鼓励学生们发奋学习。她除了完成自己的教学任务外，还经常听青年教师的课，帮助他们提高教学水平。她的分外工作也是够多的：帮助电台的英语广播讲座纠音啦，给别人录音啦，接待上门的求教者啦，给来函求教者一一复信啦，有时忙不过来，还拉女儿做秘书帮忙。她还身兼武汉市政协常委、省侨联常委，有时要参加社会活动。

许教授的家离外文系有两里多路，要爬一百多级台阶的山坡。为了照顾她的身体，领导叫她不用参加系里的政治学习。她爽朗一笑：“周总理说，活到老，学到老，改造到老，我怎么能例外呢？学习会使我更有劲头。”

外语是开向世界的窗户，引进先进科技的桥梁。许海兰教授一心想着在自己的有生之年为国家多作贡献。1978年夏，她参加了教育部组织的给粉碎

“四人帮”后的首届留学生出英语试题，并用她的朗诵录音作为口试的主要依据。她一想到这事就格外兴奋，自己虽已八十高龄，还是祖国用得着的人才。她到美国探亲的10个月里，除了会见亲友、培植中美两国人民的友谊外，还不忘祖国的教育事业。她常到一些大学里去听课，了解他们的教学情况，物色专家来华带课。她回国时，带回了两大箱珍贵的外文资料。她的大学毕业的外孙女张乃怡虽然在美国已找好工作，但受到外祖母的影响，也随她一道自费来到武大，先为祖国工作一段时间。

许海兰教授的教学一向以既严格要求又耐心辅导而受到学生们的赞扬和尊敬。1980年冬天的一个上午，刮着寒风，下着雨，在许海兰教授家里上课的研究生有两名缺席了，缺席者课前又没有请假。这件事使许海兰教授心里不能平静。吃过午饭，她换上雨鞋，打着伞，要去找这两名同学。家里人怕她冻着了，摔倒了，劝她不要去。她没有动摇，她在风雨中步行了二十多分钟来到学生宿舍，当她得知缺席者并不是由于有什么特殊的事时，便严肃地批评了这两名同学：“你们这样做是不符合党和人民的要求的，随便缺课，也不像一个研究生的学习态度。”一番诚挚的话语使两位旷课的同学触动很大，当夜幕降临，路灯亮了的时候，许教授耐心地给他们将上午的课补讲完毕，这时才满意地起身回家。同学们目送着她的身影，想到她老人家这样兢兢业业，图的是什么呢？许教授不正像这路灯一样吗？不管是炎夏寒冬，还是雨雪风霜，一年四季为人民尽忠职守，默默地发热发光。许教授啊，有您这样的师长指导，我们怎能不好好学习呢？

许海兰教授工作起来有一种忘我精神。1981年暑期，武汉酷热，她在北京当研究员的大女儿和女婿，6月就催她去避暑，而武大外文系英专有12名研究生毕业，她身为教研室主任，是论文答辩委员会主席，但同志们考虑她年事高，连续主持9场论文答辩，恐怕受不了。正在为难之际，加拿大专家门罗先生自告奋勇当答辩委员会主席。但许海兰教授认为我们是中国重点大学的外文系，应该是中国的专家自己主持，她说服了同志们，坚持挥汗工作，白天主持紧张的答辩，夜晚审阅厚厚的论文，直到答辩工作圆满结束。

许海兰教授的勤奋工作，赢得了人们的普遍尊敬。她连年被评为先进工作者，1982 年省妇联又授予她“三八红旗手”的光荣称号。她说：“我把全部心血献给了祖国，祖国又给了我无限的青春。”她年事虽高，但她感到浑身充满了青春的活力，她已经培养了 17 名研究生，又在带新的研究生。她多年从事语言教学，积累了一套经验，她计划除把以往发表的论文结集出版外，再写一部专著出来，在理论方面作一点贡献。

灿烂的阳光洒在新长征路上，许海兰教授青春长驻永不衰。我们相信她热爱社会主义祖国的丹心热血，会开出更美丽的花，结出更丰硕的果。

（本文系笔者在武汉大学四年级下学期的作品，与陈志鸿老师合写。首先发表在《武汉大学报》上，1982 年 5 月 25 日《湖北日报》头版头条发表。《时代的报告》1982 年第 8 期转载）

讲话与致辞

把握信息时代脉搏 打造网络学术品牌

——在第五届中国品牌媒体高峰论坛上的讲话

2012 年 9 月 20 日

信息时代，内容为王，品质是媒体的生命线，品质是打造品牌的基石。中国社会科学网是中国社会科学院主管、主办的大型门户网站，是中国社会科学院首批进入“哲学社会科学创新工程”的试点单位。目前已开设 10 大板块 60 多个栏目，二、三级子栏目近千个，还推出了英文频道，打开了面向国外的学术窗口。随着中国社会科学网的迅速发展，我们狠抓内容建设，精心策划选题，严把编辑质量关，决心打造一批政治导向正确、思想理论深刻、学术品位高、社会评价好、特点突出、风格鲜明的学术精品栏目。我们把重点放在繁荣和发展社会科学、满足社科学术界新的发展要求、满足广大社科工作者的切实需要上，推出了“新闻摘播、独家访谈、政策解答、本网首发、英文频道”等一批重点栏目，这些栏目各有特点，具备成长为品牌栏目的潜力。我们着力办好《本网首发》栏目，把它倾力打造成特色栏目、精品栏目，最终成为网络版的“核心期刊”。我们有一个美好的期许：在不久的将来，给中国社会科学网《本网首发》栏目投稿，就等同于给核心期刊投稿，能够成为评职称、评奖、级别晋升的依据。

这是我们的一个目标，我们正在为实现这个目标而努力。

为什么要创办《本网首发》栏目？为什么要树立这样的目标？我想谈一谈我所注意到的、目前传媒领域正在发生的两个现象。

第一个现象是“弃纸上网”。在过去 20 多年的时间里，互联网技术的日新月异成为推动学界变革的驱动力量。早期的传媒理论家马歇尔·麦克卢汉曾指出：“媒介即讯息”，传媒的类型在相当程度上超越了信息本身对一个社会的影响。电子信息技术主导文本高速复制的今天，显然不同于毕昇发明活字印刷术的北宋；可将地球一端的信息即时分享到另一端的当下，自然也不同于依赖马匹和电报传递的往昔。是的，我们已经进入了“即时分享”的时代。自上世纪 90 年代以来，互联网迅速崛起，这场人类文明史的巨大变革已构成描述 21 世纪的关键词。

据统计，从 2006 年到 2010 年，互联网每年的综合增速持续超过 20%，而全球报纸的日发行量则从 2009 年开始下降，2010 年已下滑至接近 2006 年的水平。全球多家知名老报纷纷出现“弃纸上网”的现象。美国知识界颇具影响力的《基督教科学箴言报》，发行量从 1970 年的 23 万份下滑至 2008 年底的大约 5 万份，但报纸网站的点击率则大幅上升，比 10 年前增 400 万人次。这促使他们放弃了坚持长达 100 年的日报印刷版，在 2009 年 4 月正式停止发行印刷版，改为发行网络版。在期刊方面，美国作为世界电子出版物的“领头羊”，现有 15000 多种杂志拥有电子版，美国国会图书馆将投巨资把全部馆藏 8830 多万种文献数字化。

“弃纸上网”在我国也不例外，据统计，我国民众纸质图书的阅读率连续 6 年走低，与之对应的是网络阅读率却连续 7 年增长。二者的比例都在 10% 以上。

第二个现象是“一纸难求”。与“弃纸上网”现象对应的是“一纸难求”，即待发论文数量巨大与期刊版面有限的矛盾。随着我国社科学术的发展，社科工作者生产成果与日俱增，论文产出数量激增，而能够发表的纸质媒体和版面是有限的，这就形成了一个巨大的供求矛盾，甚至到了“一纸难求”的地步。据统计，目前国内学术或准学术类别的人文社科期刊有3000余种，每年发文约51万篇。其中核心期刊200多种，发文量为4—5万篇。而目前我国有大约100万社科工作者，需要发表文章的学者如按10%计算，也有10万人，而且在逐年增加。即使以每人每年发文1篇计算，尚有50%以上的社科工作者难以找到发文刊物。可见核心期刊僧多粥少，远远不能满足广大社科工作者发表论文的需要。在这样的情况下，稿件排队已经习以为常，等待半年、一年、二年是常见的现象，有的甚至等上三年、四年。这里就出现了论文的“发表时滞”问题，即论文的出版日期与编辑部收到该论文日期之间的时间差。期刊界用“发表时滞”来衡量论文的发表速度。1994年国家科委颁布的《学术类科技期刊质量要求及评估标准》中要求“发表时滞”在200天到300天之间，社科类期刊的情况与此类似。我当年在《求是》杂志工作，有的省部级干部写的文章编辑部都通过了，主编也签字了，但往往要等待半年或一年才能发出，因为版面非常紧缺。我也在《中国社会科学》杂志工作过，在那里很多著名专家、学者的高质量论文，发表也需要等上一年到两年。

“一纸难求”给社科学术界造成了诸多问题。

一是造成作者一稿多投，学术失范。由于版面有限，等待时间过长，作者往往等不及论文在首选刊物上发表，转而投向别的刊物。这种“一稿多投”的情况经常发生，进而引起发文混乱，矛盾丛生，学术失范。

二是造成文章价值效益递减。科研论文需要及时发表才能解决社会问题，发挥社会效益，特别是一些对策性很强的研究论文更是如此。倘若观点正确，建议得当，一旦发表了就能马上被决策部门发现采纳。但是如果延迟发表，由于面临的形势发生改变，时过境迁，该论文提出的对策就失效了。在金融危机时期尤其如此。

三是束缚了学术理论发展。科研成果长期得不到发表，容易让科研人员产生苦闷、失望情绪，挫伤研究人员的积极性。因为论文不能及时发表，很多具有科研能力、创造力的人才，不想写稿或者不想多写稿，撰写科研论文的能力得不到有效训练和充分发挥，导致科研能力、写作能力和创造能力萎缩。

四是助长了不正之风。由于发论文涉及评职称、评奖、级别晋升等切实利益，导致要发的文章很多。但是刊物版面有限，就得花钱买版面，或者请客送礼，打通关系，滋生不正之风，于是出现了权势稿、关系稿、人情稿。这些因素的介入挤占了优秀论文发表的空间，影响了学术质量的提高。

为了改变“弃纸上网”与“一纸难求”这两种现象，中国社会科学网创办“本网首发”栏目，也就势在必行了。

与纸质期刊相比，互联网“核心期刊”具有版面无限、发表快速、编辑便捷、受众广泛、互动性强等众多优点。

优点一，电子媒介版面的无限性，让发文不受版面约束。由于版面的延伸性与灵活性，可以根据实际需要扩展或增设版面，避免积压那些难以割舍的优秀文稿。

优点二，电子期刊保证了科研成果发表的时效性。网络化的电子期刊从投稿、评审、编辑、出版到发行、订阅、典藏等一系列过程，完全是以电子方式进行的，出版时间可以调控在数小时之内，不受出版周期、发行周期的限制，使学术论文的思想价值得以快速传播，社会效益得到较好的实现。

优点三，电子期刊受众广泛，互动性强。电子期刊改变了思想传播者与接受者之间的传统互动关系，颠覆了纸质学术媒介长期以来形成的“作者—编者—读者”的迟滞模式。此外，统计互联网文章的点击率、转载率等指标即可完成对一篇文章的初步评价，并由此淘洗、筛选有价值的学术成果。

优点四，电子期刊编辑、刊发具有灵活性。在电子期刊上刊发的文章无疑是成熟的作品，我们遵循成熟一篇发表一篇的原则，不受传统媒体印刷、制作周期和规模的限制，保证了文章的质量，使刊发具有灵活性的特征。

优点五，网络“核心期刊”解放了学术界的生产力。电子期刊由于能及时发表学术成果，有利于激发学者的创作热情，提高学术产出，增加学术成果，解放学术界的生产力，最终促进社会的进步。

优点六，电子期刊版面的无限性和刊发的灵活性解决了发文章的难题。

从而消除了花钱买版面等不正之风，扫除了学术发展的障碍。能实现论文发表的无纸化，大大节约社会资源、能源。如同数码相机取代了胶卷一样。

中国社会科学网上线至今，“本网首发”已经发展为拥有多个一级栏目的原创网络学术平台。除学术文章、文集等常设栏目外，还有主题征文等动态板块。“本网首发”得到了科研人员、高校师生、机关工作人员、出版传媒从业人员、自由学者的广泛关注和积极参与。

我们有志于把“本网首发”专栏办好，使“本网首发”成为中国社会科学院的创新品牌，成为中国社会科学网的一张名片。我们也有条件实现这一目标。因为中国社会科学院有阵营强大的学术研究力量，有 90 多家国家级权威或核心期刊编辑部，中国社科网可以与这些编辑部开展合作。我们还有创新体制与机制的保证。

各位媒体朋友，让我们携起手来，推动社科工作者共建网上社科家园，推动网络学术平台快速发展，推动中国互联网事业走向美好的未来！

百川归海　而海不盈

——在中国社会科学网全体职工会议上的讲话

2011 年 11 月 11 日

毛泽东在他的诗词《沁园春·长沙》里有这样的句子："独立寒秋，湘江北去，橘子洲头。看万山红遍，层林尽染；漫江碧透，百舸争流。"现在也是秋天，当我们在这天高地阔之际谈及我们在互联网时代的担当与责任，相信大家都能真切地感受到"百舸争流、千帆竞发"的挑战与机遇。在这里我首先向在创新工程竞聘考试中取得优异成绩并且最终进入创新岗位的同志表示祝贺。祝贺你们走向了自己人生事业的一个新高度！借此机会，我也向在座的同志们提出几点期望。

第一，充分认识当前的时代趋势，审时度势，把握时代潮流。

正如我们大家所看到的，移动互联网的快速发展和三网融合时代的到来正在掀起新一轮的信息传播革命。新媒体 PK 传统媒体，逐渐有将其取而代之的趋势。网络媒体的迅速发展，使互联网日益成为新闻舆论的独立源头，而且在某种程度上引领着社会舆论的基本走向。老子说过的"不出户，知天下；不窥牖，见天道"在今天的时代已变成现实。这就要求我们中国社会科学网的同志能够对互联网时代的认识更成熟更理性，使我们网在中国社会科学的发展中发挥积极的作用。

希望大家开阔视野，拓展思维，在坚持正确的政治方向的前提下，及时准确报道相关新闻信息，多联系编发国内外有良好知名度和影响力的学者的文章。希望在座的各位都要有认识人类发展规律的战略眼光和海纳百川的胸怀。“山不辞土，故能成其高；海不辞水，故能成其深。”德国诗人歌德曾经说过：“我们为祖国服务，采取的是各自不同的方式，重要的是，我们每个人都按照资禀，各尽所能。”学术向来是充满争议和交锋的，作为中国社会科学的门户网站，我们要鼓励百家争鸣，百花齐放，同时要做到汲取精华，去其糟粕。

第二，要树立忧患意识，培养正确的价值观。

春秋时期，晋、宋等 12 国联合攻打郑国，郑国向其中之一的晋国求和，给晋国送去钱财若干。晋悼公把贡品分给众人享受。此时大臣魏绛劝谏他的主公不要贪图眼前的享乐，要考虑长远，并说：“居安思危，思则有备，有备无患。”杜甫的“穷年忧黎元，叹息肠内热”，体现了一个平民知识分子时刻念及国家安危的胸怀。范仲淹在《岳阳楼记》中表达了与杜甫相通的民间知识分子的立场：“先天下之忧而忧，后天下之乐而乐。”这些智慧的古人不将注意力放在自己身上，而将“天下”（天下的人们、天下的事情）放在前面，急天下之所急，忧天下之所忧。还有陆游，“位卑未敢忘忧国”，尽管自己的社会地位毫不起眼，但也要考虑国家和民族的生死存亡。

我们的国家在当前高速发展之际，却不断有“盛世危言”发出，其中涉及了种种社会发展中的问题，如“三农”、金融、贫富差距、生态与资源、党群关系、官员腐败、国有资产流失、信心与诚信等。这些问题中的哪一个被忽视了或者处理不好，轻者会影响中国可持续发展，重者会危及党和国家的安全。我们社会科学网的同志作为国家文化的承载者和传播者，在这样的复杂形势下更要认清现实，实事求是，培养正确的价值观，树立忧患意识。

第三，挑战自我，成就卓越，树立竞争意识。

我这里所讲的竞争意识包括两层含义：首先是我们网站和其他同行之间的竞争。在互联网越来越发达的时代，社会更开放，信息来源更复杂、多元，竞争也更加激烈。所以我们的同志要树立行业间的竞争意识。我们作为网络时代的传媒，信息传播效率的高下决定了媒体的影响力，这体现的是一种“优胜劣汰”的竞争原理。“在没有竞争的环境中，没有效率的媒体也能够生存，而一旦竞争出现，没有效率的媒体将面临被淘汰的危险。即便暂时能够依附政府的财政津贴或制度津贴维持下去，但一旦面临开放的竞争环境，无效的制度安排终将在竞争中败下阵去。”从这个意义上说，由于网站的特殊性质，我们网站和其他网站相比，在吸引人眼球的娱乐等领域并没有竞争优势，但我们网站也有占据学术高地的独特优势。我们要善于运用自己的优势，积极地参与到互联网发展的竞争中去。

我们的同志要树立竞争意识的第二个层面是，希望大家在自己的岗位上有竞争意识。“有为方能有位，有位更要有为”，创新岗位给了我们一个竞争的环境，希望每个同志都要有挑战自我的勇气与自觉。“以为争位，以位促为”，以这次竞聘为契机，积极参与到竞争中去，无论从小处对自我的认识，还是从大处对时代的认识，都能正面地、积极地面对竞争的环境，勇于拼搏。英国哲学家休谟在《论艺术和科学的兴起与进步》中说：高尚的竞争是一切卓越才能的源泉。相信我们的事业在大家的积极竞争和努力工作中会有更大的成就和突破。

第四，要有专业精神。遵从规范、优化品质，加强专业和技能的学习。

爱因斯坦说过：对一个人来说，所期望的不是别的，而仅仅是他能全力以赴和献身于一种美好事业。希望我们网的每个同志能注重专业和技能的学习。“工欲善其事，必先利其器。”扎实的专业功底，对所在领域的深刻认识是能将这个事业做到一定高度的必备和前提。专业精神意味着：在座的同志们对自己所在岗位的工作有着精深的学习与孜孜不倦的研究；方方面面的精益求精；在原有知识基础上不断地学习与创新，充满创造力。人的一生是边走边学的过程，三人行必有我师。我希望我们的同志能始终保持这样的谦虚，尤其对于自己所在的领域和专业，一定要做到既有广博的知识面，对各个流派和专家耳熟能详；又有自己独到的见解和立场；还能接收和吸纳不同的见解并能够进行思考；并能够善于甄别信息的真假，所谓“谣言止于智者”，要有分析和判断正确与错误、真实与虚假的能力。

在技能方面，我希望我们的编辑努力自觉主动学习编辑知识，培养作为一个优秀编辑的能力。希望我们的记者能自觉主动地用知识充实自身，培养自己成为一个高素质的有内涵的优秀记者。希望我们的技术人员能够刻苦钻研，善于学习，努力在自己领域成为一个优秀的技术人员。一棵大树经过一场雨之后倒了下来，原来是根基短浅。因此，我们做任何事都要打好基础，才能坚固屹立。

第五，要有精品意识。打造能产生广泛影响力的品牌栏目，扩大知名度。

在这互联网的时代里，同行之间“八仙过海、各显神通”，而精益求精，追求完美，追求卓越，是我们事业的生存之本、胜利之基。求“精”是一种理念，我们网的同志们以精品为工作标准，把自己负责的工作完成好，出质量，见效益。不能含糊其辞地说“差不多”“过得去”，努力将一些重点栏目建设为精品栏目，善于学习，努力创新，积极探索，塑造精品，让这些精品栏目成为同行参观学习的对象，成为主角。

精品之所以是精品，是因为它注重细节，精雕细琢，好中求好，精益求精。态度决定一切，细节决定成败，只有虑事精心，过程精细，结果才能是精品。精品必须优质。精品意识反映的是一种进取精神和创新精神。它也是一种习惯，一种理念，一种追求，干一项工作创一个精品，完成一项任务形成一个亮点。只有这样，我们的网站才能不断提高水平和层次，扩大影响力。

第六，树立责任意识，培养良好的工作习惯。

责任感由何而来？一是良知，二是抱负。前者是做人，后者是做事，不可偏废。一个学者，没有了使命感，便没有了学术的良知。一个媒体人，没有了责任感，便远离了事实的真相。责任感和使命感自古就是中国读书人的抱负，“为天地立心，为生民立命，为往圣继绝学，为万世开太平”，这样的句子激励了很多人。而我们社科网的同志尤其需要树立责任感，从小事到大事，从自身到团队，都要以一颗负责认真严谨的心去对待。

希望每个同志都能自觉主动地在工作中培养良好的习惯，锻炼自己的意志，及时完成任务，勇于承担责任。苏轼说："古之成大事者，不惟有超世之才，亦必有坚忍不拔之志。"路是脚走出来的，历史是人写出来的。人的每一步行动都在书写自己的历史，我希望我们单位的员工每个人都有一本属于自己的光辉奋斗史。

第七，要有团队意识。树立大局意识、协作精神和服务精神。

《易经》里讲："二人同心，其利断金。"希望大家提高团队意识，树立大局意识、协作精神和服务精神。相互理解，相互帮助，从大局出发，和社科网的发展一道携手并进。屈原说过："尺有所短，寸有所长。物有所不足，智有所不明。"为别人鼓掌的人也是在给自己的生命加油。做人最要紧的四个字：正道直行。我希望我们每一位同志都能时刻反思自己，用心去做，做正确的事。以诚感人者，人亦以诚应之。人生是需要境界的，点燃了的火炬不是为了火炬本身，我们自身的美德应该超过自身照亮别人。唯宽可以容人，唯厚可以载物。一个人无论才能、知识多么特出，如果缺乏和人相处时所应该具备的素质和修养，那么，获得再多的利益也是不值得羡慕的。古人云："人心齐，泰山移。"我也期待各个部门之间能精诚合作，在我们网站改版之际，能贡献意见和建议，进行讨论和辩论，最后确定适合我们网站长远发展的页面布局和工作重点等相关内容。

在历史上，我们华夏民族并不缺少创新力。在科技领域有对世界文明影响深远的"四大发明"，在思想和文化艺术方面，从先秦诸子精彩纷呈的百家学说，到楚辞、汉赋、唐诗、宋词到元曲这些不断适应时代发展的创新和流变，再到民间丰富多彩的艺术形式，中国的思想和文化艺术在历史上具有很强的原创性，且在各个方面取得了后人难以企及的成就，在世界上至今都产生着广泛的影响力，备受推崇。我们的国家和人民一直在思考这个问题，为什么近代以来我们的民族迟滞了发明和创新的脚步？是什么阻隔和影响了国人的思考和创新活力？这样的思考，对我们从事社会科学文化传播工作的网络媒体人而言，也是非常必要的。

中国的社会科学事业的创新，将成为政府、民间和学术界三方合作的重要契机，而我们社会科学网要为这样的合作提供服务和平台，让三方面都能听到彼此的声音。在互联网时代，社会科学的创新更依赖于先进的科技和迅捷的传播渠道。信息、通信和网络技术变得越来越重要，成为社会科学创新必须依赖的技术手段。我们处在一个网络化的时代，网络已经成为一种创造性的力量。网络化可以大大促进各种创新成果的形成和传播效果。让社会科学创新成为我们国家重要的社会活动。作为有大量学术资源这样先天优势的中国社会科学院，必须积极创建并且借重自己的网络。希望在座的各位都能认识到肩上担负的时代重任，以满怀的信心和热情把握这样的机会，迎接各种挑战。周恩来说：我们爱我们的民族，这是我们自信心的源泉。

百川归海，而海不盈，这既是互联网的特点，也是我们中国社会科学网的胸怀，在以后的工作中，希望大家继续及时准确报道国内外重大新闻，深度解析各类社会热点、疑点、难点问题，全面立体反映国内外学术动态、学术理论和学术成果，建设好社科网这个平台。

新媒体时代哲学社会科学的传播

——在中国传媒大会上的演讲

2012 年 1 月 12 日

各位媒体同行，各位朋友：

大家好！

很高兴出席这次中国传媒大会。上世纪 80 年代，曾担任中国科学院院长兼哲学社会科学部主任的郭沫若先生写过一首诗："漫天飞雪迓春回，岭上红梅映日开；一自高丘传号角，万紫千红进军来。"这首诗正好表达我欣喜激动的心情，同时也对大会的召开表示热烈的祝贺！

我演讲的主题是《新媒体时代哲学社会科学的传播》，主要谈三点。

第一点，哲学社会科学是文化之魂

十七届六中全会提出了文化发展的主题。要推动文化大发展大繁荣，离不开哲学社会科学。哲学社会科学是文化的内核和灵魂，是繁荣发展社会主义文化的"火车头"，如果没有哲学社会科学的繁荣与发展，文化的发展就缺少了主心骨与灵魂。哲学社会科学在认识世界、创新理论、传承文明、资政育人和服务社会等方面都承担着重要功能。可以说，哲学社会科学的发展水平，深刻地体现着一个国家和民族的思维能力、精神境界和文明素质。

我们在推进社会主义文化强国的建设中，重点要宣传社会主义核心价值体系。社会主义核心价值体系是社会主义意识形态的本质体现，是兴国之魂，是先进文化的精髓，决定着中国特色社会主义发展方向。中央宣传工作会议提出，要深入推进理论武装工作，牢牢巩固马克思主义在意识形态领域的指导地位，扎实推进思想道德建设和精神文明建设，不断深化社会主义核心价值体系宣传教育；为推动社会主义文化大发展大繁荣提供强大动力。

中国社会科学院是中央定位的马克思主义的坚强阵地、哲学社会科学的最高殿堂、党中央国务院重要的思想库和智囊团。中国社会科学院目前已有36个研究所（还会增加），45个研究中心，92种学术刊物，4000多名在职研究人员，近200名学部委员（含荣誉学部委员）；每年推出研究成果上千项，出版专著报告上千册。去年又新组建了财经战略研究院、亚太与全球战略研究院、社会发展战略研究院和情报信息研究院，这是中国社会科学院实施哲学社会科学创新工程后成立的首批跨学科、综合性、创新型学术思想库和新型研究机构。坚持和发展中国特色社会主义，要求我们大力发展哲学社会科学，自觉、自信、自强，不断创新，与时俱进，着力推进社会主义核心价值体系建设，着力巩固壮大积极健康向上的主流思想舆论，着力深入推进文化改革发展，迎接党的十八大胜利召开。没有正确的理论指导，没有文化的积极引领，没有人民精神世界的极大丰富，没有全民族精神力量的充分发挥，一个国家、一个民族不可能屹立于世界民族之林。

第二点，加强哲学社会科学信息化建设

在新媒体时代，我们要从网络化、信息化的潮流趋势中把握我国文化发展前景，把握哲学社会科学的发展方向。目前我国网民已有5亿多，通过网络了解信息、浏览新闻、休闲娱乐、学习知识、交流讨论，网络已经成为人们丰富文化生活、满足精神文化需求、开展学术研究的重要途径。在这个“无

网不胜”的时代，我们要顺应网络化信息化时代潮流，利用好互联网这个新阵地和新平台，努力建设健康向上的网络文化，为我国文化发展注入新动力，为哲学社会科学繁荣开辟新领域。

去年以来，中国社会科学院以“十二五”信息化建设规划为指导，先后成立了中国社会科学网、调查与数据信息中心；对全院119个信息系统进行了调研和梳理，以国家哲学社会科学创新工程为契机，大力推进名报、名刊、名社、名馆、名网、名库——“六名工程”建设。纸媒介、电子媒介、网络媒介这三种媒介中，网络媒介以其信息传播的快捷、互动、海量、共享、开放，正成为全球智库众多传播渠道中的新宠。目前，中国社科院各研究所和职能部门共有网站42个，其中英文网站22个。我们着力建设中国社会科学网站群，不断提升竞争力，扩大学术影响力，把社会科学信息化建设推向一个新阶段。

第三点，做大做强中国社会科学网

中国社会科学网于2011年1月1日上线。一年来，我们按照院党组提出的“由小到大，稳步推进，逐步发展，内容为主，做大做强”的20字方针，稳步推进。开设了60个栏目，10大板块，二、三级子栏目上千个，截至去年12月31日，中国社会科学网已发布各类稿件50多万篇，6亿多字。其中，新闻类稿件2万多篇，学术类稿件近50万篇，图片5000多幅，视频200多个。我们的独家访谈特色鲜明，学术含量高，社会影响大。一年来采访了170多位专家学者，报道了140多次学术会议。

目前，利用中国社会科学网进行学习、研究的网民日益增多，越来越多的专家学者积极向中国社会科学网投稿，每天收到投稿上百篇。中国社会科学网发表的文章，有多篇被《中国社会科学文摘》《新华文摘》《红旗文稿》《学习时报》《北京日报》等转载。我们坚持转载文章三审制，原创文章五审制，做到了“三无”，无硬伤差错，无政治错误，无方向错误。我们坚决抵制“三俗”，为网民提供了格调高雅、内容清新的精神食粮。

我们参加、主办、协办了一些会议，如两岸三院信息技术交流大会、文化强国高层论坛、“小悦悦事件”座谈会、“搀扶老人的道德与法”全国第二届好人论坛等，积极发挥社科网的作用。

我们已经建立了一支60多人的队伍，计划年底发展到120人，实行新的用人机制，激发了创造活力。2012年我们将加快演播室和后台发布系统建设，加强与各所局的合作，整合院所网站资源，推进中国社会科学网的建设。

当前，全球新媒体发展已进入了一个新阶段。全球互联网网民人数突破24亿，手机用户近60亿。我国已成为新媒体用户世界第一大国，互联网用户5亿多，手机用户已有9亿多。在这样一个快速变化的国际传播格局中，适应新媒体时代的传播规律，应对西方国家的新媒体传播战略，掌握国际学术话语权，主导国际舆论，推动中华文化走向世界，需要我们做更多的工作，做更充分的准备。中国社会科学网在2012年1月1日正式开通了英文频道。这是中国社会科学院推动哲学社会科学“走出去”，扩大国际学术话语权的重要举措。中国社会科学网作为新媒体中的新成员，将努力为推动社会主义文化大繁荣大发展作出更大的贡献。

谢谢大家!

在第四届东亚史料编纂机关联席会议开幕式上的致辞

2014 年 11 月 11 日

尊敬的各位专家、学者，女士们、先生们：

大家好！首先请允许我代表中国代表团全体成员，对第四届东亚史料编纂机关联席会议的成功召开，表示热烈的祝贺！对为组织本次会议而付出辛劳的东道主韩国国史编纂委员会的诸位同仁表示衷心的感谢！

中、日、韩三国在史学研究方面，有着长期的良好合作关系。这种良好的合作关系的形成，在我看来，源于多种因素。

首先，三国都重视史学的作用。在中国，思想家龚自珍说过："欲知大道，必先为史。"这也是自古以来中华民族的共识和优良传统。"观今宜鉴古"，"温故而知新"，"以铜为镜，可以正衣冠；以史为镜，可以知兴替；以人为镜，可以明得失"。2000 多年前孔子整理《春秋》，开重视史学之先河。从司马迁写《史记》，传承到民国时期，形成二十六史，代代相传，不曾中断。所以，近代思想家梁启超断言："中国于各种学问中，惟史学为最发达。"

日本思想界同样是重视史学的。日本文化名人池田大作先生同我国史学家、华中师范大学校长章开源先生有过一次对话，在对话中他说："学习历史对于人类来说无比重要。只有借鉴历史，人类的未来才会和平、胜利，光明的轨道才会延伸。在此意义上，没有比了解历史更强大的武器了。不了解历史，不学习历史，……无法得到真正的幸福。无论经济有多么发达，名气多么大，如果不学习历史，这种繁荣是短暂无常的。”

我们这次会议的东道主韩国，重视史学是众所周知的。拥有一大批知名史学家，金俊烨先生就是我们熟知的史学家之一。他数十年来笔耕不辍，在中国近现代史研究领域成果丰硕。他的《中国共产党史》《中国现代史》《孙文、胡适》等著作，赢得中韩学界的重视。他用历史学家的眼光看待并以历史学家的身份推动中韩人民之间的友好往来。1967 年，他创建了韩国中国学会，向韩国介绍中国文化。1988 年金先生首次访问中国时，就访问了中国社会科学院，会见了时任中国社会科学院副院长的汝信先生和多位学者。此后，他推动在北京大学、浙江大学、复旦大学、中国语言文化大学等 11 所大学建立了韩国学研究中心，并在几十所大学开设了韩国语专业。他每年多次奔波于两国之间。

金俊烨先生对中韩语言文化交流的特殊贡献，使他赢得了中国学界的尊敬。2000 年 7 月中华人民共和国教育部授予他“中国语言文化友谊奖”，时任教育部长的陈至立在颁奖的致辞中高度赞扬金先生“是一位伟大的爱国者”，“是中国人民的老朋友”，“堪为中韩文化交流的友好使者”。

其次，我们中、日、韩三国都是一衣带水的邻邦，三国人民之间的友好往来源远流长，相互尊重、相互学习、相互促进、互通有无，结下了深厚的友谊。我们要把这种友谊传承下去，发扬光大，我们三国的史学界同仁，有责任率先垂范，合作有成。我们一方面编写历史，另一方面创造历史。

再次，当今世界已进入互联网信息化时代，地球越来越小了，世界越来越开放了，人们越走越近了，人类需要合作，通过合作攻坚克难，互利共赢，加快发展。作为人文社会科学的历史学，也是需要合作的。通过合作，交换、共享彼此的档案资料、图书资料；通过共同编纂史料、史书，深化对历史的认识，使我们对历史的认知越来越接近历史的真实，越来越完整，越来越清晰。

毫无疑问，研究历史，首先要解决史料问题，史料是基础，是依据。中国史学传统是“言必有据”，“论从史出”，“有一分材料说一分话”。清朝的乾嘉学派，以注重对史料的考证而闻名。胡适先生有句口头禅：“拿证据来！”傅斯年先生说得更直白：“史学便是史料学。”虽然讲得有点极端，但无非是强调史料的重要性。这些例子也说明，我们三国史料编纂机关的合作，十分必要，有着广阔的发展空间。

从会议的议程得知，我们将从会议上听到多位日本学者、韩国学者的精彩报告，分享大家的深刻见解和好的建议，我们几位中国代表也将介绍各自的档案、图书资料和信息化计划，等等。

总之，我们中国代表团的全体成员衷心希望这种合作会议坚持开下去，大家轮流做东，合作内容还可以与时俱进，不断丰富扩充。希望通过我们的合作，使东亚的史料编纂、史学研究多出一些成果，多增加一些亮点，用史学的智慧之光照亮人类的前进之路。

最后，祝本次会议顺利如意，圆满成功!

谢谢大家!

（会议在首尔召开，该致辞原载近代中国研究网）

在第五届东亚史料编纂机构国际学术会议开幕式上的致辞

2016 年 11 月 7 日

尊敬的各位专家学者，女士们，先生们：

大家上午好！上一届东亚史料研究编纂机构国际学术会议是两年前在韩国首尔召开的，那次会议开得很成功，我们三家重新签订了协议。一转眼两年过去了，很高兴第五届学术会议如约在东京召开！很感谢东道主日本朋友为此次会议的召开所做的周到安排，付出的辛劳！在此，请允许我代表中国代表团一行，向东京大学的同行表示真挚的谢忱和敬意！

众所周知，中国是一个高度重视历史记载和历史研究的国家。中国的史学家同时也是文学家，他们大多有高尚的追求。2000 多年前孔子修《春秋》，开史学研究之先河。尔后司马迁以其“究天人之际，通古今之变，成一家之言”的史识创作了中国第一部纪传体通史《史记》，成为“二十六史”之首，司马迁的治史理念是“其文直，其事核，不虚美，不隐恶，故谓之实录”，注重科学态度和记事的翔实。北宋史学家司马光写了一部《资治通鉴》，他的原则是“专取关国家兴衰、系生民休戚，善可为法，恶可为戒者”，“鉴前世之兴衰，考当今之得失，嘉善矜恶，取是舍非”，希望统治者以史为鉴，改进政治，做到政通人和。中国已有二十六史，一部新的大清史经过多年的努力，也将要完工出版。我们的代表中就有国家清史编纂委员会常务副主任卜键先生，他将介绍清史纂修的情况。中国自古有尊史、重史、学史、研史、用史的传统，高度重视史学的作用。清朝学者龚自珍说："欲知大道，必先为史。"新中国的开国领袖毛泽东先生，既是政治家，也是史学家，他有渊博的历史知识，丰富的历史智慧。当今中国领导人习近平先生，认为"历史学是一切社会科学的基础"，"历史是人类最好的教科书"。他高度重视历史研究，热心支持历史研究。

最近30多年来，在国家改革开放政策的支持下，我们中国社科院近代史研究所广泛开展与外界的合作，与国际同行的合作，特别是与近邻的日本与韩国，我们经常开展交流与合作。我们的前任所长步平先生，与日本、韩国同行合作编写、出版了《东亚三国的近现代史》，号召"建立面向未来的共同历史认识"。在多年的合作中，他与日韩同行建立了深厚的情谊。今年8月14日他不幸因病逝世，8月15日日本外务大臣岸田文雄发来唁电，赞扬"步平前所长作为日中共同历史研究项目中方组长，为增进日中两国在有关历史上的相互理解作出了巨大贡献"。多位日本、韩国史学家远道而来，到八宝山与步平先生悼别。日本驻华大使馆横井裕特命全权大使亲临八宝山吊唁悼别。这些使我们十分感动，也增添了我们对三国之间继续深入开展学术交流与合作的信心。

各位先生、学者，我们中国社科院近代史研究所建所已有65年的历史了，图书馆有藏书60多万册，有不少古本、善本书，还有一个档案馆，这是全院40个研究所中独有的档案馆，收藏有大量宝贵的史料。我们的档案馆馆长马忠文研究员在上次的会议上做过介绍。国家每年拨付大笔款项，支持我们征集海内外珍稀资料，志在把我所的图书馆、档案馆建成大型的、先进的资料库，为国内外史学工作者以及其他学科的社会科学工作者服务。欢迎大家前来参观、考察、利用，我们将热情接待，提供方便。

日本和韩国都有众多史学工作者，他们都对中国的传统文化尤其是儒家文化有很多的研究，有很好的研究成果，值得我们学习借鉴。过去我们三国之间的先辈有着良好的合作，今天我们应该弘扬传统，运用时代提供的新的更好条件，继往开来，加强合作，多出成果。

日本著名学者池田大作写的《青春寄语》，与汤因比的对话《展望二十一世纪》，学界评价甚高，社会影响巨大。我在青年时认真拜读过，还做了许多摘抄卡片。他有不少经典语录，例如："青年不可坐享其成，应该以自己的行动掀起变化，创造历史。""青年只要朝着大目标前进，时代巨轮就会转动！青年只要嘶声伸张正义，历史就会改变！""不管过去如何，现在才是关键。从现在起，才是最重要。所谓历史，就是指'现在'。""未来的胜利在于'现在'，一切就从'现在'起。"

尊敬的各位专家学者、各位同行，英雄和群众在创造历史，我们不过是记录和研究历史。当然，记录和研究历史也是创造历史的一种方式。我们要通过我们的历史研究成果为创造新的历史服务。英国著名的历史学家汤因比和日本的著名历史学家池田大作共同在上个世纪写作、发表了《展望二十一世纪》，在这本书中，两位大师发表了卓越的见解，高瞻远瞩，在史学界乃至整个社会产生了很大影响。

让我们携起手来，挖掘翔实的史料，拿出高水平的著作，用我们的历史研究成果为人们提供历史启迪，帮助人们更好地创造历史，推动社会理性发展，建设和谐美好的未来！

祝会议顺利，圆满成功。祝大家吉祥如意。下一届会议两年后将在中国召开，我们将尽力办好，届时在北京或者其他胜地恭候大家的光临！

谢谢各位！

（会议在日本东京大学开幕，该致辞原载近代中国研究网）

第六届晚清史国际学术研讨会开幕词

2014年7月17日

尊敬的各位专家学者，各位领导，女士们，先生们，朋友们：

大家上午好！

“第六届晚清史国际学术研讨会”现在开幕了。这次会议由中国社会科学院近代史研究所政治史研究室与西北民族大学历史文化学院联合举办。出席这次会议的有来自祖国各地的专家学者，还有不辞辛劳远道而来的美国、法国、韩国、日本的专家学者。在此，我谨代表我所在的中国社科院近代史研究所和我们的合作伙伴西北民族大学历史文化学院，向各位与会学者的到来表示热烈的欢迎和衷心的感谢！向西北民族大学历史文化学院以及为筹备此次会议付出辛劳的各位同志表示衷心的感谢！

为推动国内的晚清政治史研究，中国社科院近代史研究所政治史研究室在过去的10年里，每两年举办一次晚清史研究国际学术研讨会，累计已举办五届国际研讨会，或与兄弟单位合作主办，或独立主办，先后在苏州、承德、湘潭、北京、杭州等地举行，并出版会议论文集。前五次会议的主题，分别为“晚清国家与社会”“晚清改革与社会变迁”“湘淮人物与晚清社会”“清代满汉关系研究”“政治精英与近代中国”。这些会议促进了海内外学者的学术交流，在中外学界产生了积极的影响。

本次会议的主题为“清末新政·边疆新政与清末民族关系”，应该说这是一个很好的学术话题，可讨论的内容十分丰富。清末新政是继洋务运动和“戊戌变法”之后，清政府发动的第三次也是最后一次改革运动，其力度远远超出前两次改革，内容涉及政治、经济、军事、文化教育与社会生活等领域，是晚清历史上一场比较完整意义上的近代化运动，对清末民初的社会发展产生了深远的影响。对清末新政历史，学术界过去已做了许多研究，取得了许多成果。本次会议将清末新政扩展到边疆新政和民族问题研究上，探讨清末新政对边疆地区和民族关系的影响，这不但有助于推进晚清史和清末新政史、清末边疆史和清末民族关系史研究，而且对于我们今天现代化建设和开发繁荣边疆地区也有借鉴与启迪。

本次学术讨论会，学者提交的论文差不多有 2/3 是关于边疆和民族问题的，涉及的区域和内容十分广泛：有探讨东北边疆问题的，也有探讨西南边疆问题的，有探讨蒙藏问题的，也有综合性探讨清末边疆和边政问题的。还有 1/3 的论文虽然不是关于边疆和民族问题的，但都涉及晚清一些重大问题，诸如清末改革与革命，清末财政问题和教育，等等。相信经过三天会议的学术交流，大家将有所获益。

各位学者、各位朋友，西北民族大学是一所具有民族特色的综合性大学，而西北民族大学的所在地兰州，作为甘肃的省会城市，地处黄河上游，是古丝绸之路上的一个重镇，也是一个多民族居住的省会城市。它夏无酷暑，冬无严寒，是著名的避暑胜地。因此，此时此刻在兰州举行这样一个学术讨论会，可谓是“天时、地利、人和”。

古丝绸之路是古代中国和平发展之路，对外开放之路，文明交流、合作共赢之路。今年 6 月 22 日，在卡塔尔多哈举行的第 38 届世界遗产大会宣布，中国、哈萨克斯坦、吉尔吉斯斯坦三国联合申报的丝绸之路“长安—天山廊道的路网”，成功申报世界文化遗产，成为首例跨国合作、成功申遗的项目。世界遗产委员会认为，丝绸之路是东西方之间融合、交流和对话之路，近两千年以来为人类的共同繁荣作出了重要的贡献。“大漠孤烟直，长河落日圆。”当年的丝绸之路见证了中国历史上的辉煌成就。昔日山间回荡的声声驼铃，如今已经变成了火车的嘹亮汽笛。今天，我们要弘扬祖先开辟丝绸之路的精神，进一步搞好对外开放，搞好文化交流。

最后，我代表组委会预祝本次国际学术研讨会顺利充实，各位学者畅所欲言，谈出新见解，拿出新成果，使会议圆满成功，把晚清史的研究向前推进一步。

祝各位专家学者在兰州的会议期间生活愉快、身体安康、吉祥如意！

谢谢大家！

在第六届中国近代思想史暨岳麓书院创立1040周年国际学术研讨会开幕式上的致辞

2016年11月12日

尊敬的各位领导、专家学者，各位同学朋友：

大家上午好！经过一年多的筹备，第六届中国近代思想史暨岳麓书院创立1040周年国际学术研讨会今天开幕了，我谨代表中国社会科学院近代史研究所，代表会议组织方之一的中国社会科学院中国近代思想研究中心，对各位的光临表示热烈的欢迎！对各位的热情支持表示衷心的感谢！本次会议的合作方、东道主湖南大学岳麓书院的领导、老师和同学，为此次会议的召开，创造了良好的环境，提供了周到的服务，对他们付出的辛劳和智慧，表示真挚的谢忱与敬意！

近代史研究所的中国近代思想史学科是中国社会科学院的第一批重点学科，多年来，我们的中国近代史思想学科研究者在所领导的重视下，学部委员耿云志先生带领郑大华、左玉河、邹小站、贾小叶等一批中青年学者，在做好自己研究工作的同时，也一直在努力推动中国近代思想史学科的发展。自2004年以来，我们已经陆续举办了五次国际学术研讨会，第一次会议于2004年在湘西吉首市召开，主题为“思想家与近代中国思想”。第二次会议于2006年在烟台市召开，主题为“中国近代史上的民族主义”。第三次会议原定于2008年召开，因为汶川地震推迟，后来于2010年在洛阳市召开，主题为“中国近代思想史上的激进与保守”。第四次会议于2012年在长沙市召开，主题为“近代中国人的世界意识与国家观念”。第五次会议于2014年在西安市召开，主题为“近代中国的中华民族复兴思潮”。本次是第六届中国近代思想史国际学术研讨会。令人欣慰的是，历次会议都得到了许多在座的和不在座的朋友的积极支持，对此我们深表感谢！

今年是岳麓书院创立1040周年，也是湖南大学建校90周年，是大喜之年。我们合作举办这样一次研讨会，格外有意义。众所周知，岳麓书院是千年学府，是四大书院中唯一还在发挥学术功能的书院。岳麓书院饱经战火，七毁七建，历久弥新，有着顽强的生命力和创新力。自创建以来，追求“实事求是”“学达性天”，人才辈出，既有弘道之才，也有经世之才，仅从清朝以来，书院就培养出17000余名学生，其中如陶澍、魏源、曾国藩、左宗棠、郭嵩焘、唐才常、沈荩、杨昌济、程潜等，都是杰出人物，深刻影响了时代的发展，名垂后世。因此，“惟楚有才，于斯为盛”是岳麓书院人文荟萃的真实写照，也表达了荆楚大地广大士民的文化自信。我的祖籍是湖北黄冈，那里虽然经济不太发达，但崇文重教，出了个黄冈中学，名闻遐迩。在我看来，黄冈中学能够出类拔萃，其中含有岳麓书院的文化教育基因。在岳麓书院诞生1040年的喜庆日子里，祝岳麓书院青春永驻，继续追求“为天地立心，为生民立命，为往圣继绝学，为万世开太平”，弘毅致远！祝愿湖南大学努力攀登世界一流大学的高峰！

尊敬的各位学者、先生，本次会议的主题是“近代中国的家族制度与家庭观念”，我觉得这是一个很好的选题，也是一个很重要的选题。自人类步入文明时期以来，家庭就是社会的细胞，是人类最基本的社会组织。家庭也是人口再生产的基本单位。从社会治理的角度看，家庭是个人人格的第一养成所，家庭关系是个人与生俱来的第一社会关系，家庭秩序、家庭伦理与社会秩序、社会伦理密不可分。蔡元培说：“吾族之始建国也，以家族为模型，又以其一族之文明，同化异族，故一国犹一家也。”中国传统特别强调家族制度、家族伦理的价值，而社会经济结构又长期处于农业社会，故家国同构的基本特征得以长期保持。在中国传统社会中，社会与国家最基本的单位是家族，个人附属于家族，家族附从于国家。家族主义在中国社会根基深厚，构成了中国传统法律、伦理的核心。中国社会科学院荣誉学部委员、我所前辈学者瞿同祖先生说：“家族主义及阶级概念始终是中国古代法律的基本精神和主要特征，它们代表法律和道德、伦理所共同维护的社会制度和价值观念，亦即古人所谓纲常名教。”也就是说，家族主义是与纲常名教紧密相关的，是中国传统伦理秩序、社会秩序、政治秩序的核心精神所在。自古道：在家尽孝，为国尽忠。求忠臣于孝子之门。文人学子，无不希望光宗耀祖，忠孝两全。无疑，家族制度、家庭制度、家族伦理并非一成不变，也是与时俱进的。近代以来，随着工商业的发展、城市化的进程，随着西方自由平等观念的输入，随着政治改革的发展，中国传统的家族制度渐次崩溃，家庭逐渐由父子家庭向夫妻家庭过渡。与此相适应，随着近代经济的发展，传统家族制度受到新的挑战，家族主义受到国家主义、个人主义、无政府主义、自由主义的挑战，革新伦理观念，重构伦理秩序，成了国人面临的重大任务。在这个过程中，如何处理好个人与家庭的关系，如何处理好家庭与社会、国家的关系，是两大关键。近代以来，中国家族制度、家庭制度发生了哪些变化，是如何发生变化的，国人的家庭观念、伦理观念发生了哪些变化，其中有哪些变化值得肯定，有哪些教训值得吸取，都需要社会科学工作者认真研究，以史为鉴。

本次会议得到了学界同道的积极支持，会议论文集收录论文近50篇。我粗略地翻阅了一下会议论文集，感到不少文章论述深刻，立论公允，可以开卷获益。相信有这些论文作基础，加上各位学者畅所欲言，坦诚交流，百花齐放献芬芳，百家争鸣正声扬，本次会议一定能够取得成功，大家将有较多的获得感，成为一次难忘的学术之旅。

各位学者、各位同行，人民群众和英雄人物每天都在创造历史，我们史学工作者不过是记录和研究历史。记录和研究历史也是创造历史的一种方式。

让人们从我们的研究成果中得到历史的启迪，更好地创造历史。

最后，祝各位学者身体安康，心情愉悦！

谢谢大家！

在第七届晚清史国际学术研讨会闭幕式上的致辞

2016 年 9 月 6 日

尊敬的各位学者，女士们，先生们：

大家下午好！

经过近两天的紧张交流和讨论，“第七届晚清史国际学术研讨会”即将进入尾声。值此之际，我就这次会议简略谈几点个人感受。

我的第一点感受是，这次会议规模大、规格高。根据会议手册名录，正式出席这次会议的国内外学者 90 余人，学者们来自法国科学院、日本东京大学、美国华盛顿大学和国内中国社会科学院、北京大学、清华大学、中国人民大学、复旦大学、中山大学、浙江大学等 40 所大学和科研机构，具有一定的国际性和全国性。与会专家学者，有的为中国近代史研究领域的知名专家，其中许多为各高校和科研机构的领军人物，还有些为中国近代史研究领域的青年才俊。你们的参与，使得这次会议蓬荜生辉。在此，我谨代表作为本次会议主办方之一的近代史研究所，向各位与会学者表示衷心的感谢！

我的第二点感受是，这次会议学术论文质量高。提交本次会议的近 70 篇论文，分别紧扣中国近代政治、中国近代社会经济和思想文化三个主题。据初步划分，涉及中国近代政治的论文最多，有 26 篇；涉及中国社会经济的论文有19篇；涉及思想文化的论文有21篇。这些论文大多选题新颖，不落窠臼，且资料翔实，论述严谨，多有新见。相信这些学术会议论文的推出，一定会引起学界的关注，并对推动中国近代史研究特别是晚清史研究产生积极影响。

我的第三点感受是，“第七届晚清史国际学术研讨会”在清华大学历史系举办，具有特殊的纪念意义。今年是清华大学历史系创建90周年。清华大学历史系曾是中国“现代史学”的主要发源地之一，中国现代学术史上许多著名的历史学家，都曾在清华任教或求学，如著名学者陈寅恪、蒋廷黻、雷海宗、刘崇鋐、孔繁霱、噶邦福、陆懋德、张荫麟、吴晗、邵循正、王信忠、孙毓棠、丁则良、周一良、杨联陞、王永兴、何炳棣、夏鼐等都先后在历史系执教或学习。“第七届晚清史国际学术研讨会”在清华大学历史系举办，这是对清华大学历史系创建90周年的一个很好的献礼。在此，我谨代表近代史研究所，祝清华大学历史系再续辉煌!

我的第四点感受，我想向大会做一介绍的是，与兄弟单位合作，定期举办学术研讨会，推动相关学科发展，这是中国社会科学院近代史研究所推出的一个重大举措。为推动国内的晚清政治史研究，中国社会科学院近代史研究所政治史研究室在过去的10年里，每两年举办一次晚清史研究国际学术研讨会，累计已举办六届国际研讨会，或与兄弟单位合作举办，或独立举办，先后在苏州、承德、湘潭、北京、杭州、兰州等地举行，并出版会议论文集。前六次会议的主题，分别为“晚清国家与社会”“晚清改革与社会变迁”“湘淮人物与晚清社会”“清代满汉关系研究”“政治精英与近代中国”“清末新政·边疆新政与清末民族关系”。这些会议促进了海内外学者的学术交流，在中外学界产生了很好的影响。借此之机，我期待国内外学界继续一如既往地支持这一有益的学术活动，并使之日趋完善。

最后，我想表达的是，此次学术会议举办得十分圆满成功。在此，我谨代表近代史研究所和本次会议主办方之一，向清华大学历史系及为筹备此次学术讨论会付出辛勤劳动的各位同志表示衷心的感谢！并祝各位专家学者在回到工作岗位后生活愉快、身体安康、吉祥如意!

我的发言就到这里，谢谢大家！

（第七届晚清史国际学术研讨会由中国社会科学院近代史研究所政治史研究室与清华大学历史系共同举办，在清华大学召开。笔者致辞。该致辞由近代中国研究网转发）

探讨人才成长规律 优化人才成才环境

2015 年 10 月 17 日

尊敬的各位领导、各位专家学者、各位媒体记者朋友：

大家上午好！金秋十月，我们在物华天宝、人杰地灵的宁波市鄞州区召开“涵育与超越：文化传统与鄞州近代人物”学术会议，很有意义。中国社科院近代史研究所是本次会议的主办者之一，因此，首先请允许我代表本所祝贺本次会议的顺利召开！预祝研讨会取得丰硕成果，达到预期目的。

本次会议以研究鄞州近代人物为主题，这是一个很好的视角，这里也是一个很好的典型。我们中华民族素以勤劳、勇敢、智慧闻名于世，文化灿烂，源远流长，代复一代，英才辈出。中国有许多地方盛产人才，例如，齐鲁大地是诸子百家的摇篮，“燕赵多慷慨悲歌之士”，“惟楚有才，于斯为盛”，等等。而浙江位居东南沿海，地处对外交往的前沿，具天时地利，得风气之先。自宋代以后成为中国经济、文化最发达的区域之一，明清以来更以财赋重地、人文昌明而著称，是经济、文化的重心，被称为“山水江南”“丝绸之府”“鱼米之乡”，成为吴越文化、江南文化的发祥地，因而更是出人才、出名家的地方。江浙士人自古有以天下为己任的情怀，“风声雨声读书声，声声入耳；家事国事天下事，事事关心”，“天下兴亡，匹夫有责”。在近代，浙江开明人士拥护维新，办学堂，开报馆，启民智，积极推进启蒙运动，形成了一个有影响力的新知识分子群体，在近现代社会变革中发挥了引人注目的作用。

近代以来，鄞州英才辈出，据不完全统计，《浙江民国人物大辞典》所收名录中，有鄞州籍人士近300人，其中不乏杰出人士，例如著名地质学家翁文灏、生物学家童第周、油画家沙耆、大提琴家马友友、书法家沙孟海、金石书画家朱复戡、昆虫学家周尧、表演艺术家王丹凤等人，他们都是鄞州人的骄傲。少数杰出人物还繁衍了文化家族，如翁文灏家族、马裕藻家族、沙孟海家族等，这些家族贡献甚大，影响深远，成为亮丽的文化风景线。在这次会议召开的前夕，中国人分享了一个喜讯：今年的诺贝尔生理医学奖颁给了中国科学家屠呦呦等三人，屠呦呦实现了中国本土科学家获得诺贝尔科学奖项的零的突破，是获得诺贝尔生理医学奖的华人科学家第一人！屠呦呦的出生地就在宁波，她是宁波人的骄傲，也是中国人的自豪！“春雷一声传号角，万紫千红进军来！”完全可以预期，中国将有越来越多的学者以其优秀成果赢得诺贝尔奖。

本次论坛希望以文化积淀深厚的鄞州为个案，观照近代杰出人物与其成长环境的有机互动，探讨大传统和小传统的并存互渗，追寻文化传统的内在精神和时代价值。按照这个标准来探讨，就有深度，就能出新意，就能提炼出学术价值和应用价值，给人以启迪，给人以力量，昭示先进文化的前进方向。

马克思主义唯物史观既充分肯定人民群众创造历史的决定作用，同时也高度重视杰出人物的重要作用。杰出人物是人民群众的代表，是建功立业的带路人，先进文化的开创者，科学技术的攻坚者。他们有强烈的使命感，比普通人站得更高些，看得更远些，才华更卓越些，担当更大些，付出更多些，选择了伟大事业并为之献身，善做善成，从而在茫茫荒原上，奔涌出一股又一股的思想清泉；在贫穷落后的环境里，创办起一个又一个的企业；在神州大地上，开辟出一条又一条的成功之路！千古流芳，万众景仰！

英雄人物的伟大不仅在于他们善于尊重群众的首创精神，及时发现、支持群众中正确的东西，更可贵的是，他们善于识别、判断生活中错误的东西，提出自己正确的主张，在关键时刻力排众议，砥柱中流，显出超人的智慧和胆略。如毛泽东在遵义会议期间同王明“左”倾路线的斗争；邓小平 1978 年支持实践是检验真理的唯一标准的讨论，批评“两个凡是”的错误，等等，便是突出的例证。在科学界也是如此。例如，哥白尼提出了日心说，爱因斯坦提出了相对论，李政道、杨振宁提出了宇称不守恒定律，等等，这些都是打破定论的创新之说。

英雄人物的天才作用往往是无法替代的。这在科学和文学艺术领域表现比较突出。试想：多少个普通的科学家可以完成一个牛顿或爱因斯坦的工作呢？多少个有才能的作家能代替一个莎士比亚、歌德或列夫·托尔斯泰呢？多少个才华横溢的杂文家能代替一个鲁迅呢？多少个小说家能够联合写出曹雪芹的《红楼梦》呢？在政治领域亦可列举大量例子。例如恩格斯评价马克思的作用：“我们之所以有今天，都应归功于他；现代运动当前所取得的一切成就，都应归功于他的理论的和实践的活动；没有他，我们至今还会在黑暗中徘徊。”邓小平评价毛泽东时也说过类似的话。

浙江籍大作家、杰出的爱国主义者郁达夫说：“没有伟大的人物出现的民族，是世界上最可怜的生物之群；有了伟大的人物，而不知拥护、爱戴、崇仰的国家，是没有希望的奴隶之邦。”习近平主席说：“一个有希望的民族不能没有英雄，一个有前途的国家不能没有先锋。”马克思曾引证爱尔维修的话说：“每一个社会时代都需要有自己的伟大人物，如果没有这样的人物，它就要创造出这样的人物来。”但是，英雄人物并非可以招之即来，只有具备了一定的政治条件、经济条件、文化条件，才有可能产生。

鄞州地区为什么在近现代培育出大批英才呢？这是值得深入研究的有价值的课题，可以仁者见仁智者见智。本人认为有几点值得注意。第一，俗话说：“一方水土养一方人。”那么，一方文化孕育一方人的文化基因。鄞州地区历史悠久，崇文重教，底蕴深厚，积累了鄞州人的先进文化基因。第二，鄞州人富有责任感，热爱祖国，热爱家乡，热爱创业，关注民生，不畏艰难，积极进取。屠呦呦为了救死扶伤，征服疾病，毕生从事医药研究，不惜在自己身[illegible]试验，导致肝中毒。她试验了190多种药物，最后才找到青蒿素。第三，鄞州[illegible]思想解放，思路开阔，海纳百川，厚德载物。放眼全球，四海为家，大胆拓展[illegible]作平台，不拘泥于一个地方。因此，鄞州人能够成才、创业于全国与世界各[illegible]

鄞州出英[illegible]还有其他多种因素，相信与会专家学者会有独到的发现与深刻的见解。

今天，全国人[illegible]在以习近平同志为总书记的党中央的领导下，建设中国特色社会主义，努力[illegible]现中国梦。人才兴，民族兴；人才强，国家强。我们欣逢一个需要英才而又[illegible]批产生英才的时代。党和政府以及众多名人与企业家，采取多种方式培养[illegible]才，例如，评选院士、学部委员、资深教授，培养万千百人才、"四个一批"[illegible]世纪人才，资助长江学者、珠江学者、黄河学者、芙蓉学者、泰山学者，培[illegible]头人、领军人物，资助出国留学者、访问学者，资助科研课题，奖励优秀科[illegible]果、优秀文学作品、优秀图书，建立健全专利制度，保护知识产权，改革科研[illegible]制和管理制度，鼓励"大众创业、万众创新"，全社会逐渐形成"尊重知识、[illegible]重人才"的良好氛围，等等。让我们积极探索人才成长规律，优化完善人才成长环境，形成百花竞放、千帆竞发、万马奔腾的局面，实现我们的愿景！

我有一个期待：中国自然科学家用青蒿素拯救了数百万人的生命，中国社会科学家应该拿出优秀论著与作品净化亿万人的心灵，升华亿万人的境界，鼓舞亿万人的信心！

谢谢大家！

（宁波市鄞州区与中国社科院近代史研究所联合举办"涵育与超越：文化传统与鄞州近代人物"研讨会，本文是笔者所作的主旨发言。原载《鄞州史志》2015年第4期）

努力促进认知科学的发展

——在第二届全国认知科学大会开幕式上的致辞

2010 年 10 月 30 日

各位专家学者、各位代表：

大家好！深秋的北京，已是凉风萧瑟，但在重庆，依然是温暖如春。2009 年，我们齐聚南昌，成功举办了首届认知科学大会，在学术界产生了很大的反响。今天，我们相聚山城，继续深入讨论认知科学的理论与应用问题。在此，我谨代表作为主办方之一的中国社会科学杂志社，对各位的到来表示热烈的欢迎和衷心的感谢！

进入 21 世纪以来，人类有两大秘密需要进一步探索和研究，一是生命的奥秘，二是心智的秘密。对于前者，伴随着克隆技术的发展、基因组计划的推行，已经为人们所熟知。但是，对于后者，人们的关注远远不够。认知科学恰恰就是要解决第二个问题——心智问题。作为一门新兴学科，认知科学不同于以往的“专门科学”，而是一门“交叉学科”，它是在心理学、计算机科学、人工智能、语言学、人类学和神经科学等基础科学以及哲学的交界面上发展起来的高度跨学科的科学。在认知科学的框架下，六大支柱学科相互交叉，生长出心智哲学、认知心理学、认知语言学、认知人类学、人工智能和认知神经科学六大分支学科；六大分支学科之间相互交叉，又产生了控制论、神经语言学、神经心理学、认知过程仿真、计算语言学、心理语言学、心理学哲学、语言哲学、认知人类学、脑进化等众多的交叉学科。作为当代最大的新兴交叉学科，认知科学担负着揭开人类心智奥秘和促进相关学科发展的使命。认知科学不仅能够打破学科领域之间的壁垒，而且反映出当代哲学社会科学在高度分化的基础上实现深度综合的发展趋势，在新的时代实现了人类文明的综合创新，也为诞生百科全书式的学者提供了可能。因此，这门学科的价值难以估量，值得我们为之献身。恩格斯在评价 18 世纪人类社会的巨大变革时曾指出："这是人类以往从来没有经历过的一次最伟大的、进步的变革，是一个需要巨人而且产生了巨人——在思维能力、激情和性格方面，在多才多艺和学识渊博方面的巨人的时代。"今天，我们再次处在这样的时代，只要我们大家齐心协力，就能为这个时代贡献出创造历史和改变人类命运的"巨人"。

毫无疑问，我们国家的认知科学研究尚处于起步阶段。国内研究认知科学的学者为数不多，力量分散，规模不大，这些都与这一学科在现代学科体系中的重要地位不相称。可喜的是，近年来，中国社会科学院、中国科学院、清华大学、北京大学、中山大学、北京师范大学、浙江大学等单位已经成立了相关的研究机构，形成了一定规模的研究团队，取得了相当可观的成绩，受到人文社会科学界和自然科学界的重视。例如，《中国社会科学》2003 年第 1 期、第 5 期，分别刊发了刘晓力教授、郦全民教授的相关文章，2009 年第 2 期、2010 年第 2 期又相继刊发了蔡曙山教授、郭贵春教授的相关文章。在国内其他刊物上，认知科学的文章数量和质量都在不断增长。这些都为认知科学的进一步发展奠定了基础。

那么，如何进一步推动这一学科的发展，这是我们需要深入思考的问题。以我个人浅见，有这么几个方面的工作需要去做。

一是要抓重大基础理论问题，进行理论创新。任何科学的研究，都是以"问题"为出发点和着眼点，重大理论问题的发现和提出，事关一门学科乃至整个科学的研究。伟大科学家爱因斯坦曾指出，提出一个问题比解决一个问题更重要。作为一门交叉科学，认知科学的发展必须借助于各门基础学科的基础理论的发展，只有基础理论发展了，所谓的“交叉”研究和理论创新才有发展可言。

二是要建立新的学科发展体制，进行体制创新。体制顺则事业兴，这是在中国发展学术的不二法门。在现有的学科壁垒森严、各门学科各自为政，有些学科“老死不相往来”的境况下，要使认知科学所涉及的众多学科之间进行“亲密”的合作，绝非易事。我们看到，一些科研院所和机构已经在着手处理这一问题，已经开始积极探索新的学科发展模式，着手在人才培养、课程设置、规章制度等方面进行变革，但要从根本上改变现状，必须从体制变革着手。

三是要探索认知科学发展的特殊规律，在尽可能短的时间内形成适合中国学术发展的研究范式、研究纲领和基础假设，从而为认知科学的国际化和本土化作出贡献。不同于其他学科，认知科学源于西方，目前已经形成了独特的国际化研究范式，但如何使我们国家的认知科学能够在“起步晚”的情况下，发挥“后发优势”，引领这一学科的发展，并为世界提供中国的经验，这是目前面临的最大的历史任务。这就要求我们，一方面应该具备国际视野，站在国际前沿看问题；另一方面则应该积极致力于本土化的学科研究。惟其如此，构建中国的认知科学才有希望可言。

中国社会科学杂志社自创立以来，始终坚持以马克思主义为指导，坚持理论联系实际，贯彻“双百方针”，积极倡导理论和学术创新，弘扬实事求是的学风和严谨朴实的文风，努力推动中国特色哲学社会科学的繁荣发展。一直以来，我们鼓励学者们思考、研究重大理论问题，我们的“一报六刊”也刊发了大量的新兴学科的稿件，从而为推动中国学术的发展作出了自己的贡献。今年是《中国社会科学》创刊三十周年，《中国社会科学报》创刊一周年，我们举行了盛大的纪念活动，我们收到了来自全国各地专家学者、读者的来信和贺电，大家都为“一报一刊”所取得的成绩欢欣鼓舞，同时也对其未来的发展寄予厚望。我们深知，刊物的发展和学术的发展息息相关，一份好的刊物，必须及时地反映学术理论动态，引领学术的发展，在此，我们愿意和认知科学界的同仁一道，为认知科学的发展，为中国哲学社会科学事业的繁荣，为人类思想文化的进步，贡献自己的绵薄之力。

朋友们，时光荏苒，千禧年的钟声已经响过十年，过去的十年，是中国哲学社会科学迅猛发展的十年，也是我们逐步探索中国道路，发展中国学术，推动中国特色、风格、气派的学术发展的十年。未来十年，乃至更长一段时间，我们的学术如何发展，我们的认知科学如何发展，希望各位专家学者能在会议上畅所欲言，共商发展大计，为繁荣和发展我们的学术事业作出新的贡献，进而把中国的认知科学研究推向世界！在此，我预祝大会取得圆满的成功，并期待着有新的成果和大师不断地涌现！顺祝大家在渝期间一切顺利，身体安康！

（笔者时任《中国社会科学》杂志副总编，本文是笔者在大会开幕式上发表的致辞，西南大学）

在抗战时期新闻传播问题高层论坛上的致辞

2016 年 4 月 15 日

尊敬的各位领导、专家学者：

大家上午好！阳春三月，我们在闻名遐迩、风景如画的华中师大桂子山如期召开抗战时期新闻传播问题高层论坛，是一件十分高兴的事。首先请允许我代表中国社科院近代史研究所，感谢马敏书记的大力支持，亲临指导，感谢江作苏院长的创意、运筹和积极推动，感谢李理教授的精心组织，感谢来自全国各地的专家学者积极撰文，挤出宝贵时间与会。华中师大新闻传播学院选择与我所合作主办此会，我们感到高兴，并期待会议的成功。

本次论坛召开前夕，即一个多月前的 2 月 19 日，适逢习近平总书记视察了人民日报社、新华社、中央电视台，并在党的新闻舆论工作座谈会上发表了重要讲话。习总书记的视察和讲话，为我们本次论坛提供了新的宏大背景，也正好说明了我们此次论坛具有的意义与价值。

本次论坛研讨的是抗战时期的新闻传播，从抗战时期的新闻传播历史，我们可知新闻传播的巨大能量。新闻可以歌颂真善美，可以鞭挞假丑恶，可以产生巨大的舆论力量，团结人民，教育人民，动员人民起来进行伟大的斗争，可以孤立敌人，削弱敌人，打击敌人。社会上的各种力量，无不看重新闻舆论，运用新闻舆论，设法掌握新闻舆论，努力占领新闻舆论阵地。在抗战时期，有宣传亡国论的，有宣传速胜论的，有宣传妥协论的，但是，最能得到广大中国人民拥护的舆论，是以毛泽东为代表的中国共产党人的持久战理论。通过全国人民的持久战，最终打败日本侵略者，实现民族独立和人民解放。毛泽东“登高一呼群山应，从此神州不陆沉”！中国共产党人创办的《群众》杂志、《共产党人》杂志、《新华日报》等，一直鼓舞着全国军民抗战的斗志，有首军歌唱道：“向前向前向前，我们的队伍向太阳，脚踏着祖国的大地，背负着人民的希望，我们是一支不可战胜的力量。我们是人民的子弟，我们是人民的武装，从无畏惧，绝不屈服，英勇战斗，直到把反动派消灭干净，毛泽东的旗帜高高飘扬！”这些宣传产生了巨大的精神力量和物质力量。中国共产党及其领导下的抗日军民之所以能成为抗日战争的中流砥柱，与我党重视新闻舆论分不开。当年青年女作家丁玲来到延安，毛泽东十分高兴，为之赋诗赞扬：“昨天文小姐，今日武将军”，“纤笔一支谁与似，三千毛瑟精兵”。可见毛泽东是如何看重舆论和文化的力量，如何信赖知识分子的作用，如何尊重知识分子的地位。我们党之所以能够带领人民取得新民主主义革命的胜利，之所以能够取得社会主义革命和建设以及改革开放的胜利，都离不开新闻舆论的作用。我们 20 世纪 50 年代出生的人，都读过新闻记者魏巍写的人物通讯《谁是最可爱的人》，懂得了我们的志愿军为什么能够战胜美国侵略者及其仆从军，从而由衷敬佩志愿军战士；我们读过新华社记者穆青写的长篇通讯《县委书记的好榜样焦裕禄》，为我们党有这样的好干部而高兴和自豪，感到社会有希望；读过雷锋叔叔的故事，以做好事为荣、做无名英雄为荣，形成了社会主义的新风尚，令全世界为之羡慕。

在改革开放初期，湖北作家徐迟写过一篇著名的报告文学《哥德巴赫猜想》，在光明日报整整登了两大版，被广泛转载和传播。我国科学家淡泊名利、刻苦攻关、勇攀高峰、为国争光的形象跃然纸上，大放异彩，有力地否定了“知识分子是臭老九”“知识越多越反动”的谬论，形成了“知识分子是新时期最可爱的人”的舆论导向，倡导了“尊重知识、尊重人才”的新理念，大大激发了知识分子的积极性，社会风气和价值取向为之一变。这些正面的例子，使我们看到了新闻舆论的巨大作用。还有反面的例子也说明问题。例如，10多年前，某市的某知名品牌饮料卖得很火，几乎占领了全国市场，突然有一篇报道，说有人喝出了苍蝇，于是第二天就没有人买了，厂家一周之内就损失了数亿元，很长时间恢复不了元气。可见新闻舆论的杀伤力之大。

正因为新闻舆论作用巨大，也就容易出现有偿新闻、有偿无闻、有偿假新闻，新闻软广告、新闻敲诈等乱象，这些乱象损害新闻的真实性、严肃性、公信力，给新闻舆论管理带来困难。这些是我们必须面对而且必须解决好的问题。

另外，新时期科学技术的发展，也在日新月异地改变着新闻舆论的载体、传播方式、传播渠道、传播速度、传播受众。计算机、互联网、手机、微信、博客，以及我们难以预测的还将不断涌现的新技术、新花样，等等，使人人都有可能成为记者、编辑、主播、评论员、出品人。互联网和新媒体使世界成为“地球村”，抹平了空间的差别，时间的差别，层级的差别，新闻舆论的管理越来越困难。如何克服这些困难，如何发挥好新闻舆论的正能量，避免负能量，需要科学家、工程师研究提供新技术，需要管理部门提出新办法，也需要我们学者研究新闻舆论史，从历史中找规律，找借鉴，找启迪。

习近平总书记最近强调，做好党的新闻舆论工作，事关旗帜和道路，事关贯彻落实党的理论和路线方针政策，事关顺利推进党和国家各项事业，事关全党全国各族人民的凝聚力和向心力，事关党和国家前途命运。必须从党的工作全局出发把握党的新闻舆论工作，做到思想上高度重视、工作上精准有力。

习近平总书记还指出，在新的时代条件下，党的新闻舆论工作的职责和使命是：高举旗帜、引领导向，围绕中心、服务大局，团结人民、鼓舞士气，成风化人、凝心聚力，澄清谬误、明辨是非，联接中外、沟通世界。要承担起这个职责和使命，必须把政治方向摆在第一位，牢牢坚持马克思主义新闻观，牢牢坚持正确舆论导向，牢牢坚持正面宣传为主，牢牢坚持党性原则，坚持党性和人民性相统一，及时把人民群众创造的经验和面临的实际情况反映出来，丰富人民精神世界，增强人民精神力量。我们要引导广大新闻舆论工作者增强政治意识、大局意识、核心意识、看齐意识，做党的政策主张的传播者、时代风云的记录者、社会进步的推动者、公平正义的守望者。

最后，预祝会议达到预期的目的，希望大家常联系，常走动，诚恳地邀请各位领导和学者到我们近代史研究所视察指导，交流合作。谢谢大家!

（中国社会科学院近代史研究所与华中师大新闻传播学院联合召开抗战时期新闻传播问题高层论坛，本文系笔者的主旨发言）

中国抗战对世界反法西斯战争胜利的贡献

2015 年 9 月 4 日

今年是中国抗日战争胜利 70 周年、苏联（含白俄罗斯）反法西斯战争以及世界反法西斯战争胜利 70 周年的日子。回首历史，可以清楚地看到，中国是东方的主要战场，苏联是欧洲的主要战场，中苏两国人民为战胜法西斯进行了艰苦卓绝的斗争，付出了巨大的牺牲，作出了重大贡献。苏联牺牲了 2700 万人以上，几乎每个家庭都有伤亡；中国伤亡了 3500 多万人，占世界反法西斯战争伤亡人数总和的 1/3，中国歼灭日军 150 多万人。中苏两国人民为世界反法西斯战争作出的贡献，得到国际社会的普遍承认。

中国的贡献可以从以下四个方面来认识。

一、中国抗战迫使日本放弃“北进”方针

19 世纪末，日本就谋划吞并朝鲜半岛和中国东北，然后北进战胜苏联、南进战胜美国，最后实现取得世界霸权的战略目标。

日本占领中国东北后，屯驻重兵，在与苏联的边界线上修筑了号称“东方马其诺防线”的要塞群，矛头直指苏联。1938 年和 1939 年，日本关东军

在与苏联交界地区制造“张鼓峰事件”和“诺门罕事件”，两次挑起大规模军事冲突。尽管日军进攻被挫败，但苏联明显感到来自日本的威胁，不得不分出一部分主力部队驻守远东防备日本。

日军占据中国东北后，先后遇到抗日义勇军、抗日联军的大规模抵抗和顽强斗争。中国人民率先举起反法西斯战争的旗帜，打响了世界反法西斯战争的第一枪，揭开了世界反法西斯战争的序幕。日本关东军不得不分出相当多的兵力来对付中国的抵抗运动。1937 年卢沟桥事变发生后，日军进一步遇到了中国全民族的抵抗，被中国军民开展的持久战死死拖住，使其陷入长期战争的泥潭而不能自拔。日本也就不敢把关东军投入到对苏作战的战场。日军参谋总长杉山元看得很清楚，日本的“大部分兵力现在正用于中国，（北进）实际上办不到”，“所以，以暂不介入（苏德战争）为宜”。

得到这一情报后，苏联终于消除了两线作战的顾虑，把数十万防备日本的军队从东线调往西线，集中力量对德作战，从而保证了卫国战争的胜利，并在打败德国后转兵东进，参加对日寇的最后一战。对中国在东方战场牵制、打击日军，使日本不敢进攻苏联，苏联人民十分感念。苏联元帅崔可夫说过：“在我们最艰苦的战争年代里日本也没有进攻苏联，却把中国淹没在血泊中，稍微尊重客观事实的人都不能不考虑到这一明显而无可辩驳的事实。”

俄罗斯《独立报》在几天前即 8 月 26 日发表了题为“远东不为人知的战争——中国是苏联的第二战线”的文章，作者是俄罗斯人民友谊大学尤里·塔夫罗夫斯基教授，他在文中指出：到 1941 年，“太平洋战争爆发前，日军有约 210 万人，其中约 140 万人在中国战场，40 万人在太平洋战场。中国抵抗的日军人数是以美国为首的盟国对抗的日军人数的 3 倍。在 1941 年 12 月 7 日，日本偷袭珍珠港后二战太平洋战区最终成型。此时约 2/3 的日本陆军被牵制在中国”。由于中国的牵制，日军“原定于 1941 年 8 月 29 日进攻苏联远东地区的计划也没有实施”，“如果苏联两面受敌，战争过程将变成什么样，光是想想就可怕。之所以没有发生这种情况，很大程度上要归功于中国战场”。尤里·塔夫罗夫斯基教授的分析，客观地说明了中国军队对苏德战场的援助，作出的巨大贡献。

二、中国抗战阻滞了日本“南进”扩张

德国法西斯入侵波兰、闪击西欧取得成功后，气焰嚣张，咄咄逼人，英、法、美等国不得不将战略重点转向欧洲，东南亚及西南太平洋地区于是成为防御的薄弱环节。这为日本南进发动太平洋战争提供了良机，于是“南进论”在日本迅速活跃起来。

但是，要想“南进”扩张，日本必须尽快结束与中国的战争。然而，正面战场的历次会战依然激烈，八路军也在敌后发起了凌厉的百团大战。大量日军被牵制在中国战场，根本无法从持久战的泥潭中拔出脚来，征服中国希望渺茫。

日本中国派遣军总司令官畑俊六认为，中日战争已经5年了，“仅仅一个中国，日本的力量就很勉强”，如果“现又两面作战，情况将会越来越困难”。日本近卫首相认为：4年多的中日战争使日本国力消耗，在中国问题还未解决的情况下南进是难以忍受的。他作为南进方针的主要决策者，主张应该先解决中国问题，否则前景堪忧。因此，在日本政府决定对美国开战之前，他提出辞职。

由此可见，在太平洋战争爆发前，中国抗日战场打击和牵制着日本陆军主力和海军部分兵力，使日本迟迟不敢发动太平洋战争，使得美英军队能够在太平洋战场集中兵力，稳住阵脚，进而转入反攻。

三、中国战区有力地配合了太平洋战场

日本袭击珍珠港得手后，战线扩大到太平洋。日本南进的初战虽然取得了胜利，但继续扩大战果的目标难以达到，这是因为中国战场牵制、抗击着日本陆军主力。

太平洋战争爆发后，单独抵抗日寇的中国在得到同盟军援助的同时，也

承担了更多的国际义务。根据美国总统罗斯福的建议，盟国成立联合作战的战区，中国战区便是其中之一。中国战区辖整个中国、中南半岛及泰国，面对的日本中国派遣军是实力强大的战略集团，包括第 6 方面军、华北方面军以及两个独立野战集团军和一个空军集团军，总人数达 100 万。而驻扎中国东北的日本关东军一直保持在 70 万人左右，随时可以过来增援。这一格局凸显了中国战区在太平洋战场乃至东西方两个战场中的重要地位。

由于中国的顽强抵抗，日本陆军能够投入太平洋战场的只有 10 个师团，不及中国战场的 1/3。而日本在太平洋战场上尽管投入了海军的主要力量，但由于缺少陆军配合，无法取得优势，在瓜岛争夺战中，日军一败涂地，阵亡 2.4 万余人，是美军的 15 倍，重要原因之一就是无法从中国战场抽调陆军主力予以补充。

当时，中国一方面自身承受巨大的军事压力，另一方面从世界反法西斯战争的全局考虑，派出远征军协助同盟国作战，尤其是两次滇缅作战，中国军队以牺牲 13 万人的巨大代价，延缓了印缅战局恶化，有力地支援了太平洋战场的盟军。

由于中国战场与太平洋战场互相配合、互相呼应、互相支持，加速了战局向战略反攻方向的转化。中国的持久战不但为苏、美、英等反法西斯国家赢得了宝贵的战争准备时间，而且为保证同盟国实施“先欧后亚”大战略发挥了重要作用。中国军队有力地支援了美、英与日本作战，最终粉碎了日本与德、意法西斯东西对进、称霸全球的战略图谋。美国总统罗斯福曾说过，“我们也忘不了中国人民在 7 年多的长时间里，怎样顶住了日本人的野蛮进攻和在亚洲大陆广大地区牵制住大量的敌军”，“假如没有中国，假如中国被打塌了”，局面难以想象。

四、中国积极倡导和推动国际反法西斯统一战线的建立

世界反法西斯战争是一场国际性战争，建立广泛的国际反法西斯统一战

线是胜利的保证。中国为此做了长期的努力。当日本发动太平洋战争、第二次世界大战扩大到全球范围时，中国主动加强与苏、美、英、法等同盟国的战略协调。中国除了为盟军修建机场，建立无线电通信网，提供大量的钨、锡、桐油等战略物资外，还做了大量其他工作。一是积极倡导和推动签署《联合国家宣言》，形成世界反法西斯同盟，加快了战争胜利进程。二是大力支持亚洲国家的抗日斗争。大量朝鲜革命者和爱国志士在中国加入抗日武装。韩国流亡政府也在中国得到支持。得到支持的还有亚洲其他国家。三是积极参与创建联合国，推动战后世界和平。中国提出的保障会员国的政治独立和领土完整、和平解决争端以及民族自决等建议，被写入《联合国宪章》。中国成为联合国五个常任理事国之一。

历史事实清楚地告诉人们：中国抗日战争为世界反法西斯战争胜利作出了重大贡献。

（本文系笔者于2015年9月4日在中国与白俄罗斯纪念二战胜利70周年高层论坛上的主题发言）

简论张之洞的教育改革思想及其成就并贺湖北经济学院 110 周年校庆

2017 年 5 月 27 日

尊敬的各位领导和老师，湖北经济学院的同学们：

大家上午好！江城五月，花团锦簇，生机盎然。今天我们相聚历史悠久、校园美丽、大楼林立、人才济济的湖北经济学院，祝贺她 110 周年校庆，心情格外高兴！

校庆之日，我们自然忘不了创始人张之洞，感念他的筚路蓝缕之功。没有张之洞当年创办的湖北商业中学堂，就没有今天的湖北经济学院。我们回首学院的起源和发展，同时研究张之洞的教育改革思想，或许会得到若干启迪，有益于今天中国特色社会主义的建设，实现“中国梦”。

张之洞（1837—1909）是清末著名的政治家、军事家、教育家、实干家、改革家。他自幼好学，博览群书，“概然有经世志”，一生学业顺利，仕途顺利。他年少得志，不满 14 岁参加县试，得中第一名秀才，两年后，又以乡试第一名中举，取得会试资格，27 岁登进士，尔后殿试对策，列一甲第三名，荣摘探花。接着授翰林院编修，从此步入仕途。张之洞历任湖北学政、四川学政。任满回京后，便加入清流派，以评论时政为能事，以不避权贵相标榜，名重一时。1882 年出任山西巡抚，以后又历任两广总督、湖广总督、两江总督（多次署理）、军机大臣等职，官至体仁阁大学士，成为后期洋务派的首领人物。他发表了著名的《劝学篇》，“中学为体，西学为用”是他的代表性思想主张。张之洞与曾国藩、李鸿章、左宗棠并称晚清“四大名臣”。

张之洞为官40多年，忙于政治、经济、工业、军事、教育等活动，孜孜矻矻，以“师夷长技以制夷”为主要宗旨，以“中学为体、西学为用”为基本原则，以“借法西政西艺”“工商立国”为主要途径，致力于“自强”“求富”等中兴目标。张之洞的政治、经济、工业、军事等改革，都与其教育改革相关联，政治、经济、工业、军事等思想都与其教育思想一脉相承。从张之洞的思想与实践，可以从一个侧面看到洋务派的努力，看到他们的失败与成功，看到中国在半封建半殖民地泥潭中的沉沦与挣扎，得到经验与教训。

张之洞早年即对洋务派提出的“自强”口号深表赞同，在他成为雄镇一方的洋务派大员以后，更是不断地强调“御侮”“自强”，这也是他教育改革思想的出发点。在著名的《劝学篇》中，他开篇第一条就呼吁全国“同心”，“保国保教保种”。怎样才能达到“三保”呢？必须有强大的国力。而国力来自综合力量，军事力是主力，军事力来自人力、工业、农业、科技、交通、制造业、商业贸易等；而要搞好以上诸多方面，必须要有新的人才；要有新的人才，必须要有新式教育；要有新式教育，必须改革旧式教育。他的这些认识不断深化，并在其权限内付诸实践。

早在加入清流派时期，他就看到了清朝之所以一败再败，在于积贫积弱，武备落后，因此，他对洋务派提出的“自强”口号，对李鸿章创办的北洋军，深表赞同，希望多购外国战舰。他曾建议“仿照德国新式，增建炮台”，并购买西方著作《防海新论》分发诸将学习。

他提出备海防，治器械。其办法是一方面向西方购买，一方面自己办厂制造。但自己制造枪炮弹药轮船，皆需煤铁，因此他又主张“购买机器，自设铁厂”。然而，制造新式武器也好，采煤炼铁也好，都要人来办，要人才。“斯三者，相济为用，有人才而后器械精，有煤铁而后器械足，有煤铁、器械而后人才得以尽其用。”张之洞把此三者提到能否自强的高度，“得之则权利操诸我，失之则取予仰于人”。

张之洞出任山西巡抚后，雷厉风行，向着“求富求强”的目标挺进。他的思想理论也随之丰富、发展、成熟起来。1889 年，张之洞调任湖广总督后，位居九省通衢，这里是中国经济地理的“心脏”，具有承东启西、沟通南北、维系四方的作用，从此开始了他人生的重要阶段，他积极革新，大力作为。在甲午战争前，他兴办了为军事工业和芦汉铁路服务的汉阳炼铁厂，将广东弹药厂移到汉阳，建成了湖北枪炮厂。甲午战争失败后，张之洞担忧中国被瓜分豆剖，迅速总结教训，于 1895 年写就《吁请修备储才折》，提出了九条方案，强调“广开学堂、速讲商务、讲求工政、多派游历人员”等项教育措施，认为如果赶快着手，或许能做到“弱而不亡”。

他计划在江南练一万新军，取名为“自强军”。1895 年底，首批招练了 2860 人，按德式编制，由德国人当教练，面目为之一新。改革了军队建制还不够，还要建立一支受过教育和技术好的军官队伍。因此，他奏准在南京建立了陆军学堂、铁路学堂和储才学堂各一所。

1896 年 1 月，张之洞回到湖广任上，将自强军交给继任的两江总督刘坤一，但他把自强军中的护军前营带到了武昌，并在此基础上扩充成湖北新军。湖北新军后来成为全国军队的样板，号称“天下劲旅”，朝廷令各省派将弁前往学习。也正是这支湖北新军，在他离开湖北四年后，打响了武昌首义第一枪，成为辛亥革命发源地，为推翻清王朝、推翻 2000 多年的封建帝制，建立了历史功勋，名垂千古。孙中山曾称“张之洞是不言革命之大革命家”。清朝的遗老们则把他视为灭清的“祸首”。

张之洞强调军事实力的重要，对和约不抱幻想。

他在《劝学篇》中嘲笑那些把“保东方太平之局”的希望，放在“入西国弭兵会”上的人，是“尤无聊而召侮者也”。他指出：“我果有兵，弱国惧我，强国亲我，一动与欧则欧胜，与亚则亚胜”，那么，“弭之亦可”，因为“权在我也”；“我无兵而望人之弭之”，如同“山行不持兵，而望虎之不咥人”，岂“不重为万国笑乎”？

张之洞强调人才重要，发展中国近代军事教育。

他在《边防实效全在得人折》中说：“边防有益无益，有效无效，必以得人不得人为断。得其人则皆胜算也；不得其人则尽空文也”，“战人较战具为尤急”。他经常对人说：“人皆知外洋各国之强由于兵，而不知外国出于学。夫立国由于人才，人才出于立学”，现今“时事多艰，兴学育才实为当务之急”。所以他注意从两方面着手，一是注意发现人才，及时荐举；二是大办学堂，培训人才。

要培训人才，必须办西式学堂；要办西式学堂，必须废除文武科举。光绪二十四年（1898 年），张之洞奏请变通武科；光绪二十七年（1901 年），再度上折，批评武科“无益于战征”，主张马上废除。是年武科废除，从此中国军事教育步入新途。1905 年，张之洞、袁世凯等人联名上奏，主张废除文科科举，再获清朝批准。至此，结束了沿用达 1300 年的科举制度，中国的近代教育制度得以正式确立。

张之洞根据“国必有兵，而后能存；兵必有学，而后能精”的指导思想，围绕军政办学。中法战争结束后，他于广东省城创水陆师学堂，成就水陆将才甚众。及至督楚，又创两湖书院、将弁学堂、武备学堂，并且每年按时亲临“武备学堂考试”，“功课生疏不准毕业”。中日战争他权摄两江总督时，广立文武农工商铁路方言军医诸学堂，遣游学生赴东西两洋游学，既习其船坚炮利之术，又习其西艺西政，并设将校讲习所，培育将才。

张之洞强调新式武器的重要，主张自己设厂制造。

在他还是清流派时，就赞成洋务派“师夷长技”的做法。及至他升任封疆大吏，更是利用手中权力极力改进武备。他在粤时办起了弹药厂，还自造了浅水兵轮若干艘，到鄂时办起了湖北枪炮厂。他在江苏办的自强军，在鄂办的湖北新军，装备一新，可与袁世凯的北洋军相媲美，成为当时全国装备最精良的一支军队。

他在两广任上，试造了浅水轮船，筹设了织布局；署理两江时，筹设纱丝厂，筹款造船，筹办江浙铁路，创建江宁马路；在湖广任上，创实业最多，主要有布纱丝麻四局，炼铁厂，另外还有造纸厂、毡泥厂、针钉厂等，以致外国人称武汉为“东方的芝加哥”。“各省推行新政，皆取法于湖北。”他还倡修了芦汉铁路，经办了粤汉铁路、川汉铁路。在成绩面前张之洞一度踌躇满志，挥毫给黄鹤楼题了一副楹联：“昔贤整顿乾坤，缔造先从江汉起；今日交通文轨，登临不觉欧亚遥。”由此可见，他充满自信，不乏赶超列强的梦想！

张之洞是一个具有多面性的人物。他对内有反动的一面。他仇视人民革命，多次镇压人民的反洋教斗争，镇压萍浏醴起义，镇压唐才常自立军，破坏了革命团体日知会，“定计主剿”义和团。这反动的一面必须批判。在对外的一面他多有进步，“师夷”“制夷”“防海”“御侮”，改革创新，学习西方的长处，发展民族工商业，发展新式教育，发展军事实力，捍卫国家的主权和领土，代表了民族利益，反映了民众的愿望。这进步的一面必须肯定。如果将张之洞与李鸿章作一番比较，可以看出以下差别。

李鸿章的路线是“外须和戎，内须变法”，实际是“曲徇侵略者的要求”，妥协退让，换取苟安；张之洞的路线是“外须拒侮，内须变法”，靠斗争求存求强；李鸿章是唯武器论者，只唠叨着学习西方的“船坚炮利”，张之洞则主张连“西政西艺”也要学，并且把西政放在首位。

张之洞不图苛安，每每能在外侮之前数年提出警告和防守建议。他促进废除了腐朽落后的文武科举，开了中国近代教育之先河。他创办了当时中国最新式和最优秀的自强军和湖北新军，为全国军队之楷模。

张之洞一生主要做了三件大事：一是办新式教育，二是办实业，三是练新军。从 1889 年至 1907 年，他在湖广总督任上（中间署理过两江总督），建树颇多，成就最大。张之洞的实业主要有两件：一件是督办芦汉铁路，另外一件是把武汉打造为当时中国最大的重工业基地。以芦汉铁路的修筑为契机，兴实业、办教育、练新军、应商战、劝农桑、新城市，大力推行“湖北新政”。他主要兴办了湖北枪炮厂、汉阳铁厂和布、纱、丝、麻四纺织官局等三大近代工业。他主持修筑的武昌南北长堤和汉口后湖长堤，排除了水患，同时支持民族企业家操办水电等现代化市政建设。他注重社会治安，是中国近代警察制度的主导者。他在办新式教育方面尤其可圈可点。

1890 年，创建两湖书院，后来改称两湖大学堂。

1891 年，创办算学学堂。

1892 年，创办矿务学堂。

1893 年，创办自强学堂，成为今日武汉大学的前身。

1896 年，创办湖北武备学堂。

1898 年，创办湖北农务学堂，是今天华中农业大学的前身。

1898 年，创办湖北工艺学堂，是今天武汉科技大学的前身。

1899 年，创办湖北防营将弁学堂。

1901 年，与刘坤一联衔上奏提出“兴学育才”办法四条，仿日本学制拟定“癸卯学制”（即 1903 年经修改重颁的《奏定学堂章程》），为全国最早采用的近代教育体制。

1902 年，创办湖北师范学堂。

1903 年，上奏《创办三江师范学堂折》，筹办三江师范学堂，为近代南京大学之开端。强调办学首重师范。

1904 年，在两湖大学堂的基础上，创办两湖总师范学堂。

1906 年，创办女子师范学堂。

1907 年，张之洞在离鄂进京前夕，创办湖北商业中学堂，也就是我们湖北经济学院的前身。

上述是张之洞创办的主要学校，还有一些，不一一列举了。

1907 年，张之洞授大学士，9 月 4 日与袁世凯同日授军机大臣，兼管学部。

张之洞一生坚持“中学为体，西学为用”的原则，主张以“中学治身心，西学应世事”，“法外国教养富强之实政”，增强国势，巩固清王朝统治。大力兴办书院和各种实业学堂，对清末教育影响很大。张之洞的教育改革思想是以“致用”为灵魂的“旧体新用”论，分类型、分层次地“广实学”，鼓励多层次的“游学”，来促进中国教育近代化。

张之洞的家庭教育思想主要在品格和学识，品格教育包括德化教育、情怀教育、理想教育、品质教育、人格教育、作风教育等范畴，反映中国传统思想品德教育的层面；学识教育涵盖实学教育、全面教育、学习方法、游学教育等内容，是与时俱进的时代特色的展现。张之洞家庭教育思想不乏精华，对当今的家庭教育仍具有借鉴作用。

张之洞主张学习西方法律。他在《遵旨筹议变法谨拟采用西法十一条折》中指出：西方列强的政体学术，经历了数百年的研究、数千人的修改，确系精良；且能相互仿效，故成效显著；学习西法可以使中国由弱变强。另外，张之洞还主张法分民法、刑法，改良监狱等，因此，聘用日本法学博士当顾问，两人必须“一专精民法，一专精刑法”。

早在清末修律正式开始之前，张之洞就主张“择西学之可以补我阙者用之，西政之可以起吾疾者取之”，他认为这样做是“有其益而无其害”。

张之洞主政湖广多年，为官清廉，家有薄田若干，死后不增一亩。百姓口碑颇佳。

老师们、同学们，武汉大学的校训是“自强、弘毅、求是、拓新”，很好地体现了该校的价值追求和育人方针。湖北经济学院的校训是“厚德博学，经世济民”。“厚德”，寓意该校“以德为先”的办学原则，注重师生思想道德素质的全面提高；“博学”，寓意学识渊博，既要学习专业知识，又要学习其他知识，体现了办学特色——重视师生创新精神和实践能力的培养，为社会输送应用型的高素质的高级专门人才。“经世济民”，反映了湖北经济学院的特点，“经济”即为“经世济民”。经济学应该是“经世济民”之学，应该研究“以人为本”的问题。因此，“厚德博学，经世济民”是湖北经济学院办学理念的高度概括。树立“经世济民”之志，掌握“经世济民”之能，探求经济运行规律，以服务国家、社会、人民为己任，方能成为经济学大家。

“潮平两岸阔，风正一帆悬。”今天的湖北经济学院，与 110 年前创办时的条件有天壤之别，与 15 年前合作办学时的环境也不可同日而语，已经步入快车道。让我们在以习近平同志为核心的党中央领导下，在全国高校创办

“双一流”新的征程中，遵循“厚德博学，经世济民”的校训，扬我所长，稳步发展，再创辉煌！

谢谢大家！

十年辛苦不寻常

——庆祝中国好人网成立 10 周年

2018 年 5 月 19 日

今天是中国好人网成立 10 周年的日子。在我们国家有个习惯，五年一小庆，十年一大庆。中国好人网成立 10 周年，理应大庆。今天的庆祝会，嘉宾如云，高朋满座，济济一堂，是一个盛会的排场，令人高兴。我作为中国好人网的比较早的志愿者，眼见着她一路走来，年年成长，天天向上，粉丝越来越多，点赞越来越多，影响越来越大，今天感慨万千，想说的话很多。说什么好呢？我想借用曹雪芹的两句诗来表达我的看法："字字看来皆是血，十年辛苦不寻常。"

有人会问：不就是办了一个网吗？不就是做了几件好事吗？为什么评价这样高呢？我有我的依据。下面说说她不寻常的道理。

第一，中国好人网成立的时间不寻常。那是 2008 年，那时我们正在大力发展社会主义市场经济，许多人忙于赚钱，精神文明和法治建设一时没有跟上来，道德水平一度下滑。有见死不救的，有见难躲避的，有落井下石的，有搞假冒伪劣的，有敲诈勒索的，有偷盗抢劫的，有把帮忙的人当成肇事者索赔的，有碰瓷讹诈的，等等，弄得好人不敢做好事，许多人感叹人心不古、世风日下。有的小区大院墙上贴着牌子："关好窗，锁好门，慎重对待陌生人。"

对生人不敢轻易信任，老人倒地不敢扶。在这种背景下成立好人网，就难能可贵，格外醒目，令人钦佩。当年中国好人网的成立，宛如暴风雨后的彩虹，格外靓丽；沙漠中的绿洲，格外珍贵；饥饿中的面包，格外管用；冬天里的阳光，格外温暖；干旱中的雨水，格外滋润。总之，中国好人网是社会上一道亮丽的风景线，格外引人注目。应该承认，在我国做好人好事不新鲜，有着悠久的传统。2000 多年前，孟子就指出：人有恻隐之心。这恻隐之心，就是见人有难就帮，扶危济困。孟子还提倡："老吾老以及人之老，幼吾幼以及人之幼。"唐代诗人贾岛写有一首《剑客》诗，大家熟悉："十年磨一剑，霜刃未曾试。今日把示君，谁有不平事？"这是仗义侠客的宣言。为人称道的绿林好汉，历来是"路见不平一声吼，该出手时就出手"。所以，做好人好事是中华民族的优良传统。但是这个优良传统有时被中断，需要志士仁人出来提倡、弘扬、坚守。应该说中国好人网的创办者有使命感、责任感。

第二，中国好人网的坚持不寻常。毛主席说，一个人做点好事并不难，难的是一辈子做好事。这就是说，贵在坚持，难在坚持。中国好人网的坚持不是一年两年，三年五年，而是坚持了十年，而且越办越大，越办越好，还会继续坚持下去。这就不寻常了。十年来，好人网直接帮助的好人成百上千，而且连续多年搞"帮扶好人万里行"。总编辑谈方利用暑假，带着助手，带着志愿者，放弃假期休息，不顾炎热高温，不顾食宿不便，不顾旅途劳顿，开着自己的车，每次跑十几个省，把钱款直接送到好人的家中，亲自送到好人手上，使被救助的好人倍感温暖，旁边看到的人也为之感动。中国有这样的一支队伍活跃在大江南北、长城内外，活跃在工农商学兵中，活跃在普通老百姓中，弘扬着一种正气，吹拂着一种春风，践行中央的精神，反映民众的愿望，的确不寻常。很多网友认为谈方是"一个正在唤醒中国好人的好人"。

第三，中国好人网做的好事不寻常。好人网的宗旨是："说好人，帮好人，做好人。"被好人网资助的有救火英雄，有抗震救灾受伤的英雄，有驾车追击劫匪的英雄，有受冤枉的彭宇，有救助小悦悦的陈贤妹，等等，不让英雄流血又流泪，让好人有好报。他们不仅帮钱帮物，而且帮好人打官司，主持正义公道。2011年中国好人网还设立了“搀扶老人风险基金”，如有因做好事而被冤枉者，中国好人网免费提供法律咨询，免费帮助打官司，消除做好人的后顾之忧；同时希望这项基金能够引起国人对社会道德风尚的反思，进而形成合力，推动我国相关法律的完善。当社会风气变好了，这项基金的使命也就完成了。中国好人网每年还评选100名好人标兵，予以奖励，使中国好人网的影响遍及全国，推动形成“说好人、帮好人、做好人”的良好风气。

第四，中国好人网受到的欢迎不寻常。总编辑谈方得到过中宣部领导的接见和鼓励，得到过新华社领导的批示采访，得到过江西省领导的接见和支持，得到过解放军报副总编的支持和鼓励，得到过中国残疾人联合会的支持与合作，得到过多家省市文明办领导的赞扬和帮助，得到过多家报社、杂志、电台、电视台的采访，多的时候一天接待二十几家媒体的采访，经常可以从国家主流媒体上看到关于中国好人网的报道。另外，英国的《金融时报》、美国的《今日美国》等国际知名报刊也对中国好人网有专题报道。除了受到官方的肯定与欢迎以外，还广泛受到民众的支持和赞扬。这种支持和赞扬不仅是口头上的，而且有实际行动，例如捐款捐物，做义工，投票评选好人模范，受中国好人网的委托帮助照料有困难的好人，等等。中国好人网初成立时，志愿者只有谈方的十几个学生，如今，全国各地已有几千个志愿者加入，年龄大的近80岁，小的不到10岁，朋友遍天下。

第五，中国好人网的财务制度不寻常。《环球人物》杂志报道：2008年5月19日，谈方注册了中国好人网，还自己掏钱2万元成立了“好人基金”。真正实现彻底的财务公开透明，让社会成为中国好人网的监督审计局。一个民间组织在财务上做到公开透明，让社会监督，这是非常不容易的，也是中国好人网能够健康发展、持续发展的重要原因。希望中国好人网把这个制度坚持下去，始终接受社会监督，善始慎终，行稳致远。

最后为中国好人网成立10周年点赞。我本人愿意继续做中国好人网的志愿者，并希望有更多的人加入这个队伍，有更多的人帮好人，有更多的人做好人。祝愿中国好人网不忘初衷，不负社会厚望，谦虚谨慎，砥砺前行，弘扬优秀传统文化，践行社会主义核心价值观，在以习近平同志为核心的党中央领导下，做新时代精神文明建设的排头兵，把中国好人网的事业做大做强。

学习闻一多精神，为民族复兴砥砺奋进

2019 年 11 月 9 日

今年是我国近代著名诗人、学者、民主战士闻一多先生诞辰 120 周年。在先贤的家乡召开高端论坛，用学术方式纪念杰出人物，很有意义。参加此次会议的，不仅有内地名家，还有海外学者。我作为闻一多先生的同县同乡，他的后学，非常感谢会议主办者邀请我参会，给我一个很好的学习机会。小时候我经常听父亲讲，我们浠水县有两个大文人，一个是清朝的状元诗人陈沆，一个是民国时期的教授诗人闻一多。父亲的话给我幼年的心灵树立了两个榜样，两个大写的人。我受他们的影响而成长。后来陆续地读到了闻一多先生的《红烛》《死水》，上大学时读到了《最后的演讲》，参加工作后又读到了《闻一多全集》，港澳回归时重温了《七子之歌》。几十年来，我源源不断地从闻一多先生身上获取教益和力量。下面我谈几点认识。

第一点，闻一多是我们家乡的一张亮丽的名片。

无论是在大陆还是港台，闻一多都被认为是集诗人、学者、民主战士三重身份于一身的历史人物。他一生热爱祖国，勤苦奋进，追求真理，上下求索，在中国共产党领导的革命运动推动下，走上了为争取人民民主和民族解放的斗争道路，并为此献出了宝贵的生命。他在新诗创作和古代文学研究等方面的卓越成就，丰富了我国的文化思想宝库，确立了他在现代文学史和现代学术史上的重要地位;他“拍案而起”,为民主而英勇奋斗,坚贞不屈的伟大精神，赢得了人民的敬仰和赞颂。闻一多是我们民族的优秀代表，是中国知识分子的骄傲和榜样。闻一多毕生从事教学工作，曾任武汉大学文学院首任院长，是他将原来的罗家山改名为珞珈山。董必武为武汉大学题诗：“珞珈之山，东湖之水，山高水长，流风甚美。”闻一多为武汉大学的遗风流韵作出了贡献，泽被我等后学。

我于上个世纪 80 年代初从武汉大学毕业后分配到北京工作。初到北京，口音重，人们问我是哪里人，我说是湖北浠水县人，对方不知浠水县，于是我补充一句，是闻一多同乡，于是对方马上知道了。有时我回答是黄冈的，对方说你们黄冈中学不错，我接着说还有诗人闻一多，对方马上认可。在京几十年，我一直是这样介绍的。闻一多先生是我们家乡的一张亮丽的名片。我们在外地工作的游子，一直以是闻一多先生的同乡而倍感自豪。

第二点，学习闻一多精神，为民族复兴砥砺奋进。

闻一多先生的生命是有限的，但他的生命价值却是无限的。他倒在了黎明的前夜，离开我们 73 年了，但他留给我们的学术遗产和精神遗产仍在发挥作用。今天，当我们前进在新时代的民族复兴路上，闻一多精神仍是一份宝贵力量。那么，什么是闻一多精神呢？在我看来，至少包含以下三个方面。

第一个方面，爱国主义的炽烈情怀。五四运动爆发时，他激情难抑，手书岳飞《满江红》，贴于学校饭厅门前，投身于这一伟大斗争。他发表演说，创作新诗，成为五四新文艺园中的拓荒者之一，并作为清华学生代表赴上海参加全国学联成立大会。1923 年 9 月出版第一部诗集《红烛》，把反帝爱国的主题和唯美主义的形式典范地结合在一起。1928 年 1 月出版第二部诗集《死水》，在愤激中表现出深沉的爱国主义激情，标志着他在新诗方面所取得的进步和成就。1925 年 3 月，他留学纽约时，写下了《七子之歌》。该诗以拟人的手法，将我国当时被列强掠去的七处“失地”比作远离母亲的七个孩子，哭诉他们受尽异族欺凌、渴望回到母亲怀抱的强烈愿望。诗歌一方面抒发了对祖国的赞美，一方面表达了对西方列强侵略的憎恨。1925 年 7 月 4 日出版的《现代评论》刊登了《七子之歌》。《七子之歌》一问世就引起强烈共鸣。一位青年发表读后感："读《出师表》不感动者，不忠；读《陈情表》不下泪者，不孝"，"余读《七子之歌》……不知清泪之盈眶"！可见在当时影响之大。到 1999 年临近澳门回归祖国之际，人们掀起了吟诵诗咏《七子之歌》的热潮。1998 年初，大型电视片《澳门岁月》，以《七子之歌》的首篇《澳门》作为主题歌。1999 年，这首主题歌在中华大地引起轰动。澳门特别行政区筹委会澳门委员、主题歌大合唱的指挥陈振华由衷感叹："这首歌唱出的是我们灵魂的共鸣，时代的共鸣。澳门同胞要唱着这首歌迎接回归的一天。"从中华民族处于沉沦的岁月，到中华民族站起来、富起来的复兴时代，闻一多的爱国诗篇一直鼓舞着中华儿女奋斗、前进。在祖国沉沦苦难的日子里，闻一多想的是如何使中国人民站起来、中华民族强起来，他回国后投身教育事业，培养人才，以文救国。今年香港发生了 5 个多月的修例风波，香港部分青年未能看见祖国的崛起与复兴的光明前景，未能看见 14 亿人在复兴路上凯歌行进的豪迈步伐，未能认识中国人民维护国家统一的决心和意志，他们享受高度自治的待遇，有的人却迷失了方向。他们应该好好读读闻一多先生的《七子之歌》，学习闻一多的爱国精神，冷静下来，深长思之，把握机遇，创新发展，共担民族复兴的历史责任，共享祖国繁荣富强的伟大荣光。

第二个方面，不怕困难积极工作的坚强意志。闻一多生活在内忧外患、动荡不安的民国年代，"华北之大，放不下一张安静的书桌。"北大、清华、南开等名校南迁。今天的云南师范大学展览着当年西南联大的许多照片和资料。我去参观过。其中有一份广告，让我格外感慨。原来上世纪 40 年代，在昆明联大当教授的闻一多先生，妻子多病，家里孩子多，薪水不足以养家，朋友出主意：刻印章。校长梅贻琦联络朱自清、沈从文、华罗庚等 11 名教授，联名在报纸上为闻一多刊登刻印广告。这是迄今为止规格最高的名人广告。

广告一出，生意便来。两年多，闻一多刻了1400多方印，手指头起了大疙瘩，眼睛也花了。他自我解嘲："我是一个手工业劳动者。再苦也得刻呀！"闻一多一边挣钱养家糊口，一边教书育人，一边研究学问，贫贱不移，在困难面前保持英雄气概。这又使我联想到当今，内地和香港的部分青年感叹"上楼难，上位难"，就是说房价太高，买房难；社会阶层固化，就业难、上进难。客观说这是部分事实，影响青年人的生活与创业，影响思想情绪。对此，首先政府要积极出台措施改善民生，深化改革，方便青年就业创业。其次，作为青年自身，不要悲观失望，而是要学习先辈的奋斗精神，努力工作，作出贡献。一代人有一代人的使命，一代人有一代人的担当。命运是先天的，但通过努力也是可以改变的。自古道："艰难困苦，玉汝于成。"自强不息，磨炼成才。今天人们常用"逆袭"这个词形容一些成功者，任正非就是逆袭成功的榜样。幸福是奋斗出来的，不要被困难难住了。

第三个方面，学术创新追求卓越的高尚境界。首先，闻一多是五四以来新诗的开拓者之一。他写的《红烛》《死水》是代表作，以其强烈的爱国主义精神和诗歌艺术美独树一帜，享誉诗坛。在创建格律体诗方面，闻一多有理论建树，他提出了三美主张：诗的实力不独包括着音乐的美，绘画的美，并且还有建筑的美。音乐美是指诗歌从听觉方面表现的美，包括节奏、平仄、押韵、停顿等各方面的美，和谐流畅不拗口。绘画美是指诗歌的词汇应该尽力表现颜色，表现一幅幅色彩浓郁的画面。建筑美是针对自由体提出来的，指诗歌每节之间应该匀称，各行诗句应该一样长——这一样长不是指字数完全相等，而是指音尺数应一样多，这样格律诗就有一种外形的匀称整齐。闻一多的主张得到了普遍认同。

除了诗歌创作与理论研究以外，闻一多在《诗经》、《楚辞》、唐诗、上古神话的研究中也有诸多建树，在《闻一多全集》中可见《天问疏证》《离骚解诂》《九歌解诂》《九章解诂》等学术研究论集。这些论著都有独到的学术见解和重要的学术价值，从而确立了他的学术地位。

总之，闻一多精神内涵丰富，宛如一座灿烂的灯塔，永远放射着瑰丽的光芒，在今天鼓舞我们为实现民族复兴而砥砺奋进。

（本文系笔者在黄冈师范学院主办的纪念闻一多先生诞辰120周年学术研讨会上的发言）

让璀璨的思想之珠在我们的笔下生辉

——以《新民主主义革命思想卷》为例

2020 年 11 月 12 日

我们正在伟光院长总主编的率领下，撰写《中华思想通史》这部巨著。这是落实习近平总书记的号召，重视传统文化的研究，重视五千年文明的智慧传承，对传统文化进行创造性转化和创新性发展的具体行动。这是一项光荣而又艰巨的任务。这项任务完成好了，对建设马克思主义中国思想史学派，对弘扬发展优秀传统文化，对建设中国特色社会主义文明，对实现中华民族伟大复兴，对构建人类命运共同体，都有直接或间接的关系，都有积极的作用和重要的意义。

以《新民主主义革命思想卷》为例，它将会充满璀璨的思想之珠。因为这卷内容反映的是中国共产党领导人民进行伟大的新民主主义革命，并且取得了伟大的胜利的思想成果。中国共产党先驱在新文化运动和五四运动时期选择了马克思主义，成立了中国共产党，将马克思主义基本原理与中国实际相结合，逐步做到了马克思主义中国化，在长期实践过程中，经过战火的淬炼与检验，形成了伟大的理论成果——毛泽东思想，这是中国共产党的一个伟大成就。在毛泽东思想指导下，夺取了新民主主义革命的彻底胜利，建立了社会主义新中国，使中国发生了沧桑巨变，中国人民从此站起来了。

在新民主主义革命时期，三十多年的伟大斗争，波澜壮阔，岁月峥嵘，是中国社会新旧转换的特殊时期。在列强环伺、竞相蹂躏，中国面临被瓜分豆剖的危难之际，中国的先进知识分子奋起抗争，掀起了新文化运动，批判了封建文化的糟粕，引进了科学的马克思列宁主义，成立了中国共产党，中国革命的面貌从此焕然一新。新的思想、新的理论、新的文化、新的创造层出不穷，令人目不暇接。

在新文化运动时期，毛泽东接受并宣传马克思主义唯物史观，在《湘江评论》上发表了《民众大联合》一文，认为民众联合的力量最大，民众是历史的创造者。第一次国民革命战争时期，毛泽东发表了《中国社会各阶级的分析》，提出要分清敌我友，认清革命的领导力量是谁，依靠的力量是谁，团结的朋友是谁，斗争的对象是谁，为日后统一战线的建立提出了纲领性意见。当国民党发动四一二政变镇压共产党，叫嚷“宁肯错杀三千，不可漏网一个”的时候，面对血雨腥风，共产党人奋起抗争，发动了八一南昌起义，召开了八七会议，以毛泽东为代表的正确力量一方面批判党内右倾机会主义错误，一方面与国民党反动派进行顽强的斗争，毛泽东提出了“枪杆子里面出政权”的重要思想。于是，我们开始搞武装斗争，上山打游击，“打土豪，分田地”，帮助农民闹翻身，建立苏维埃政权。如何建设一支人民的军队？毛泽东提出了“党指挥枪”的原则，实行“支部建在连上”的制度。当国民党反动派大军“围剿”革命苏区时，面对敌强我弱、敌大我小的形势，毛泽东创造了红军的游击战术“你打你的，我打我的；打得赢就打，打不赢就走”，总结了十六字方针“敌进我退，敌驻我扰，敌疲我打，敌退我追”，从而连续赢得了四次反“围剿”的胜利。当有人为革命的前途担忧，提出“红旗到底能打多久”的疑问时，毛泽东响亮地回答：“星星之火，可以燎原！”从理论上分析了中国的红色政权为什么能够存在的原因。当有人照搬别国模式、搞教条主义时，毛泽东主张反对本本主义，提出“没有调查，没有发言权”，“中国革命斗争的胜利要靠中国同志了解中国情况”。苏联大城市武装起义夺取政权的道路在中国走不通，我们就走农村包围城市、最后夺取城市的道路。当第五次反“围剿”失败以后，红军在长征途中召开了具有里程碑意义的遵义会议。该会批评了“左”倾机会主义的错误，明确了共产党人必须发挥主动性、独立性，自己掌握自己的命运，不能依赖共产国际。

到达延安后，毛泽东发表了《实践论》《矛盾论》，强调“只有人们的社会实践，才是人们对于外界认识的真理性的标准”，指出“外因是变化的条件，内因是变化的根据，外因通过内因而起作用”。要学会全面地看问题，不能只见树木，不见森林；也不能只见矛盾的普遍性，不见矛盾的特殊性。在众多矛盾中，要善于抓住要矛盾。要注意主要矛盾与次要矛盾的转化、矛盾的主要方面与次要方面的转化。

1936 年，共产党主导和平解决了“西安事变”，提出了建立抗日的民族统一战线，由反蒋抗日到联蒋抗日。抗战初期，面对日本侵略者的凶恶气焰和国内部分军民的“恐日”情绪，毛泽东发表了《论持久战》，分析了中日双方的长处和短处，指出抗战必经三个阶段：战略防御、战略相持、战略反攻，最后胜利属于中国人民。《论持久战》批判了“亡国论”的悲观，否定了“速胜论”的虚幻，提出了“兵民是胜利之本”，用人民战争打败日本侵略者，既让共产党人也让国民党人看清了中国的胜利前景，让人民群众树立起“抗战必胜”的信念。要取得抗战胜利，必须搞好统一战线。王明主张“一切经过统一战线，一切服从统一战线”的错误受到毛泽东的批评，毛泽东坚持共产党在统一战线中的独立领导地位。共产党成为抗日战争的中流砥柱。妥协、投降、分裂的思潮遭到有力的抵制。

在延安时期，共产党人领导了敌后战场，开展了党内整风运动，召开了文艺工作座谈会，召开了第七次代表大会，毛泽东先后发表了《改造我们的学习》《整顿党的作风》《反对党八股》《中国革命和中国共产党》《为人民服务》《两个中国之命运》《论联合政府》《愚公移山》等重要文章，新民主主义革命理论臻于成熟，完成了马克思主义中国化的第一次飞跃，形成了伟大的毛泽东思想。

抗日战争胜利之后，共产党提出和平建国，建立联合政府，反映了人民群众的夙愿。但是国民党搞两面派，假和谈，真备战，重庆谈判签订的“双十协定”墨迹未干，就发动了全面内战，使广大人民群众极度失望和愤恨。对此，共产党人提出“用革命的两手对付反革命的两手”“以斗争求团结”的方针，尔后又提出了“针锋相对，寸土必争”的方针，指出帝国主义和一切反对派都是纸老虎，在战略上藐视敌人，在战术上重视敌人。面对战犯求和，共产党人提出“将革命进行到底”，绝不怜惜蛇一样的恶人，“打倒蒋介石，解放全中国”。共产党人与民主党派团结合作，召开政治协商会议，谋划建设一个和平的、民主的、团结进步的新中国。

在民主革命时期，我们中国共产党人形成了三大法宝——党的建设、武装斗争、统一战线；形成了理论联系实际、密切联系群众、批评与自我批评的三大作风；中国人民解放军形成了“坚定正确的政治方向，艰苦朴素的工作作风，灵活机动的战略战术，团结、紧张、严肃、活泼”的“三八作风”。当抗日战争进入困难时期，党中央提出了“自己动手、丰衣足食”的思想，在南泥湾开荒，解决了军队的给养问题。我们有一首歌曲叫《三大纪律八项注意》，非常简洁，非常通俗，讲清了党政关系、军民关系，共产党一切为了人民群众，一切依靠人民群众，不拿群众一针一线，对群众利益秋毫无犯，做到了人民军队爱人民，人民军队人民爱。

30 年的新民主主义革命，我们走的是由小到大、由弱到强的历程，经历过挫折、失败，但是愈挫愈奋，直至胜利，积累了丰富的经验；提出了马克思主义中国化的命题，创立了毛泽东思想科学体系，确立了毛泽东思想的指导地位。毛泽东思想的灵魂是实事求是、群众路线、独立自主，靠着毛泽东思想的正确指引，中国人民夺取了新民主主义革命的伟大胜利!

在新民主主义革命时期形成的许多精粹的思想成果，我们要在《中华思想通史》中记录下来，让这些璀璨的思想之珠在我们的笔下生辉。这是我们的责任。我们的革命先辈有能力赢得新民主主义革命的胜利，今天我们也有能力和条件写好新民主主义革命思想史，做到无愧先人，不负今人，有利后人。这些宝贵的思想成果值得今天继承和弘扬。今天，我们面临百年未有之大变局，我们有底气，有定力，弘扬我们的革命精神、革命传统、英雄气概，自力更生，艰苦奋斗，迎难而上，奋发有为，完全能够战胜少数大国在经济上对我们的打压，在军事上对我们的包围，在技术上对我们的封锁，在贸易上对我们的制裁，战胜他们的种种挑战，敢于斗争，善于斗争，敢于胜利，善于胜利，坚定“四个自信”，做好“两个维护”，大众创业万众创新，加大力量攻关尖端技术，真正做到富起来、强起来，实现中华民族的复兴，成为霸权主义不可逾越的障碍，成为维护和平的重要力量，在新世纪为人类作出我们的贡献。

（此文为笔者在第六届中华思想史高峰论坛上的发言）

“莫道桑榆晚，为霞尚满天”

——在《萧致治文集》出版座谈会上的发言

2019 年 11 月 27 日

回到珞珈山，回到历史系，心情就特别激动，不由自主地想起了 41 年前我初进武大的情景。是改革开放帮我们实现了上大学的梦想，是老师们为我们干涸多年的心田散播知识的甘霖，满足我们的求知渴望。10 月我应邀到黄州参加了闻一多诞辰 120 周年纪念会，我与闻一多同乡，闻一多是武大文学院首任院长，据说珞珈山原名罗家山，是闻一多改为珞珈山，堪称点睛之笔，使珞珈山名满天下。今天回到母校，庆祝恩师萧老师九十华诞，心情格外激动。上午我们弟子们为萧老师主办了一个简朴而又隆重的祝寿会，表达我们的感恩之心、敬谢之情。下午再就萧老师文集的出版谈点感想。虽然文集刚出来，来不及细读，但对萧老师的学术思想、学术成就我们是熟知的。下面我谈几点看法，如有不当之处，敬请萧老师和大家批评指正。

第一点，萧老师是历史系老一辈教师的杰出代表。

回想起 41 年前我们入学时，历史系有一个强大的教师阵容，有如雷贯耳的唐长孺系主任、吴于廑副校长两位史学权威，有大名鼎鼎的姚薇元先生、陈仲安先生、彭雨新先生、石泉先生、朱雷先生、黄惠贤先生、萧致治先生等多位名家，还有闻名遐迩的李涵先生、杨范中先生、王承仁先生、吴剑杰先生、李天松先生、李则鸣先生、卢开万先生、陈国灿先生、柏盛湘先生、孔祥征先生、罗运环先生、夏诚先生、陈隆波先生、陈勇先生，等等，形成了辉煌的“唐吴时代”。我们历史系的学生为此倍感自豪。可惜的是，由于自然规律，上述老师大部分已经仙逝，此次来看不见他们的身影，但他们给我们留下了美好的记忆，他们的音容笑貌仍在我们的印象中，他们的谆谆教诲仍留存在我们的心里，他们给我们的知识和力量仍在发挥作用。令人欣慰的是，我们的萧老师健在。萧老师是历史系老一辈教师的杰出代表。从萧老师身上，我们可以看到当年那些先生的风采。

从认识萧老师一直到现在，我同他保持联系，年年有交往，不曾中断。我多次请萧老师帮助改文章、改书稿，萧老师从不拒绝，热心扶助，的确是我的终生老师。他也是我的作者，我两次请他为求是杂志写稿，他都及时按要求完成了，领导很满意。有一次萧老师对我讲，他初中毕业时想考高中，然后上大学，但因家境贫寒，父亲要求他读师范，这样可以不交学费，早工作，减轻家庭负担。他与父亲发生了冲突，曾经试图用切腹自杀的方式逼迫父亲改变主意。这件事说明萧老师少有大志，志存高远。后来他终于上了名校中山大学，当上了大学教师，成为历史学名家，而不是父亲设计的小学教师，“有志者事竟成”。

萧老师长期在武大执教，主攻中国近代史，在鸦片战争和辛亥革命两大领域成绩卓著，著作等身，成果丰硕。1965 年他在《武汉大学学报》第 3 期发表第一篇论文《关于龚自珍社会改革思想的性质问题》，受到吴于廑先生的高度赞扬。1976 年至 1979 年参与章开源先生主编的《辛亥革命史》撰写，该书 1984 年获湖北省社科优秀成果一等奖、1988 年国家教委优秀教材一等奖、1992 年孙中山学术著作优秀成果二等奖。他撰写的《鸦片战争前中西关系纪事》，填补了鸦片战争前三百多年间的中西关系系统研究的空白，1989 年获湖北省社科优秀成果二等奖。1987 年与人合编了《黄兴新论》，1989 年获大学出版社协会中南地区优秀学术著作三等奖。围绕鸦片战争问题，他先后出版了《鸦片战争研究》《林钦差与鸦片战争》《鸦片战争史》等多部著作，其中《鸦片战争史》1997年获中宣部“五个一工程”奖和国家图书奖提名奖。萧老师还在《求是》《人民日报》《光明日报》等国内外重要报刊上发表学术与理论文章130多篇。这些成就奠定了他在近代史领域的地位，奠定了他史学家的地位，也大大增强了武大历史系的影响。

第二点，为人民写历史，写人民的历史。

萧老师不仅研究专史，而且注重史学理论。2015年8月3日，人民日报《大家手笔》栏目发表了他的文论《为人民写历史，写人民的历史》，十分醒目。文中首先指出：改革开放30多年来，历史研究成果大量出版，研究队伍日益壮大，研究领域不断扩展，进入了繁荣发展的新时期，但是也存在历史论著读者不多、社会效益不理想等问题，这些问题值得重视并应解决好。接下来作者指出解决的途径：一是立场问题，要为人民研究历史；二是内容问题，要研究人民的历史。为什么人的问题，不仅对文艺界，而且对社会科学界来说同样是一个根本问题。历史研究要突破同行的小圈子，为广大民众所喜爱，并激发人们建设中国特色社会主义的积极性，就必须坚持为人民写人民的历史。为人民研究历史，要求在选择历史研究课题以及评论历史人物、历史事件时，认真考虑对人民、对社会将起什么作用，是鼓励和滋养人民，还是不起作用甚至起反作用？历史研究理应研究人民怎样艰苦奋斗、历经千辛万苦推动历史前进。

写人民的历史，必须了解人民群众对历史有哪些需求，然后努力去满足这些需求。同时，还要根据民众的口味，把论著写得深入浅出、通俗易懂。历史包罗万象，文献资料浩如烟海，我们应该把最需要、最应该了解的历史基本知识、重要知识告诉民众，使民众通过学习总结历史经验、掌握历史发展规律、认清历史发展趋势，更好地走向未来。这是当前民众精神文化生活的迫切需要，历史研究者义不容辞，不能把历史研究变成书斋里的一己之悲欢，自说自话。为人民写人民的历史，还应注重研究人民生产生活史这一史学研究的薄弱环节，并将此作为重要切入点。总之，只有为人民写历史、写人民的历史，历史学科才能在实现中华民族伟大复兴进程中大显身手，有所作为。

这篇史学理论文章不长，但讲清了两个大问题，一个是立场问题，一个是内容问题。该文反响很大，对反对历史虚无主义、明确史学前进方向、指引青年学者成长，起到了指导作用。我当时还在近代史研究所做党务工作，向所里研究人员作了推荐。

萧老师不仅深入研究历史，而且密切关注现实，用自己的专业引导人们正确地创造历史。1990年应国家教委之约，他牵头和陈宁生、李少军合著了《中华民族魂》。该书主题鲜明，史料翔实，文采飞扬，既有思想性，又有可读性，帮助读者了解优秀的传统文化、树立远大理想，弘扬民族精神。该书1994年获共青团中央、文化部、广播电影电视部、新闻出版署联合颁发的“首届中国青年优秀图书奖”。

基于上面的回顾，可以毫不夸张地说，萧老师本人就是毕生为人民研究历史，写人民的历史，为我们、为社科界作出了榜样。

第三点，莫道桑榆晚，为霞尚满天。

当年孔子“发奋忘食，乐以忘忧，不知老之将至”，为后来的志士仁人树立了为理想奋斗终生的楷模。萧老师弘扬了这一优良传统。据学长杨卫东教授在最近的一篇文章中讲，萧老师前不久对他说：“到现在为止，已经出版著作包括部分合编在内，一共有25种；发表学术论文和文章252篇。我是1992年退休的，退休后二十几年是我学术生涯的黄金时期，25部著作，其中15部是退休后出版的，252篇文章中，退休后发表的有170篇。”

也就是说，退休后发表的学术论文和学术性文章占总数的2/3强，退休后出版的著作占总数的60%，而且学术影响越来越大。据统计，退休后发表的学术文章中，《求是》发表2篇，《人民日报》发表4篇，《光明日报》发表7篇，《历史研究》发表2篇，《近代史研究》发表1篇，《新华文摘》转载2篇，人大复印报刊资料选载14篇。一些重要的奖项大部分是在退休后取得的，如中央“五个一工程”奖、首届中国出版政府奖、两次国家图书奖提名奖，以及省部级奖多项。

萧老师退休以后，还积极参加各种社会工作，先后担任中国辛亥革命史研究会常务理事、武昌辛亥革命研究中心学术委员会副主任、林则徐基金会理事和特约研究员、鸦片战争博物馆高级历史顾问、历史学院老协主席、离退休党支部书记，等等，均能尽力尽责，受到普遍好评，获得了很多荣誉，如感动荆楚首届“十大杰出老人”、“全省离退休干部先进个人”、湖北省老教授协会第三届“老有所为贡献奖”、武汉大学第二届“十佳老人”、武汉大学离退休干部先进工作者、武汉大学优秀共产党员等。萧老师真是一位名副其实的老有所为的典范！在他的人生中，退休以后愈加光彩夺目，“满目青山夕照明”！

这说明萧老师没有把退休当作人生事业的句号，而是像孔子那样，“发愤忘食，乐而忘忧，不知老之将至”；又如曹操所云，“老骥伏枥，志在千里；烈士暮年，壮心不已”。不少同学从萧老师的事迹中受到启发，对自己退休后的人生重新作了规划。萧老师为我们树立了好榜样，我们都应该向萧老师学习，如果到点退休了，争取在保持健康的前提下，做到退而不休，学而不厌，笔耕不辍，继续研究，勇攀高峰，为繁荣学术、民族复兴效力。

最后祝愿萧老师吉祥安康，青春永驻，向期颐之年迈进。我们期待着主办萧老师的百岁华诞聚会。同时祝愿历史系各位老师生活顺意，事业顺达，健康长寿，学术长青。

祝愿我们历史系的师生继往开来，砥砺奋进，在新时代既有高原，也有高峰！

谢谢大家！

（此文为笔者在武汉大学历史学院“庆祝萧致治老师九十华诞暨《萧致治文集》座谈会”上的发言）

研究与建议

落实习近平总书记在哲学社会科学工作座谈会上讲话的建议

习近平总书记5月17日在哲学社会科学工作座谈会上的重要讲话（以下简称《讲话》），站在时代的高度，以广阔的国际视野，立足中国的丰富实践，着眼于发展全局，科学分析我国哲学社会科学工作面临的新形势新任务，存在的问题和不足，全面回答、阐述了加快构建中国特色哲学社会科学的若干重大原则和方针，对全党和广大哲学社会科学工作者指明了努力的方向，提出了明确的要求。《讲话》展示了我国哲学社会科学的宏大画面、崇高职责、重要作为、光辉前景，以情感人，以理服人，以责动人，是当前和今后相当长一段时间内指导哲学社会科学工作的纲领性文献，是使全党和广大哲学社会科学工作者倍受鼓舞的动员令，精神振作的进军号，高歌猛进的指南针。

这篇文献的作用如同当年毛泽东在延安文艺工作座谈会上的讲话，那篇讲话阐明了文艺创作的几个根本问题，开创了文艺工作的新局面，习总书记这篇讲话，其面更宽，范围更广，必将开创我国哲学社会科学工作的新局面。

一、整个讲话充满创新精神，亮点很多，有几个主要点必须领会透彻

哲学社会科学十分重要，是综合国力和世界竞争力的组成部分。一个国家的发展水平，既取决于自然科学发展水平，也取决于哲学社会科学发展水平。一个没有发达的自然科学的国家不可能走在世界前列，一个没有繁荣的哲学社会科学的国家也不可能走在世界前列。哲学社会科学及其工作者具有不可替代的重要地位和作用。在认识和改造世界的过程中，哲学社会科学与自然科学同样重要。

我国哲学社会科学任务繁重，使命光荣，需要哲学社会科学工作者有所作为，也应该大有作为。面对意识形态领域的分歧与斗争，如何巩固马克思主义的指导地位，巩固全党全国各族人民团结奋斗的共同思想基础；面对我国经济发展进入新常态、国际发展环境深刻变化的新形势，如何贯彻落实新发展理念，如何更好保障和改善民生；面对改革进入攻坚期和深水区，如何提高改革决策水平、推进国家治理体系和治理能力现代化；面对世界范围内各种思潮相互激荡，如何加快建设社会主义文化强国、增强文化软实力；面对全面从严治党进入重要阶段，如何提高党的领导水平和执政水平、增强拒腐防变和抵御风险能力，使党始终成为坚强的领导核心，都迫切需要哲学社会科学更好地发挥作用。当代中国正在进行着人类历史上最为宏大而独特的实践创新。这是一个需要理论而且能够产生理论的时代，这是一个需要思想而且能够产生思想的时代。一切有抱负的哲学社会科学工作者都应该立时代之潮头、发思想之先声，积极为党和人民述学立论、建言献策，担负起光荣使命。

我们必须坚持并发展马克思主义。马克思主义深刻揭示了自然界和人类社会发展的普遍规律，为人类社会发展进步指明了方向；马克思主义坚持人民立场，追求人的自由而全面的发展和全人类的解放；马克思主义是人们观

察世界、分析问题的有力武器；马克思主义不仅致力于科学“解释世界”，而且致力于积极“改变世界”。迄今为止，马克思主义仍然是最先进、最科学的理论。坚持以马克思主义为指导，是当代中国哲学社会科学区别于其他哲学社会科学的根本标志。认为马克思主义过时了的看法是错误的。马克思主义中国化的成果是毛泽东思想、邓小平理论、“三个代表”重要思想、科学发展观、习近平新时代中国特色社会主义思想，并且还在发展之中。对待马克思主义，不能采取教条主义、实用主义的态度。

要解决好为什么人的问题。这是哲学社会科学研究的根本问题。为谁著书、为谁立说，是为少数人服务还是为绝大多数人服务，必须搞明白。我们党和国家一切工作的出发点和落脚点是实现好最广大人民的根本利益。我国哲学社会科学要有所作为，就必须坚持以人民为中心的研究导向。脱离了人民，就不会有吸引力、感染力、影响力、生命力。我国哲学社会科学工作者要树立为人民做学问的理想，要站在人民的立场上，尊重人民的主体地位，聚焦人民的实践创造，把个人学术追求同国家发展紧紧联系在一起，多出经得起人民检验的优秀成果。

要坚持问题导向的研究原则。问题是创新的起点，也是创新的动力源。只有聆听时代的声音，回应时代的呼唤，认真研究解决重大而紧迫的问题，才能真正把握住历史脉络，找到发展规律，推动理论创新。我们的研究，必须落到我们党治国理政面临的重大理论和实践问题上来，提出解决问题的正确思路和有效办法。

构建中国特色哲学社会科学的几个特点。要按照立足中国、借鉴国外，挖掘历史、把握当代，关怀人类、面向未来的思路，在指导思想、学科体系、学术体系、话语体系等方面充分体现中国特色、中国风格、中国气派。要把握住三个主要方面。第一，体现继承性、民族性。要运用好三个方面的资源。一是马克思主义资源，包括马克思主义基本原理，马克思主义中国化形成的成果。这是中国特色哲学社会科学的主体内容，也是发展的最大增量。二是中华优秀传统文化的资源，十分宝贵，不可多得。三是国外哲学社会科学的资源，包括所有国家哲学社会科学取得的积极成果。要坚持不忘本来、吸收外来、面向未来；既向内看，又向外看；既向前看，又向后看；古为今用，洋为中用。第二，体现原创性、时代性。哲学社会科学有没有中国特色，要看有没有主体性、原创性，不能跟在别人后面亦步亦趋。以我国实际为研究起点，提出具有主体性、原创性的理论观点，构建具有自身特质的学科体系、学术体系、话语体系。第三，体现系统性、专业性。中国特色哲学社会科学应该涵盖历史、经济、政治、文化、社会、生态、军事、党建等各领域，囊括传统学科、新兴学科、前沿学科、交叉学科、冷门学科等诸多学科，不断推进学科体系、学术体系、话语体系建设和创新，构建一个全方位、全领域、全要素的哲学社会科学体系。

加强和改善党对哲学社会科学工作的领导。这是繁荣发展我国哲学社会科学事业的根本保证。要深化管理体制改革，形成既能把握正确方向又能激发科研活力的体制机制。要加强智库建设，建立健全决策咨询制度。要把哲学社会科学队伍关心好、培养好、使用好，要构建种类齐全、梯队衔接的哲学社会科学人才体系。要完善哲学社会科学领域职称评定和人才遴选制度，建立规范的奖励体系，表彰有突出贡献的哲学社会科学工作者。要贯彻好党的知识分子政策，做到政治上充分信任、思想上主动引导、工作上创造条件、生活上关心照顾，多为他们办实事、做好事、解难事。要主动同专家学者打交道、交朋友，多听取他们的意见和建议。要发扬学术民主，尊重差异，包容多样，提倡不同学术观点、不同风格学派相互切磋、平等讨论。要正确区分学术问题和政治问题，既反对打着学术研究旗号从事违背学术道德、违反宪法法律的假学术行为，也反对把学术问题和政治问题混淆起来、用解决政治问题的办法对待学术问题的简单化做法。

必须解决好学风问题。当前，哲学社会科学领域存在一些不良风气，学术浮夸、学术不端、学术腐败现象不同程度存在，有的急功近利、东拼西凑、粗制滥造，有的逃避现实、闭门造车、坐而论道，有的剽窃他人成果甚至篡改文献、捏造数据。要把软约束和硬措施结合起来，推动形成崇尚精品、严谨治学、注重诚信、讲求责任的优良学风，营造风清气正、互学互鉴、积极向上的学术生态。广大哲学社会科学工作者要把做人、做事、做学问统一起来。立志做大学问、做真学问。要把社会责任放在首位，以深厚的学识修养赢得尊重，以高尚的人格魅力引领风气，在为祖国、为人民立德立言中成就自我、实现价值。

二、根据《讲话》精神，针对哲学社会科学现实存在的问题和发展的需要，提出几点建议

改革哲学社会科学评价标准和方法。评价成果，不能看数量不看质量，看长度不看深度，看厚度不看高度，看架构不看内涵，看时髦不看原创，看体系不看含金量。要通过评价导向，引导、鼓励社会科学工作者深入实际，深入群众，深入前沿，心中有大局，想党和人民之所想，提出问题，研究问题，呕心沥血，精心打磨，拿出创见，开出良方，能解决问题，取得好的效益。摈弃华而不实、哗众取宠、形式主义的东西，避免浪费人力、物力，制止不良风气。

改革现行课题基金的管理规则。重视分配的杠杆作用，建立体现尊重知识、尊重劳动、尊重创造、按劳分配的规则，鼓励社会科学工作者集中精力，潜心研究，拿出优质成果，劳有所得，所得光荣，不为繁琐的中期考核费心，不为各种票据报销伤神，不为应该的开销与收入而违规。

处理好既与中央保持一致又勇于开拓创新的关系，解除学者独立思考、领异标新的后顾之忧。鼓励学者为党分忧、为国献策、为民着想，探索新知，提出有价值的独立见解，促进学术发展或现实问题的解决。

各级党和政府的决策过程中，多多吸收哲学社会科学工作者参加咨询、论证。发挥他们的才华，吸收他们的智慧，使决策正确科学。我国的专家很多，如果不组织，不集中，处于分散状态，人才优势就得不到发挥，高端智力资源就会闲置和浪费。

与理工科一样，文科也设立一级职称岗位，设立院士称号。体现哲学社会科学与自然科学同等重要的精神，鼓励哲学社会科学工作者奋发向上，攀登高峰，改变“有高原无高峰、有专家缺大师”的现象。吸引、鼓励广大哲学社会科学工作者成为先进思想的倡导者、学术研究的开拓者、社会风尚的引领者、中国共产党为民执政的坚定支持者。

（与左玉河同志合写。原载中国社会科学院信息情报院《研究报告·舆论参考》2016 年第 21 期）

关于创建“人类命运共同体建设研究会”的思考

习近平总书记在中国共产党的十九大报告中指出：“各国人民同心协力，构建人类命运共同体，建设持久和平、普遍安全、共同繁荣、开放包容、清洁美丽的世界。”[①] 这一宣示体现了中国共产党面对当今世界形势和人类面临的各种挑战，对国际关系和人类前景的基本主张。早在 2015 年 9 月，习近平主席在联合国大会就提出了共同构建人类命运共同体的具体主张，体现了中国人民追求和平、发展、合作、共赢的心愿和襟怀，道出了各国人民的共同心声，得到各国领导人的热烈响应。2015 年 12 月 16 日，在第二届世界互联网大会开幕式上，习近平主席发表讲话，号召各国共同构建网络空间命运共同体。2017 年 1 月 18 日，习近平主席在联合国日内瓦总部再度系统阐述中国关于推动共同构建人类命运共同体的具体设想，在当时保护主义、孤立主义、民粹主义上升的背景下成为照亮国际社会前进方向的一盏明灯。

习近平关于构建人类文明共同体的倡议，是一个伟大的战略构想，是习近平新时代中国特色社会主义思想的重要组成部分。在世界联系犹如“地球村”、经济发展“全球化”的环境下，在各种全球性问题不断涌现，没有哪

---

① 习近平：《决胜全面建成小康社会 夺取新时代中国特色社会主义伟大胜利——在中国共产党第十九次全国代表大会上的报告》，人民出版社 2017 年版，第 58—59 页。

个国家能够独自应对，也没有哪个国家能够退回到独自封闭、独善其身的孤岛的形势下，习近平关于推动构建人类文明共同体的倡议给中国和世界的发展提供了新思路，是当代中国对当今世界的一个重要贡献。“人类命运共同体”因此成为联合国和国际社会高频引用、广为赞誉的一个热词。为了践行好这个新思路，建议创建“人类命运共同体建设研究会”。

一、人类命运共同体建设研究会的宗旨

通过人类命运共同体建设研究会平台，把全世界200多个国家和地区的高端人文学术机构和知名人士通过学术方式联系起来，群贤纷至，代表咸集，品茶论道，平等交流，坦诚协商，集思广益，总结历史经验教训，探讨人类命运共同体建设的途径与办法，寻求发展良策，妥善化解矛盾，增进彼此共识，做到文明互鉴，择善而从，取长补短，精诚合作，互利共赢。用理性提升理性，用文明推进文明，实现人类社会的良性发展。

二、人类命运共同体建设研究会的功能与作用

化解矛盾。目前全世界有70多亿人口，分住在200多个国家和地区，在地理环境、人种、肤色、民族、历史、语言、文化、信仰、图腾、宗教、风俗、“三观”（人生观、价值观、幸福观）、社会结构、管理模式、思维方式、生活方式、具体利益等方面，多少存在差异，有的是很大差异。这些差异具有二重性，一方面带来了人类文明的多样性，丰富多彩；另一方面带来了矛盾与分歧，甚至敌视与冲突。在现实世界，经常有强国称霸，欺凌弱国，搞得地区动乱不安；经常有组织搞武装袭击，造成政要或平民伤亡；经常有国家或地区之间发生冲突，战乱不断；还有恐怖主义、难民危机、重大传染性疾病、气候变化等非传统安全威胁持续蔓延，等等。这些矛盾冲突需要有高端组织出面协商，需要有威望高的机构出面调解。人类命运共同体建设研究会可以

在这些方面发挥一定作用。不是全部问题都能商量，但总有部分问题可以商量，可以由学者或代表先行商榷，减少隔阂，消除成见，增进理解，达成若干共识，把部分矛盾化解或初步化解在会议桌上，不必诉诸武力，冤冤相报，浪费彼此宝贵的人力、物力、财力。

合作发展。我们既要承认人类之间存在差异，又要看到人类之间存在共同点。因为有差异，所以要研讨、协商；因为有共同点，所以可以讨论、合作。而人类文明共同体建设研究会将是一个很好的协商平台、合作平台。不同的文明各有千秋。自古道：尺有所短，寸有所长。如果彼此加强开放、交流、互鉴，增强理解、尊重、包容，人类就可能和谐相处，良性发展；减少和避免彼此封闭、排外、贬损，从而化解矛盾，避免冲突。合则两利，斗则俱伤。合作比摩擦好，对话比对抗好，理解比误解好，相互尊重比相互斗气好。大家都尊重世界文明多样性，以文明交流代替文明隔阂，以文明互鉴代替文明冲突，以文明共存代替文明打压，从而做到良性竞争，砥砺前行。

三、中国适合牵头创建“人类命运共同体建设研究会”

中国人民自古以来就有崇高理想与不懈追求，2000 多年前，中国先秦典籍《礼记·礼运》篇中写道：“大道之行也，天下为公，选贤与能，讲信修睦，故人不独亲其亲，不独子其子，使老有所终，壮有所用，幼有所长，矜寡孤独废疾者皆有所养。男有分，女有归，货恶其弃于地也，不必藏于己，力恶其不出于身也，不必为己，是故谋闭而不兴，盗窃乱贼而不作，故外户而不闭，是谓大同。”首次提出了“大同社会”的理想。后来孔子又提出了“四海之内皆兄弟”“己所不欲，勿施于人”“己欲立而立人，己欲达而达人”的高尚理念；孟子也提出“老吾老以及人之老，幼吾幼以及人之幼”的做人准则。以孔子和孟子为代表的儒家提倡仁、义、礼、智、信，温、良、恭、俭、让，表达了人性的真善美，表达了对和谐社会的由衷向往。先秦典籍《礼记·中庸》中说得明白：“万物并育而不相害，道并行而不相悖。”认为和而不同，并肩发展，合乎天道。

中国在汉唐时代对外开放，积极吸收外来文明。唐代高僧玄奘去西方取经，往返十七载，千辛万苦引进了大量佛经。唐代长安城鼎盛时期常住人口180多万，流动人口50多万，外国的商人、使者、留学生、留学僧等总数不下3万人，当时来长安与唐朝通使的国家、地区有300多个。唐朝的政治制度、科技文化、饮食风尚等从长安传播至世界各地。另外，西方文化通过唐朝长安城消化再创造后又辗转传至周边的日本、朝鲜、缅甸等国家和地区。唐朝长安成为西方和东方商业、文化交流的汇集地，是当时世界上最大的国际大都会，世界文明的中心之一。

鉴真大师于公元742年（唐天宝元年），应日本僧人邀请，先后6次东渡扶桑，万难不辞，终于在754年到达日本。他带去了大量书籍文物。同去的人，有懂艺术的，有懂医学的，都把自己所长传授于日本民众。鉴真虽然双目失明，但在留居日本10年间，辛勤地传播了唐朝多方面的文化成就，促进了中日文化的交流与发展，对日本的宗教和文化事业发展产生了深远的影响，增进了两国人民之间的友谊。

中国的知识分子富有家国情怀，勇于担当，积极作为，自古就追求“立德立功立言”，“自强不息，厚德载物”。北宋理学家张载豪迈地提出：“为天地立心，为生民立命，为往圣继绝学，为万世开太平。”明代航海家郑和，奉朝廷之命，率领大型船队，七下西洋，途径西亚、北非几十个国家，带去的是和平、礼品与友谊。中国自古就有陆地和海上“丝绸之路”，与他国互相交流，共同发展，互利共赢。中国古代的四大发明，为造福人类作出了重大贡献，大大推动了人类文明进步。近代康有为写了名闻遐迩的《大同书》。现代著名学者费孝通在其80寿辰（1990年11月）聚会上倡言：“各美其美，美人之美，美美与共，天下大同。”表达了中国人民的愿景，薪火相传，弦歌不断。

中国共产党人继承了中华民族的优秀传统文化，把马克思主义与中国优秀文化相结合，追求和平、正义、平等、民主、自由、进步。在1955年的万隆会议上，周恩来总理同印度、缅甸领导人共同倡导了和平共处五项原则，即相互尊重主权和领土完整、互不侵犯、互不干涉内政、平等互利、和平共处。周恩来总理还提出了求同存异方针。

1956 年 11 月，毛泽东主席在《纪念孙中山先生》一文中说：“中国是一个具有九百六十万平方公里土地和六万万人口的国家，中国应当对于人类有较大的贡献。……中国人在国际交往方面，应当坚决、彻底、干净、全部地消灭大国主义。”① 表达了中国人民的责任感和历史担当，表达了对和平、公正、文明、进步的由衷向往。

习近平主席提出的构建人类命运共同体理想，进一步发扬光大了中华民族的优秀传统文化。他对此有多次深情的论述。2018 年 11 月 5 日，习近平在首届中国国际进口博览会开幕式上发表了主旨演讲。他说：“各国应该坚持包容普惠，推动各国共同发展。‘一花独放不是春，百花齐放春满园。’追求幸福生活是各国人民共同愿望。人类社会要持续进步，各国就应该坚持要开放不要封闭，要合作不要对抗，要共赢不要独占。在经济全球化深入发展的今天，弱肉强食、赢者通吃是一条越走越窄的死胡同，包容普惠、互利共赢才是越走越宽的人间正道。各国应该超越差异和分歧，发挥各自优势，推动包容发展，携手应对全人类共同面临的风险和挑战，落实 2030 年可持续发展议程，减少全球发展不平衡，推动经济全球化朝着更加开放、包容、普惠、平衡、共赢的方向发展，让各国人民共享经济全球化和世界经济增长成果。”②

四、中国有能力组建好“人类命运共同体建设研究会”

中国人民有真诚的追求与卓越的智慧。

2014 年 4 月 1 日，习近平在比利时布鲁日欧洲学院的演讲中指出：“2000

---

① 《纪念孙中山先生》，《人民日报》1956 年 11 月 12 日。

② 《共建创新包容的开放型世界经济：在首届中国国际进口博览会开幕式上的主旨演讲》，人民出版社 2018 年版，第 4 页。

多年前，中国就出现了诸子百家的盛况，老子、孔子、墨子等思想家上究天文，下穷地理，广泛探讨人与人、人与社会、人与自然关系的真谛，提出了博大精深的思想体系。他们提出的很多理念，如孝悌忠信、礼义廉耻、仁者爱人、与人为善、天人合一、道法自然、自强不息等，至今仍然深深影响着中国人的生活。中国人看待世界、看待社会、看待人生，有自己独特的价值体系。中国人独特而悠久的精神世界，让中国人具有很强的民族自信心，也培育了以爱国主义为核心的民族精神。”①

中国先贤的智慧有历史记载，也得到了历史的检验，赢得了世界精英的认同。在18世纪的法国，资产阶级的启蒙思想家们，高举“理性”的旗帜，以孔子文化为代表的中国古代思想为武器，向封建专制政治制度及封建神权发起了猛烈的攻击。其中受孔子文化影响最深的是百科全书派和重农学派。法国百科全书派的领袖霍尔巴赫，高度赞赏孔子文化中的反宗教思想，推崇孔子以德治国的政治主张。他认为，“在中国，理性对君主的权力，发生了不可思议的效果，建立于真理之永久基础上的圣人孔子的道德，却能使中国的征服者，亦为所征服”，“欧洲政府非学中国不可”②。百科全书的主编狄德罗介绍了中国哲学史，对孔子学说甚为钦佩，在他看来儒家只需要以“理性”或“真理”便可以治国、平天下。对孔子推崇最甚者是伏尔泰。他主张法国应当以儒家之道来治理国家，实行德治主义。他认为孔子不讲鬼神只讲道德，比基督高明得多，基督只禁人行恶，而孔子则劝人行善。在他看来，中国具有高度发达的文明和崇高的道德，与2000多年来受儒家思想的熏陶密不可分。重农学派代表魁奈对孔子学说深为赞同。他评论《论语》说：“它们都是讨论善政、道德及美事，此集满载原理及德行之言，胜过于希腊七圣之语。”③德国哲学界学者莱布尼茨钦佩中国文化对西方作出了重大贡献。

---

① 《出席第三届核安全峰会并访问欧洲四国和联合国教科文组织总部、欧盟总部时的演讲》，人民出版社2014年版，第41—42页。

② 霍尔巴赫：《社会的体系》，1773年。转引自朱谦之：《十七八世纪西方哲学家的孔子观》，《人民日报》1962年3月9日。

③ 转引自陈奉林：《孔子思想在欧洲》，《世界知识》2005年第10期。

1988 年 1 月，75 位诺贝尔奖获得者在巴黎发表宣言：“如果人类要在 21 世纪生存下去，必须回到 2500 年前，去吸收孔子的智慧。”[①] 表达了对中国优秀传统文明的信赖。

近代中国著名思想家梁启超说：“是故人也者，对于一家有一家之责任，对于一国有一国之责任，对于世界而有世界之责任。一家之人各自放弃其责任，则家必落；一国之人而各自放弃其责任，则国必亡；全世界之人各自放弃其责任，则世界必毁。”中国共产党的创始人李大钊主张：“铁肩担道义，妙手著文章。”中华民族讲诚信，重责任，“言必信，行必果”，是值得信赖的民族。

中国人民有很强的组织力和执行力。

在 17 世纪以前，中国的综合实力一直位居世界前列，只是到近代落后了。在中国共产党人的领导下，中国人民在 20 世纪中叶重新站起来了，走中国特色社会主义道路，自力更生，艰苦奋斗，坚持改革开放，坚持科技创新，如今逐步富裕起来了，成为世界第二大经济体。以习近平为核心的中国共产党人，不忘初心，牢记使命，勇于自我革命，保持共产党人的先进性，紧紧地依靠人民群众，正确地引导人民群众，真心实意地为了人民群众，带领全国人民为实现中华民族伟大复兴的目标攻坚克难，砥砺奋进。为了以实际行动促进构建人类命运共同体，中国重建“一带一路”，带头创建“亚投行”，率先投资，给“一带一路”沿线国家带来发展机遇，实现互利共赢。中国的体制，有以习近平同志为核心的党中央的坚强领导，有 9000 多万名共产党员发挥先锋作用，有 430 多万个基层党组织具体领导，组织力强，执行力强，能够集中力量办大事。在中国人民面前，没有克服不了的困难，没有过不去的坎，没有闯不过的关。与中国人民合作，就能创新出彩，就能互利共赢。如果人类命运共同体建设研究会在中国建立，相信能够有效吸引、组织世界各国和地区的与会成员，在集中智慧、化解矛盾、增进团结、促进发展、坚

① 帕特里克・曼汉姆自巴黎报道。原载澳大利亚《堪培拉时报》1988 年 1 月 24 日。

持正义、提升理性等方面，彰显效能，发挥独特的积极作用。

（本文写于 2018 年 12 月，笔者时任香港中国学术研究院常务副院长）

重视研究中国优秀传统文化中的领导经验

领导科学，作为一门独立的学科，自上个世纪 80 年代中期开始在我国兴起。每年陆续有新的论文、论著发表、出版。这些论文、论著，有介绍国外的，有研究中国的；有从政治角度研究的，有从管理学角度研究的；有从基础理论研究的，有从实践经验研究的。其实，还可从历史角度研究。中国传统文化源远流长，博大精深，优秀传统文化中的领导学部分有不少精华，有批判继承的价值，值得重视研究。

人类社会自从有了政治活动以后，就开始逐步积累从政经验，有人就开始研究政治艺术，探讨领导科学。领导活动虽然是主观活动，但它又有客观的一面，为政有道，治国有方，安邦有法。我国是有 5000 多年历史的文明古国，有文字可考的历史就有 3000 多年。中华民族的传统文化像黄河一样源远流长，从遥远的上古奔腾而来，滔滔汩汩，不止不息。黄河流域的中华文明与尼罗河流域的埃及文明，两河流域的古巴比伦文明，恒河流域的古印度文明，并称世界四大古文明。但是，古埃及、古巴比伦、古印度文明早已中断，唯独中华文明如养育它的黄河一样，奔流不息，一往无前。这在世界文化史上是无与伦比的。这么悠久的历史，这么灿烂的文化，其中无疑包含了我们的祖先在政坛上积累的大量经验、领导艺术，这些从政经验和领导艺术中的优秀成分，闪烁着人类理性的光芒，凝结着人类智慧的精华。

众所周知，中华民族的历史上曾出现过许多杰出的政治家、思想家、理论家、史学家、哲学家、文学家、军事家，正是他们，在我们中华民族的生命群山中，耸起了一座又一座的高峰；在广袤的神州大地上，奔涌出一股又一股的思想清泉；在专制和愚昧造成的漫漫黑夜里，亮起了一盏又一盏的智慧明灯。他们为了生存发展，为了“修身、齐家、治国、平天下”，做过可歌可泣的拼搏。他们面对迷离混沌的大千世界，熙熙攘攘的人间社会，变幻频仍的人生祸福，周而复始的战乱和平，呕心沥血，上下求索，探寻着那数不清的“为什么”，提出了一个又一个的假设与命题，创造了一个又一个的学派与体系，企图“究天人之际，通古今之变，成一家之言”，用以解释世界，改造世界。他们批判“苛政猛于虎”的剥削制度，指出“民惟邦本，本固邦宁”，发出了“民为贵，社稷次之，君为轻”的呼声，发现了“功者自功，祸者自祸”“天人不相预”“君犹舟也，民犹水也，水可载舟，亦可覆舟”等客观规律，提出了“制天命而用之”“天下兴亡、匹夫有责”等积极主张，揭示了名实关系、分合关系、形神关系、知行关系、动静关系的辩证法，高扬起“天变不足畏，祖宗不足法，人言不足恤”的革新旗帜，到近代则从西方请来了“德先生”“赛先生”……这些认识，在中华民族的思想史上放射出灿烂光芒。中国在几百年以前一直居于世界领先地位，曾经在许多领域登上过当时的高峰，这无疑与他们的这些理性认识和成功实践是分不开的。

领导活动是艺术，也是科学。不能设想，在数千年的历史进程中，治理这么大的国家，而且多次出现盛世的局面，没有一些适应当时生产力的发展，符合历史规律的政策和策略，没有一批明君、贤相、志士仁人对国家的尽心治理，励精图治，而能够创造如此辉煌的文明。所以，对我国古代的领导科学，应该肯定其精华部分，对这些精华部分应加以总结，并且批判继承。

第一，明确领导活动是一门科学，必须遵其“道”方能成功。

早在战国时代，荀况就已看到了这一点。他说，君主拥有最高权力，但仅凭权力并不能使天下自行安定，“安之者必将道也”。也就是说，必须实行正确的治国之道。有道才能兴邦，无道必然亡国。南宋学者叶适进一步解释了为什么不能单凭权势治国的道理。他说：权势只能强迫人服从于一时，道义才能令人心服。所以，人君必以其道服天下，而不以名位临天下。以符合道义的方式运用权势，才能长治久安。

第二，关于民本主义。

这是我国古代社会重要的社会学说之一，闪耀着理性的光辉。这种学说认为，民众是国家或社会的根本和决定力量，统治者要重视民众的作用和利益，尊重民众的意志和人格，主张“重民”“利民”“富民”“爱民”“恤民”。民本主义在我国有较长的发展历史，其思想渊源甚早，远在殷周之际就出现了萌芽。《尚书·五子之歌》写道：“民惟邦本，本固邦宁。”明确指出民众是国家的根本，根本牢固了，国家才会安宁。到了春秋末期，著名思想家季梁、史嚚等人明确指出，决定人的命运和国家的兴亡的，是人不是神。“国将兴，听于民；将亡，听于神。”不重视人而重视神，国家必然灭亡。这在当时天命论占统治地位并主宰人的思想的时代，无疑是一次思想突破。老子和孔子也都受了这种思潮的影响，他们对民众的重要作用也多有论述。

重民思想的进一步发展，便是民本思想的提出。在历史上较早明确重视民本思想的，是战国时代的著名思想家孟轲。《孟子》全书体现了民本主义。

战国末期的荀子，继承发展了民本思想，他用水比民、舟比君来说明民众的作用。水可载舟，亦可覆舟，真正有力量的是民众。他提醒国君要充分认识这一问题，处理好君与民的关系。他还提出“藏富于民”的主张，认为只有民富了才有国家的富强。后来的韩非、吕不韦对这一思想有进一步的发挥。

到了汉代，民本主义又有新的发展。汉初著名思想家贾谊，为了巩固汉朝的统治，总结了秦亡的历史教训，写了一部包括《过秦论》在内的《新书》。在《新书》中，民本思想得到了新的阐扬，他说：“闻之于政也，民无不为本也。”宋明以后，民本思想继续发展，北宋著名思想家、哲学家张载说：“民吾同胞，物吾与也。”程颢、程颐认为：“民惟邦本”，“为政之道，以顺民心为本，以厚民生为本，以安而不扰为本”。这类民本思想，宋代的司马光、朱熹，明代的张居正莫不认同，都有所论述。明末清初著名思想家王夫之、顾炎武、黄宗羲、唐甄等人，都对民本思想有所发展。到近代之后，又有康有为、梁启超、孙中山进一步将其发展成近代的民主思想。康有为写出了《大同书》，孙中山提出了“三民主义”，将它引向了“民为邦本，吏为公仆”的理想大同世界。

第三，关于治民理政。

关于治民理政之术古代有许多精辟的见解。在专制制度下，君主权力高于一切，人民处于无权的地位，但这并不等于说统治者可以为所欲为而不受任何制约。数千年间，皇冠落地，王朝倾覆，屡见不鲜。于是，不少政治家和思想家不同程度地认识到，民众的力量不可等闲视之，治民之术大有讲究。例如大思想家荀子，他用三种形象化的比喻说明君民关系：一比人民像拉车的马，统治者是坐在车上的人，马安静地走，车子平稳前进；马惊恐暴怒，车子和人都会粉身碎骨。二比人民是江河湖泊的水，统治者是水上的船，风平浪静，船安稳地在水上航行；狂风巨浪，船会埋葬于惊涛骇浪之中。三比人民是鸟，统治者是树，鸟选择树，树不能选择鸟，树好鸟来，树坏鸟去。

先秦各家的治国方略，都涉及采取何种措施以保持政权的稳定。如孔子、墨子主张爱民、利民，孟子要统治者将心比心，“老吾老，以及人之老；幼吾幼，以及人之幼”，设身处地地替人民群众考虑，才有利于统治者的统治。《吕氏春秋·顺民》中认为“顺民心，功名成”，刘向《说苑·政理》中指出“治国之道，爱民而已”，《贞观政要·君道》中说“为君之道必先存百姓”，等等，都是颇有见地的。

第四，关于用人之方。

关于用人之方，古代有很多精彩的言论和成功的做法。历代君主是通过官吏去治理人民的，这样，就产生一个用人问题。我国古代，人治主义一直占据着主导地位，认为君主只要选择好官吏，安抚好民众，就可以治理好国家。唐太宗说；“至安之本，惟在得人”；清雍正皇帝说：“治天下惟以用人为本，其余皆枝叶事耳。”古人由于重人治，所以对用人之道也就特别讲究，作了许多探讨，积累了丰富的经验。历代用人之方重点是如何发现、识别、使用、培养人才。人才的标准不外乎“德才兼备”，“德”是对统治阶级忠诚，“才”是具有管理国家的才能。

孔子、墨子、孟子、荀子、诸葛亮等，都对用人的问题作过探讨，留下了精彩的论述。

第五，关于中华民族精神。

中华民族延续五千年，必然有其精神支柱、精神力量。上古文献《周易》里有两句很重要的话，一句是“自强不息”，一句是“厚德载物”。原话是：“天行健，君子以自强不息”，“地势坤，君子以厚德载物”。意思是说：天体、日月、星辰，昼夜运行，今天太阳从东方出来，明天太阳也一定从东方出来，太阳不会懒惰，永恒运动，许多行星也是这样，那么，人就应自强不息，永远前进，努力向上，决不停止。自强不息观点是中华民族五千年来延续发展的思想基础，是中华民族的基本精神。这是一个方面。另一方面，“厚德载物”，大地包容万物，兼容并蓄，什么东西在地面上都可生长，那么，人就应胸怀广大，无所不容。这些思想观点，反映在民族关系上格外明显。一方面，中华民族是坚强不屈的，不向任何外来势力屈服，坚决捍卫民族独立；另一方面，主张国与国之间和平共处，反对扩张主义，人不犯我，我不犯人，互相保持和平，“协和万邦”。一个是奋斗精神，一个是兼容精神。这两点一直指导、鼓舞着中华民族向前发展，可视为中华民族精神的主要表现。

第六，关于借鉴历史经验。

在中国传统文化中，史学最发达。既有国家修史，也有私人修史。修史的目的主要是借鉴历史经验。孔子说：“殷因于夏礼，所损益可知也；周因于殷礼，所损益可知也。其或继周者，虽百世可知也。”（《论语·为政第二》）就是说，历代社会的因革都有规律可循，从夏、商、周的变化情况，可以推知后世的演变趋向。汉高祖刘邦，原本读书不多，文化不高，“马上得天下”以后，开始重视历史学习。他令文臣陆贾总结秦亡的经验，每写完一篇就念给他听，听到妙处，拍案叫好。他有时会召集文臣武将讨论历史，发表见解。有一次他同大家谈论为何项羽败在他手里，其历史分析令众人心悦诚服。唐太宗李世民，格外重视历史借鉴。他深有体会地说：“以铜为鉴，可正衣冠；以古为鉴，可知兴替；以人为鉴，可明得失。”公元1084年，当史学巨著《资治通鉴》完稿时，皇帝宋神宗认为此书“有鉴于往事，有资于治道”，欣然赐书名为《资治通鉴》，并亲自写了一篇序言。《资治通鉴》一经问世，便对中国历代帝王将相、官吏子民、文人学士产生了莫大的影响。人们评价它的作用：“为人君而不知《通鉴》，则欲治而不知自治之源，恶乱而不知防乱之术。为人臣而不知《通鉴》，则上无以事君，下无以治民。为人子而不知《通鉴》，则谋身必至于辱先，作事不足以垂后。乃如用兵行师，创法立制，而不知迹古人之所以得，鉴古人之所以失，则求胜而败，图利而害，此必然者也。”《资治通鉴》已影响了中国历史近千年，无疑还将继续影响下去。思想家王夫之特别重视借鉴历史，认为写历史就是让后人从历史中找到可资借鉴的东西。他说：“所贵乎史者，述往以为来者师也……得可资，失亦可资也；同可资，异亦可资也。故治之所资，惟在一心，而史特其鉴也。”汉代贾谊在《过秦论》中说：“野谚曰：‘前事不忘，后事之师也。’是以君子为国，观之上古，验之当世，参以人事，察盛衰之理，审权势之宜，去就有序，变化应时，故旷日长久，而社稷安矣。”清人龚自珍说：“欲知大道，必先为史。”鲁迅说，“我们看历史，能够据过去以推知未来”；“读史，就愈可以觉悟中国改革之不可缓了”。章太炎说：“夫读史之效，在发扬祖德，巩固国本，不读史，则不知前人创业之艰难，后人守成之不易，爱国之心，何由而起？”梁启超认为史学是“国民之明镜”“爱国心之源泉”。他们把读史知史视为做人和爱国的前提。自觉重视历史的学习，是人类走向成熟的表现。

毛泽东历来重视学习历史，研究历史。周恩来在《学习毛泽东》一文中指出；“毛主席开始很喜欢读古书，现在做文章、讲话常常运用历史经验教训，运用得最熟练。读古书使他的知识更广更博。”他不但对中国历史十分熟悉，对外国历史也很熟悉。法国前驻华大使马纳克在和毛泽东交谈之后说："毛泽东对法国18世纪以来的历史，对于法国革命，对于19世纪相继进行的革命，对于巴黎公社，都有深刻的理解。"[①]毫无疑问，毛泽东之所以成为知识渊博、思想和文采都独领风骚的伟人，是和他有丰富的历史知识分不开的。

新时代领导核心习近平同志，很重视学习历史，多次强调加强传统文化研究，做到创造性转化、创新性发展。他指出："我们不是历史虚无主义者，也不是文化虚无主义者，不能数典忘祖、妄自菲薄。""在中国的史籍书林之中，蕴涵着十分丰富的治国理政的历史经验。其中包含着许多涉及对国家、社会、民族及个人的成与败、兴与衰、安与危、正与邪、荣与辱、义与利、廉与贪等等方面的经验与教训。""我国古代史、近代史、现代史构成了中华民族的丰富历史画卷。领导干部要多读一点历史，从历史中汲取更多精神营养。""历史是最好的教科书，也是最好的清醒剂。""领导干部不管处在哪个层次和岗位，都应该读点历史"，"这样才能使自己的眼界和胸襟大为开阔，认识能力和精神境界大为提高，使自己的领导工作水平不断得以提升"。[②]习近平同志本人对历史十分熟悉，在其讲话和文章中，常常可见历史典故和古文名言，运用贴切，增强了说服力和感染力。

总之，我国传统文化中有许多优秀成分，此文不能尽举。中国的优秀传统文化，对促进世界文明的发展曾产生过重大作用，得到了西方有识之士的高度评价和认同。就以孔子的国家管理学说为例，当其传入欧洲以后，曾经成为欧洲资产阶级革命推翻中世纪欧洲封建制度的思想武器之一。在法国，百科全书派（以狄德罗为代表）把孔子的治国理论、管理思想作为无神论和唯物论来接受。在德国，古典哲学学派（以康德、费希特、黑格尔、费尔巴哈为代表）则把孔子的思想作为辩证法和观念论来接受。尤其是在法国，许多资产阶级的进步思想家为孔子的治国理论所倾倒，重农学派的鼻祖魁奈十分推崇孔夫子，致使他本人被认为是"欧洲的孔夫子"。1789年法国资产阶

① 张贻玖：《毛泽东读史》，中国友谊出版公司1991年版，第10页。
② 《习近平：领导干部要多读一点历史》，新华网2018年7月5日。

级大革命后，在 1795 年的法国宪法中，就把孔子的“己所不欲，勿施于人”写了进去。法国启蒙思想家伏尔泰曾说，中国“是世界上最古老的民族，它在伦理道德和治国经验方面，堪称首屈一指”。他甚至提出了“全盘中国化”以拯救当时欧洲的社会危机。直到近代和现代，孔子的思想在日本、韩国、新加坡等亚洲国家里仍受到无上的尊崇。许多有识之士指出，亚洲四小龙的崛起，与它们重视运用儒家思想不无关系。

毋庸讳言，传统文化是历史的产物，它必然有其历史特点，有其历史局限性，也就是说，它有糟粕，有过时的成分。我们今天来研究、介绍、总结它，绝不是不加分析地和盘托出，连那些糟粕、那些过时的成分也要人们借鉴，而是继承那些优秀的成分，那些有现代价值的成分。在我国历史上，有些著作是名副其实的不朽之作，例如《论语》《孟子》《荀子》《老子》《庄子》《孙子兵法》等，它们世代相传，令人百读不厌。可以毫不夸张地说，只要人类存在，它们的智慧之光就永远不会熄灭，它们照耀着人类的过去，也照耀着人类的现在和未来。因为它们含有绝对真理的颗粒，具有超越时空的价值，无论社会怎样发展，只要人们正确地运用它，包括其中关于领导科学的部分，它就会给人们带来效益。

（本文节选自《资政史鉴·前言》，与人合写。笔者于 2019 年 11 月 3 日在第五届中华思想通史高峰论坛上用此文作为发言稿，发言稿对原文做了部分修改）

后　记

《学与思的背影》一书之所以能够在当代中国出版社出版，首先要感谢原总编辑曹宏举同志的支持，要感谢新总编辑冀祥德同志的支持，要感谢总编室王敏主任的支持，要感谢责任编辑刘晓冰的敬业精神和精益求精的辛劳，还要感谢诸多默默无闻从事具体工作的同志的付出。

本文集的文章虽然绝大多数已在报刊上公开发表过，本次收入文集时笔者又认真地做了细致的审读，做了一些订正和润色，一些重要之处再三推敲，颇似古人“吟安一个字，捻断数茎须”的状态，但疏漏、不当和错讹之处，想必在所难免，如蒙读者师友不吝指正，自当衷心敬谢！

周溯源

2022 年 2 月 22 日记于万寿路学思斋